書目題跋叢書

持靜齋書目

持靜齋藏書記要

丁日昌 著
張燕嬰 點校

中華書局

圖書在版編目(CIP)數據

持静齋書目·持静齋藏書記要/(清)丁日昌著;張燕嬰點校.-北京:中華書局,2012.2
(書目題跋叢書)
ISBN 978-7-101-08073-5

Ⅰ.持… Ⅱ.①丁…②張… Ⅲ.私人藏書-圖書目録-中國-清代 Ⅳ.Z842.49

中國版本圖書館 CIP 數據核字(2011)第131170號

責任編輯:徐真真

書目題跋叢書
持静齋書目
持静齋藏書記要
〔清〕丁日昌 著
張燕嬰 點校
*
中華書局出版發行
(北京市豐臺區太平橋西里38號 100073)
http://www.zhbc.com.cn
E-mail:zhbc@zhbc.com.cn
北京瑞古冠中印刷廠印刷
*
850×1168毫米 1/32·24¼印張·2插頁·350千字
2012年2月第1版 2012年2月北京第1次印刷
印數:1-3000册 定價:78.00元

ISBN 978-7-101-08073-5

書目題跋叢書出版説明

書目題跋，是讀書的門徑，治學的津梁。

早在漢成帝時，劉向奉詔校經傳、諸子、詩賦，每一書成，「輒條其篇目，撮其指意，録而奏之」（漢書藝文志），並把各篇書録編輯在一起，取名别録。這裏所謂的「條其篇目」，就是在廣泛搜集版本、考證異同的基礎上，確定所録各書的篇目、次序；所謂的「撮其指意」就是撰寫各書的書録。劉向所撰書録，在内容上應該包括：書名篇目、版本鑒别、文字校勘、著者生平、著述原委、圖書主旨及學術評價等，實際上就是我們今天所説的書目題跋或提要之濫觴。劉向死後，其子劉歆又在别録的基礎上，「撮其指要，著爲七略」，對後世書目題跋的發展産生了深遠的影響。

此後，隨着圖書事業的日益繁榮，官私藏書的日趨豐富，圖書目録的著録形式也變得多種多樣。在官修目録、史志目録之外，各種類型的私家目録解題也大量涌現。

南朝劉宋時，王儉依劉向别録、劉歆七略之體，撰成七志。七志雖無解題或提要，却在每一書名之下，爲撰著者作一小傳，豐富了圖書目録的内容，開創了書目而有作者小傳的先河。梁阮孝緒的七録則增撰了解題，繼承了劉向别録的傳統，是私家解題的創之作。唐代的毋煚撰有古今書録，其自序云「覽録而知旨，觀目而悉詞」，可知，古今書録也應該是書目解題一類的著作。

到宋代，官修崇文總目，不僅每類有小序，每書都有論説，而且在史部專列目録一類。這不僅説明圖書目録的高度發展，而且説明當時對書目題跋的重視，此後的許多官私書目也大都有書目解題或題跋。尤袤的遂初堂書目，羅列版刻，兼載版本，爲自來書目之創格。而流傳至今、最爲著名的是晁公武的郡齋讀書志。晁公武曾接受井度（字憲孟）的大批贈書，加上自己的收藏，「躬自校讎，疏其大略」，撰成郡齋讀書志，成爲我國現存最早的私家書目解題或稱書目題跋；稍後的陳振孫（號直齋）利用自己傳録、積累的大量書籍，仿照晁公武郡齋讀書志的體例，撰爲直齋書録解題，並首次以「書録解題」名其書。晁氏讀書志、陳氏書録解題是書目解題的傑作，號稱爲宋代私家圖書目録的「雙璧」。四庫全書總目評價書録解題説：「古書之不傳於今者，得藉是以求其崖略；其傳於今者，得藉是以辨其真僞，核其異同。亦考證之所必資，不可廢也。」（卷八五）到了明代，隨着藏書、刻書事業的發展，私家題跋也日見增多，如徐𤊹的紅雨樓題跋、毛晉的隱湖題跋，都是當時的名作；又如高儒自號百川子，所撰百川書志，也部分撰有簡明提要。

入清以後，由於文禁森嚴，許多文人學者埋頭讀書，研究學問，私人藏書盛况空前，私家解題的撰述也豐富多彩。明末清初，錢曾的讀書敏求記，專門收録所藏圖書中的宋、元精刻，記述其授受源流，考訂其繕刻異同及優劣，開啓了以後編輯善本書目的端緒。稍後，黄丕烈的百宋一廛書録和藏書題識，注重辨别刊刻年代，考訂刊刻粗精，成爲獨闢蹊徑的鑒賞派目録學著作。瞿鏞的鐵琴銅劍樓藏書目録每書必載其行款，陳其異同；楊紹和的楹書隅録在考核同異，檢校得失的同時，又詳録前人序跋，間附己意。至於藏書家張金吾，把「宋、元舊槧及鈔帙之有關實學而世鮮傳本者」，逐一著明版式，鈔録序跋，對四庫全書不曾收入的圖書，則「略附解題」。陸心源仿照張氏的成規，撰成皕宋樓藏書志，專門收録元代以前所撰序跋，「於明初人之罕見者」，亦「間録一二」，陸氏「間有考識，則加『案』字以别之」。上述諸書，既著録了衆多古籍善本，又保存了前人所撰大量序跋，其中，間有著録原書或本人文集不見記載的資料，不僅查閲方便，而且史料價值很高。丁丙的善本書室藏書志，既著録明人著作，又留意鄉邦文獻，鑒賞、考證，兼而有之。沈德壽的抱經樓藏書志則仿張、陸二氏而作，收録範圍延至清代。繆荃孫的藝風藏書記、耿文光的萬卷精華樓藏書記也都各有所長。所有這些，都可歸之爲藏書家自撰的書目題跋。

此外，有些藏書家和學者，不是爲編撰書目而是從學術研究入手，邊收集圖書，邊閲讀、研究，遇有讀書心得和見解，隨得隨記，這便是類似讀書劄記的書目題跋，鄭堂讀書記就是其中的代表。清周中孚號鄭堂，其鄭堂讀書記仿四庫全書總目的體例，著録圖書四千餘種，被譽爲四庫提要的「續編」。清人朱緒曾性嗜讀書，邊讀邊記，日積月累，被整理成開有益齋讀書志，其内容皆與徵文考獻有關，被稱爲「方駕晁、陳，殆有過之」。除了藏書家自撰或倩人代撰書目題跋之外，有些學者或藏書家在代人鑒定或借觀他人藏書時，也往往撰有觀書記録或經眼録，有的偏重於記録版本特徵，有的鑒定版本時代，有的則兼及圖書内容、作者行實，也應該歸於書目題跋之内。

總之，書目題跋由來久遠，傳承有緒。書目題跋，既可以説它是伴隨圖書目録而産生，又可以説它是圖書目録的一個流派。有書目不一定都有題跋，有題跋也不一定有相同的體例、相同的内容。書目題跋既是一個寬泛概念，又是一種相對靈活的著録形式。不同的撰者有不同的背景、不同的學問專長、不同的價值取向，因此，所撰題跋又各有側重、各有特色，各有其參考價值。與普通圖書目録相比，書目題跋具有更多的内容、更多的信息，更高的參考價值，對讀者閲讀、研究古籍，也更能發揮其引導作用。一部好的書目題跋，不啻爲一部好的學術著作。而且，近人所編前人題識、劄記，往往以「題跋」名書，如潘祖蔭、繆荃孫等人所編黄丕烈士禮居藏書題跋記，吴壽暘所編其父吴騫所撰拜經樓藏書題跋記，今人潘景鄭先生所編錢謙益所撰絳雲樓題跋，陸心源則自撰儀顧堂題跋、儀顧堂續跋。可見，「書目題跋」之稱，已被學者廣泛采用並認可。

有鑒於此，我局於一九九〇年出版了清人書目題跋叢刊十輯，二〇〇六年又在該叢刊的基礎上，增編爲宋元明清書目題跋叢刊十九册，雖説還不够完善，但已爲讀者提供了重要而有價值的參考資料。由於上述叢刊所收書目題跋僅至清代爲止，晚清以來的許多重要書目題跋尚付闕如，而已經收入叢刊的，也有個别遺漏。加之成套影印，卷帙較大，不便於一般讀者參考，於是決定重新編輯出版這套書目題跋叢書。

這套書目題跋叢書與上述叢刊不同，以收集晚清以來重要、實用而又稀見的，尤其是不曾刊行的書目題跋爲主，同時適當兼收晚清以前重要題跋專書的整理本或名家增訂本、批注本；以提要式書目和題跋專著爲主，同時適當兼收重要學者和著名藏書家所撰題跋的輯録本；以圖書題跋爲主，同時適當兼收書畫題跋及金石、碑傳題跋。在出版方式上，不采用影印形式，而是按照古籍整理的規範，標點排印，以方便廣大文史研究者、工作者、愛好者，尤其是年輕的讀者閲讀和使用。

我們希望，這套叢書的出版，能够得到國内外學者的支持和協助，並受到廣大讀者的歡迎。

中華書局編輯部

二〇〇七年十月

目録

持静齋書目

持静齋書目卷三……二〇一

持静齋書目卷四……三二九

持静齋續增書目卷五……四三三

子部……四五八

持靜齋藏書記要

持静齋藏書記要卷之下……五七五

前言

一、丁日昌及其持静齋藏書

持静齋是清末廣東大藏書家丁日昌（一八二三——一八八二）的藏書樓。日昌字禹生，一作雨生，號持静。廣東豐順人。年二十成秀才，後屢應鄉試不舉。咸豐四年（一八五四）因『潮州軍功』入仕，歷任萬安、廬陵知府。同治初，入曾國藩幕府，受到曾國藩與李鴻章賞識，被舉薦至上海專辦兵工，參與籌設機器局。同治四年（一八六五）授蘇松太道，協助曾、李辦理洋務，兼任江南製造局總辦，旋升兩淮鹽運使。同治六年任江蘇布政使，次年升任江蘇巡撫。光緒元年（一八七五）轉任福建巡撫，兼督船政。光緒六年會辦南洋海防，節度水師，並充兼理各國事務大臣。

個部分。一爲蘇州顧沅藝海樓舊藏。據葉昌熾藏書紀事詩卷六記載，藝海樓經『庚申之劫，其所藏盡爲豐順丁中丞捆載以去。持静齋書目所著録，多其家書也』。今檢持静齋書目所録藝海樓舊藏，大多是舊抄本，約五十部。二爲上海郁松年宜稼堂舊藏。松年字萬枝，號泰峰，上海人。陳奂師友淵源記曰：『松年饒於資財，凡宋人典籍，有未刻或刻而板廢者，不惜重資以羅置鄴架。吴門黄氏百宋一廛所藏，歸山塘汪閬源家，近亦散布而入滬瀆矣。』宜稼堂藏書於郁松年身後散出，除被楊紹和海源閣、陸心源皕宋樓收購部分外，宋元舊刻中的精萃部分多爲丁日昌獲得。持静齋書目所録宋元版，大多來源於此。还有一些是丁氏於上海書肆中搜訪零星所得。據莫友芝宋元舊本書經眼録記載，宋淳熙本儀禮鄭注十七卷，即爲『同治甲子，署蘇松太道丁禹生日昌獲之上海肆中』。今檢持静齋書目，其中頗多惠棟、季振宜、張金吾、吴翌鳳、王芑孫舊物。江浙地區是清代藏書家聚集之所，由於種種原因，古書善本在各藏家間流布，而丁日昌能在較短期内滙

丁日昌好藏書，多宋元鈔校之本，故有『百宋千元』①之稱。其藏書之來源主要有三

① 徐信符廣東藏書紀事詩。

集衆家珍藏於一處，正如江標説：『豐順丁雨生中丞藏書，半是吾郡舊家物。』①可知研究持靜齋藏書對於掌握清晚期江南藏書現象之實況具有很重要的意義。

持靜齋藏書在丁日昌解官返籍時同歸故里，成爲粤東藏書首富。日昌歿後，藏書歸其子惠康（一八六八—一九〇九，字叔雅，號悍庵）保有。光緒十二年江標撰豐順丁氏持靜齋書目題詞，説：『聞所藏書已有出者。』②光緒三十三年廣東藏書家倫明在搜訪持靜齋藏書時，發現『書已盡』③。持靜齋藏書大部分輾轉歸上海涵芬樓收得，一部分被日本書商輦之東去，一部分傳至廣東藏書家李文田、莫伯驥書樓。持靜齋藏書短短三四十年的歷史，反映了近代私家藏書命運之蹇促。

二、莫友芝與持靜齋書目、持靜齋藏書記要

丁日昌能獲得這些珍貴的藏書，多得力於莫友芝的幫助，即所謂『代其搜訪者，獨山

① 豐順丁氏持靜齋書目卷首。
② 豐順丁氏持靜齋書目卷首。
③ 辛亥以來藏書紀事詩。

莫子偲先生也』①。莫在咸、同間也在曾國藩幕中行走，並受命訪書東南。他在上海爲丁日昌採購，代其鑒定、編目，並採擷所見，著成訪書録。持静齋以舊本爲主的收藏特色，跟莫友芝的藏書觀分不開。

丁日昌藏書處初名實事求是齋，又有百蘭山館、讀五千卷書室、絜園等。以號持静命名書樓，始於江蘇巡撫任上。丁日昌藏書百蘭山館時，曾有編目之舉。林達泉百蘭山館藏書目録序曰：『雨翁都轉，博雅好古，藏書富甚。暇日盡出所藏，屬某編爲目録。因仿四庫全書例，分爲經、史、子、集四部；每部復約分數類，以便檢查。其類無可歸，或叢殘零本及一本二本自爲部者，統歸雜集一類。按部按類查檢不獲，於雜集檢之，無不獲也。自兵燹以來，大江南北，兩浙東西，所謂文宗、文滙、文瀾三閣庋置祕本，都已化爲灰燼，無有存者。都轉乃蒐羅薈萃，收拾於委棄瓦礫之餘，購集之多，幾及三四萬卷，洵所謂壹其所好，好之而有力者也。都轉從政之暇，日手一編。清俸所入，盡以購集圖史，故

① 豐順丁氏持静齋書目卷首。

得蔚爲大觀。某，窶人也。屠門大嚼，亦且快意。編校之餘，爲誌其緣起云。』①可惜百蘭山館藏書目録已佚，丁氏藏書在那一階段的成果已不可知。

要了解丁日昌藏書狀況，尚有持静齋書目和持静齋藏書記要可資參考。持静齋書目四卷續增書目一卷，是丁日昌的藏書總目，共收録圖書近三千種，按四庫全書總目分類。書目經部收書五百零七種，續增二十三種；史部收書六百一十四種，續增一百零九種；子部收書七百五十二種，續增七十四種（不含叢書子目）；集部收書六百一十八種，續增一百六十六種。除以宋元善刻、名家精鈔驚羨讀者，還收録了不少西洋科技譯著，如代數學、談天、代微積拾級、重學、圓錐曲綫説等。是見身爲洋務派大員的丁日昌藏書畢竟與一般士子不同。

该書卷端題『豐順丁氏輯，門人林友松、黄翔龍、許希逸、謝應龍仝校』。實則用力者爲莫友芝。同治八年二月庚午（二十八日），莫友芝作持静齋藏書記要序，云：『同治丁卯秋末，友芝游浙，還及吴門，禹生中丞命爲檢理持静齋藏書，三百有若干匣，散記其撰

① 林太僕文鈔卷下，茶陽三家文鈔本。

述人代，卷帙刊鈔。踰兩月，粗一周，未及次序。明年春，開書局，董校旁午。夏秋間，暫還金陵，略以四部别之，旋輟去。己巳開歲，局事少減，乃舉官本簡明目録，悉齋中所有，注當條下；庫目未收，或成書在後者，約略時代，條記於上下端，用助朝夕檢覽。東南文籍，夙稱美備，鎮、揚、杭三閣，又得副天府儲藏。軍興以來，散亡殆盡。吾中丞鋭意時艱，力振頽弊，而敷政餘閑，即典册不去手。計十年蒐集，除複重，可十萬卷。其中宋元善刻及舊鈔大部小編、單袐無行本者，且居十之三四。於虖，富哉！猶自以爲未備，不欲泛濫編録。因舉傳本希見，指述大略，爲記要二卷存之，以諗好古之士。二月庚午，獨山莫友芝。』

按，同治丁卯即同治六年（一八六七），該年秋末莫友芝始受命爲丁日昌整理藏書，經過兩個多月，將丁氏三百多匣藏書清理一過，時僅能記録各書書名、著者和版本情況。次年夏秋之際又得閑對書目作分類組織工作。直到同治八年春才又據四庫全書簡明目録對丁氏藏書目録的體例作進一步修訂：四庫全書收録的多據簡明目録加注，四庫未收或時代晚於四庫成書時間的各書也分别予以標示。這個成果應該就是持静齋書目。

且序中所言持静齋書目的成書過程，與存世莫友芝書劄和日記所反映的情况亦基本相符。同治七年六月七日，莫友芝致信丁日昌曰：『友芝暑中痱癤漫起，不能衣冠應客，唯日坐紙堆中，以爲消遣。計完此月，静持齋文籍必能條理整齊，以報命也。』①八月二日又致信丁日昌曰：『静持齋書目，自六月中旬考證次敘，其單部及零星之件，都有頭緒，約費四十日整功。唯叢書十餘種，尚未件分。其編例大致依四庫全書總目，每類各依時代；每部下，其收入四庫提要者，但以「四庫著録」、「四庫存目」分注；中有宋元舊本及舊鈔善本，則於分注下疏記數語以明之；其四庫未收者，但分注刊寫字；其中有未傳祕本，則各繫以解題。俟全目脱稿後，更於其中將有解題、有疏説者，别録出爲册，使一備一精，各自爲編，而此目乃完也。』②看來莫氏所撰目録有『一備一精』兩種，備者即書目，精者爲記要。信中説到的分類方法正是上引序言中所謂『夏秋間……略以四部别之』的具體内容，時間上（同治七年夏秋間）也頗吻合。

同治八年二月十四日，郘亭日記記曰：『謁中丞，繳其屬編書目，並議局中印書購紙

① 中國社會科學院文學所藏郘亭尺牘手稿一册，轉録自張劍莫友芝年譜長編，中華書局，二〇〇八年，第四七三頁。
② 轉録自張劍莫友芝年譜長編，第四七八頁。

諸事宜，則謂當令提調一一具公牘稟請，以便批定。』①看來，到同治八年二月中旬，持静齋書目已由莫友芝編成報命。而同年三月八日又記：『静持齋藏書記要二卷編成。作字寄馬雨農、潘伯寅。並持謁中丞，留晚飯，乃出。』②是同年三月八日莫友芝又向丁日昌呈繳了藏書記要，從而亦可證明二月十四日日記中所説的書目並非藏書記要的别稱。

書目中有些信息也直接指向莫友芝其人。如卷一著録南唐徐鍇撰説文解字篆韻譜十卷，小注云：『舊抄本。與函海及前抄本均有異同，而此本義例較精。陸翔麟、方東來均藏。有「中國之舊」及「朱臥庵收藏」等印。當即吾友馮敬亭宫允所藏本，詫爲天下鴻寶者。然馮藏又云未失，豈世間尚有二本歟？不可解也。又馮氏桂芬縮刻本，末卷有跋，述此書原委甚詳。』

按，馮敬亭即馮桂芬，與莫友芝相友善。郘亭日記中頗記莫氏與馮氏交往的情實，並有兩人談及説文解字篆韻譜的記載，如同治三年十一月十五日日記曰：『敬亭言有得

① 轉録自張劍莫友芝年譜長編，第四九二頁。
② 轉録自張劍莫友芝年譜長編，第四九三頁。

小徐説文韻譜舊本者，都無現行釀入鼎臣新坿字，其韻次與干禄字書同。馬君曾刻之廣東，今其版失十餘頁，徐當整補，必求本相寄。』①同治七年四月二十七日又記：『馮敬亭相訪，言其校刊小徐韻譜已成矣。』②又，邵亭知見傳本書目卷三著録五卷本説文解字篆韻譜，條列諸本中即有『同治甲子吴縣馮桂芬據影鈔宋本刊，無新附字，無後序，無羼入蕂辣等俗字。補按，馮刻本十卷。』結合這些記載來看，則馮桂芬極有可能從『得小徐説文韻譜舊本者』那裏影鈔了一部作爲自己的收藏，並以此爲底本刊刻通行。而這個過程莫友芝始終有所了解，則當他在丁日昌藏書中見到説文解字篆韻譜時，便自然想到馮桂芬亦有藏本，並向馮氏詢問過其藏本的下落（即『馮藏又云未失』）。

而且比較書目與記要的有關著録，也可見兩者的相似度極高。書目卷二著録唐虞世南撰大唐類要一百六十卷，注曰：『藝海樓鈔本，一名北堂書鈔。』又曰：『世所傳陳禹謨刻本，於文義難通處輒行删改，或別引他書羼入，凡唐以前

① 轉録自張劍莫友芝年譜長編，第三四〇頁。
② 轉録自張劍莫友芝年譜長編，第四六六頁。

亡逸之書藉此流傳者，抹殺不知凡幾。如百三十九「車總載」篇及末三卷「穴」、「泥」、「沙」、「石」四篇，皆隨條大書，不立題分注者，陳刻已改成一例，而删棄至十六七。其餘攙亂顛倒，更爲指不勝屈，所謂「刻一書而其書轉亡」者也。故此鈔雖多誤字，猶是虞氏原書，考證家終以此種爲貴。國初時，錢遵王、朱竹垞已極言此書之難得，至今日幾成斷種。」

此書亦見於記要卷下，解題曰：

大唐類要一百六十卷，即唐虞世南北堂書鈔，後人改題者。然未經陳禹謨删竄，雖多誤字，猶虞氏原書也。陳氏刊此書時，於文義難通處即行删去，或别引他書羼入。凡唐以前亡逸之書，猶藉考其零章碎句以存吉光片羽者，抹殺不知凡幾。如百三十九『車總載』篇及末三卷『穴』、『泥』、『沙』、『石』四篇，皆隨條大書，不立題分注者，陳刻既改成一例，而删棄至十六七。其他攙亂顛錯，不可枚舉。所謂『刻一書而其書轉亡』者也。故考證家求虞氏書，皆不取陳本，而以舊鈔原本爲貴。原本自國初來即有仍題『書鈔』、改題『類要』二本，題『書鈔』者，見錢曾敏求記，謂『蒐訪十餘年，始得原書』。題『類要』者，見曝書亭集，有跋謂『原書罕覯』。今更日久，幾成斷種。皆極言得之之難。道光間，嚴可均曾校刊未就，亂後更無從訪求。此本顧沅藝海樓所鈔，蓋據竹垞所見本。其本聞尚在上海郁氏宜稼堂也。

比較這兩段文字，不難得出書目與記要有因襲關係的結論。

當然，丁日昌本人又對書目作過進一步加工，才將它刊刻行世。有關增訂内容，比較持静齋書目與持静齋藏書記要的著録可知其詳①。這裏只將書目中明顯是丁氏所爲者舉證幾則。書目卷一著録禮記集説一百六十卷，小注云：『比聞省中覆刊通志堂，當抄此數篇寄之。』按，禮記集説收入通志堂經解，而經解一書除康熙十九年（一六八〇）通志堂刊本外，还有同治十二年（一八七三）粤東書局刊本，後者正是注中所謂『省中覆刊』之本。同治十二年十月兩廣总督瑞麟和鹽運使鍾謙鈞的重刊經解序中分别説『鍾運卿運使請於余而重刻之……於是鳩工庀材，甫及一歲而剞劂蕆事』，『梓人踴躍趨事赴功，甫一歲而畢』②，則重刻經解之事發端於同治十一年，而莫友芝已於十年九月辭世。據

① 這一點，從兩書校勘情況也可略見梗概。

② 重刻通志堂經解卷首。

丁日昌先生年譜，同治九年閏十月初四日，丁日昌母黄氏在蘇州去世，丁氏遵例丁憂，扶柩返回潮州，在揭陽逗留至光緒元年正月底①。鄉居期間正值粤東書局計劃重刻通志堂經解，故丁氏有以自家藏書補益之的想法。

再如，書目卷二著録許宗彦的鑑止水齋書目一册，小注云：『余與其吉嗣子雙明府有舊，聞其書於兵燹後散亡殆盡，不勝悵然。』按，丁日昌百蘭山館詩卷三有阳春舟次寄許子雙明府一首，卷四又有子雙明府邀同食鼈三叠前韻奉謝一首，可見兩人交情甚好。丁申武林藏書録卷末曰：『自子渌丈官蘇，子雙丈官粤，其書質於許氏辛泉家。咸豐辛酉，辛泉家爲僞府。克復後，爲左制家行臺，燒殘撕毁，益不可問矣。』可知許子雙曾於粤省爲官，故得與丁日昌交往。而許宗彦藏書毁於太平軍活動期間，亦屬事實。

又如書目卷三著録大唐類要一百六十卷，小注中有『聞莫子偲近得一抄本，未知比此何如也。』按，莫子偲即莫友芝，是亦爲書目曾經丁氏董理之證。卷四著録劉給事集五卷，小注曰：『同治庚午四月孫琴西衣言以所藏新舊抄本校過，可感也。』同治庚午爲同

① 孙淑彦丁日昌先生年譜，黑龍江人民出版社，二〇〇六年，第二二七—二五八頁。

治九年，此時間已晚於莫友芝向丁日昌『繳其屬編書目』之時一年矣。卷四又録吴下尋山記一卷，小注曰：『顧沅、黄安濤稿本。有「霽青」、「湘舟」諸印。以霽青曾守吾潮，故存之。』按，豐順屬潮州府，即言『吾潮』，則顯係丁日昌口氣。

三、持静齋書目、持静齋藏書記要的價值

持静齋書目按四部分類，注記書名、著者、版本、藏印等信息最多，也間下箴識，或略述作者行實，或考訂淵源出處，或比較文字異同，或評價内容得失。形式比較自由，詳略不拘一格。其中頗有一些注記相當有見地，兹舉一例説明：

書目卷四著録韓昌黎集四十卷外集十卷遺文一卷附集傳一卷，小注曰：

> 宋廖瑩中世綵堂精刊本。世所傳東雅堂即據此覆刊者，亦屬善本，對此便奄奄無生氣。每卷尾皆有『世綵堂廖氏刊梓家塾』篆書木記。徐氏翻板時，始改爲『東雅堂』，蓋鄙廖瑩中之爲人也。然廖雖賈似道門客，而嗜好書籍，廣刊經史，亦微可節取。相傳其刊書時，用墨皆雜泥金、香麝爲之。此本爲當時初印，字一律皆虞、歐體，紙寶墨光，醉心悦目。況藏經六七百年，而展卷如新，手若未觸，真天壤間第一

祕寶也。項篤壽、汪士鐘、郁松年均藏。……陳少章作韓集點勘，以糾廖註，固有精確之處。然如郾城聯句之『庾嚎』，乃徐本訛『庾』作『諛』，而咎及於廖，未免過苛。諸進學解之『荀卿守正』，廖註明言新史之易『守』爲『宗』，乃仍重引新唐書以糾之。諸如此類，均屬近於吹毛。蓋陳氏意不滿朱子之考異，而震於其名，不敢置喙。廖註則專宗朱子，其人既爲世所不齒，其書遂爲衆惡所歸。然平心而論，廖氏所刊書，當日推爲精善，今存於海内者，僅此一種，讀者不以人廢言可也。

這段文字不僅對該書版本作了説明，更在與東雅堂本對比後揭示了該版的特點、長處，從而提出陳景雲(字少章)韓集點勘對廖本的批評有過苛之嫌，並分析其原因可能與歷代對作爲賈似道門客的廖瑩中其人評價不高以及陳氏個人的學術取向有關。特别是其中對郾城聯句之誤作『諛嚎』乃東雅堂本所致，與廖瑩中無關的判斷，只有親見廖本之人方能指出，這一點顯然要比未能親見廖本的四庫全書總目編者更勝一籌。

持静齋藏書記要按版本類别排次。卷上分别著録宋刊、元刊、明刊和近刊佚書，卷下著録鈔本。每書並撰解題，或鑒賞版刻、考訂源流，或提要内容、考辨作者，並對四庫全書未收之書，皆注明『存目』或『未收』。其中亦不乏佳處，如卷下著録鈔本春秋五禮例宗七卷，解題曰：

凡世無刊本，藏書家皆據閣本鈔存。今東南三閣，僅文瀾舊儲得杭人丁丙掇拾，存十二三，殘脱無緒。揚、鎮兩閣，竟燹毁無一紙。凡曩昔傳鈔，彌加珍祕，此類是也。又一本，似舊鈔，有曹溶印並題識，乃襲提要中永樂大典載此書已佚軍禮之説。在國初時，尚未知檢大典以校古書，其爲舊鈔或鈔閣本，不可知，其題識則僞作也。

這段文字説明了該書鈔本源出閣本，並凸現了東南三閣藏書散毁後，該鈔本的價值；又對所謂曹溶舊藏的另一部鈔本的真實性提出懷疑。其辨别僞託的理由可謂一語中的，也顯示出莫氏務求其真，不欲自欺與欺人的學術性格。

持静齋書目和持静齋藏書記要較詳細地反映了丁日昌藏書的版本情況。由於丁日昌的藏書至今尚存者不少，故此二目的作用不只在了解持静齋之過去，也有現實的參考價值。特别是持静齋藏書記要收録的多爲稀見刊本、鈔本與稿本，且詳記版本特徵，也可藉以作爲判斷善本與珍稀傳本的重要依據。

四、版本説明

持静齋書目的版本主要有：同治年間丁氏所刻之持静齋書目四卷續增書目一卷附記要二卷本。此版的刊刻年代未见諸記載，不過從書中提及『省中覆刊通志堂』一事來看，不會早於同治十一年末。而卷端所題同校諸人中，許希逸自謂同治十一年『入丁雨生中丞幕，得縱觀群書』①，則與此時間亦大抵相合。今推測該書之整理編刻工作完成於丁日昌丁憂期間②，地點則在揭陽③。是書刻成後又有補版，如持静齋書目卷一第十五、十六葉之間有『又十五』葉，第二十、二十一葉之間有『又廿』葉，第二十八、二十九葉之間有『又廿八』葉，顯然是補刻之版。這套版片民國七年（一九一八）流入廣東華英書

① 堆墨齋詩鈔自序。
② 百蘭山館古今體詩卷五有以書贈坡樵廣文，約來樓觀藏書，並乞惠竹。書去而君未臨，竹亦未至。再疊前韻奉和五古一首，作於同治十二年，則此時丁日昌確有理書事。
③ 倫明辛亥以來藏書紀事詩曰：『廣州有華英書局者，亦分支店於揭陽，有所得，隨寄廣州……乙卯歲，華英挾持静齋書目版片歸，遂不復去，書當盡於此時矣。』（北京燕山出版社，一九九九年，第十四—十五頁）

局重加印行[①]，據與初印本比對，華英書局更换了個别書版，如續增書目之二十三、二十四葉。民國二十三年又歸北京來薰閣，亦有印本流行[②]。

持静齋藏書記要的版本主要有：同治年間丁氏自刻之持静齋書目四卷續增書目一卷附記要二卷本。另有民國十三年蘇州文學山房[③]活字本，不止一種，有的本子排錯脱落的文字較多。

此次整理兩書，以丁氏刻本爲底本，分别以各書其他刊本參校。由於記要著録之書基本上都著録於書目，故兩書也可以作爲對方的參校本使用。而且兩書均據庫目做過標注，故校勘時也參考四庫全書總目之著録文字。此外，光緒十二年，江標客粵東，見持静齋書目，以爲『雖分四部，而新舊雜糅』，於是『以宋、元、校、鈔、舊刻五類分别部居』，收録丁氏藏書五百二十九部，編成豐順丁氏持静齋書目，於光緒二十一年刊印。由於此目的著録内容都摘自持静齋書目，故該書也有一定的參校價值。

---

① 中國國家圖書館藏此次印本有『戊午季春廣州華英書局印行』牌記。

② 中國國家圖書館藏此次印本有『民國廿三年板歸北平來薰閣』牌記。

③ 蘇州文學山房的情況，詳見沈延國蘇州文學山房記，蘇州文史資料第十三輯。

凡例

一、點校本整理格式主要以中華書局古籍校點釋例(初稿)(書品一九九一年第四期)爲依據而略予靈活處理。録文一般使用規範的繁體漢字。

二、本書爲目録著作,故點校本儘量保持原書的層級關係。書目部分,書名頂格者爲四庫全書收録之書,書名退一格者爲四庫存目、未收或成書晚於四庫之書;原書著録個别著作有提行以示尊崇者,點校本一律以前一原則爲據,做頂格或退一格的處理。著者則一律低兩格。

三、爲了方便查閲,點校本在持静齋書目中增加『屬』一級標題,在持静齋藏書記要中增加『部』一級標題,均用仿宋字體,以與原文相區别。

四、原目中因避諱所改之字,如『玄』作『元』、『胤』作『允』、『弘』作『宏』、『曆』作『歴』、『淳』作『湻』之類,一經查實,點校本即予回改,不再一一出校。因避諱缺筆之字亦改回正字,不一一出校。

五、原目中『己』『已』與『巳』，『瓜』與『爪』，『曰』與『日』，從『亻』與從『彳』，從『艹』與從『⺮』，從『礻』與從『衤』的字多相混無别，點校本徑據文意録定，不一一出校説明。

六、底本文字有明顯訛誤者，點校本均徑改，亦不出校。

七、原目多記藏印信息，經核查確有此印者，點校本即以引號『 』標出，其他則未敢徑標，以示慎重。

八、古人引書，概多删節。本次整理，據原書核對確有某説者，點校本即以引號『 』標出，其他則未敢徑標，以示慎重。

持靜齋書目

持靜齋書目卷一

經部一　易類

子夏易傳十一卷。通志堂經解刊本。

舊本題『卜子夏撰』。

周易鄭康成注一卷。玉海附刊本。

漢鄭玄撰。玉海附刊十四種，僅存周易注、通鑑地理通釋二種，合玉海全卷，皆至元四年刊本。初印，精善。

周易注十卷。坊本。又漢魏叢書單刊易略例一卷。

魏王弼注。繫辭以下韓康伯注。

周易正義十卷。汲古閣刊本。又一部，九卷，無略例。

唐孔穎達撰。

周易集解十七卷。汲古閣津逮祕書刊本，附釋文、略例。

唐李鼎祚撰。

周易口訣義六卷。武英殿聚珍板本。

唐史徵撰。

周易舉正三卷。津逮祕書刊本。

舊本題「唐郭京撰」。

易數鉤隱圖三卷附遺論九事一卷。通志堂刊本。

宋劉牧撰。

温公易説六卷。聚珍板本。

宋司馬光撰。

横渠易説三卷。通志堂刊本。

宋張載撰。

東坡易傳九卷。明焦竑刊本。又閔齊伋朱墨刊本。又津逮祕書刊本。

宋蘇軾撰。刊本。

伊川易傳四卷。宋程子撰。門人楊時校正。

吴園易解九卷。聚珍板本。又一部。宋張根撰。

周易新講義十卷。日本佚存叢書活字印本。宋龔原撰。

紫巖易傳十卷。通志堂刊本。宋張浚撰。

泰軒易傳六卷。日本佚存叢書活字印本。題『宋清源李中正字伯謙撰』。

易小傳六卷。通志堂刊本。宋沈該撰。

漢上易集傳十一卷卦圖三卷叢説一卷。通志堂刊本。

宋朱震撰。

易璇璣三卷。通志堂刊本。

宋吴沆撰。

易原八卷。聚珍板本。

宋程大昌撰。

郭氏傳家易説十一卷。聚珍板本。

宋郭雍撰。述其父忠孝兼山易解之旨，故名曰「傳家」。

周易義海撮要十二卷。通志堂刊本。

宋李衡删定。

復齋易説六卷。通志堂刊本。

宋趙彦肅撰。

周易玩詞十六卷。通志堂刊本。

宋項安世撰。

誠齋易傳二十卷。聚珍板本。

宋楊萬里撰。

易圖説三卷。通志堂刊本。

宋吴仁傑撰。

古周易一卷。通志堂刊本。

宋吕祖謙撰。

易傳燈四卷。李調元刊函海本。

宋徐總幹撰。吕祖謙之門人。

厚齋易學五十二卷。舊鈔本。

宋馮椅撰。

易裨傳二卷。通志堂刊本。

宋林至撰。

童溪易傳三十卷。通志堂刊本。

宋王宗傳撰。

丙子學易編一卷。通志堂刊本。

宋李心傳撰。書成於嘉定丙子，因以爲名。

易象意言一卷。聚珍板本。

宋蔡淵撰。

周易要義十卷。舊鈔本。

宋魏了翁撰。九經要義之一也。

東谷易翼傳二卷。通志堂刊本。

宋鄭汝諧撰。

朱文公易説二十三卷。通志堂刊本。

宋朱鑑编。鑑爲朱子之長孫。是書裒輯朱子平日論易之語。

易學啓蒙小傳一卷附古經傳一卷。坊本。又通志堂刊本小傳一卷。

宋税與權撰。

周易輯聞六卷附易雅一卷筮宗一卷。通志堂刊本。

宋趙汝楳撰。

周易傳義附録十四卷。通志堂刊本。

宋董楷撰。

易學啓蒙通釋二卷。通志堂刊本。

宋胡方平撰。

三易備遺十卷。通志堂刊本。

宋朱元昇撰。

周易集説四十卷。通志堂刊本。

宋俞琰撰。

易圖通變五卷易筮通變三卷。坊本。又通志堂刊本易圖通變五卷。

宋雷思齊撰。

讀易私言一卷。通志堂刊本。

元許衡撰。

易本義附録纂疏十五卷。通志堂刊本。

元胡一桂撰。

易學啓蒙翼傳四卷。通志堂刊本。

元胡一桂撰。

易纂言十卷。元吴澄撰。通志堂刊本。

易學濫觴一卷。元黄澤撰。聚珍板本。

大易緝説十卷。元王申子撰。通志堂刊本。

周易本義通釋十二卷。元胡炳文撰。通志堂刊本。又舊鈔本，十卷，附雲峰易義一卷。朱昆田、吴翌鳳曾藏。

周易本義集成十二卷。元熊良輔撰。通志堂刊本。

大易象數鉤深圖三卷。元張理撰。通志堂刊本。

學易記九卷。通志堂刊本。

元李簡撰。

周易集傳八卷。蔣生沐刊别下齋叢書刊本。

元龍仁夫撰。

讀易考原一卷。文瀾閣本依鈔。

元蕭漢中撰。

周易會通十四卷。通志堂刊本。

元董真卿撰。

周易圖説二卷。文瀾閣本依鈔。

元錢義方撰。

周易參義十二卷。通志堂刊本。

元梁寅撰。

易象鉤解四卷。道光中刊歸雲别集本。

明陳士元撰。

洗心齋讀易述十七卷。明萬曆丙午刊本。

明潘士藻撰。

易象正十六卷。康熙癸亥刊石齋九種本。

明黄道周撰。

卦變考略一卷。閣本依鈔。

明董守諭撰。

周易旁註四册。舊鈔本。

明朱升撰。四庫存目收其圖説二卷，謂其註已逸。此本一册爲圖説，三册爲註，蓋猶完書也。

易經會通十卷。萬曆丁巳刊本。

明汪邦柱、江柟同撰。四庫存目「汪」作「王」。

易憲四卷。刊本。又一部，鈔本。

明沈泓撰。入存目。

周易玩詞困學記六卷。康熙己酉自序刊本。

明張次仲撰。

御纂周易折中二十二卷。江南官刊本。又一部。

康熙五十四年大學士李光地等奉敕撰。

周易稗疏四卷附考異一卷。同治四年湘鄉曾氏刊本。

國朝王夫之撰。

周易内傳六卷發例一卷大象解一卷外傳七卷。湘鄉刊本。

國朝王夫之撰。

仲氏易三十卷。西河全書刊本。

國朝毛奇齡撰。

推易始末四卷。西河全書刊本。

國朝毛奇齡撰。

春秋占筮書三卷。西河全書刊本。

國朝毛奇齡撰。

易小帖五卷。西河全書刊本。又河圖洛書原舛編①一卷，入存目。

國朝毛奇齡撰。

---

① 編，原目作『篇』，據四庫全書總目、西河全書刊本該書題名改。

國朝毛奇齡説易之語，其門人記録成書者也。

周易通論四卷。安溪全書刊本。

國朝李光地撰。

周易觀象十二卷。安溪全書刊本。又周易觀象大指二卷。

國朝李光地撰。

易圖明辨十卷。粤雅堂叢書刊本。

國朝胡渭撰。

合訂删補大易集義粹言八十卷。通志堂刊本。

國朝納喇性德撰。

易説六卷。坊本。又半農先生易説一卷，與研溪先生詩説一卷兩稿本同册，首有「紅豆書屋」印，蓋當時手稿。

國朝惠士奇撰。

易漢學八卷。經訓堂叢書刊本。

國朝惠棟撰。

河洛精藴九卷。乾隆四十年刊本。

國朝江永撰。乾隆二十四年自序。

孫氏周易集解十卷。粵雅堂刊本。

國朝孫星衍撰。

周易闡象五卷。刊本。

國朝蔡首乾撰。乾隆六十年自序。

周易旁箋一厚册無卷數。顧沅家藏鈔本，蓋老輩致功未竟之書。卷首有『古吳武陵叔子湘舟氏珍藏』印。

未詳撰人。

周易衷翼集解□①卷。刊本。

國朝浮梁汪泩容川撰。嘉慶甲子自序。

易象大意存解一卷。刊本。

國朝興化任陳晉撰。

安甫遺學三卷。刊本。

① 原目卷數缺，清史稿藝文志拾遺作『二十』。

國朝歙童子江承之安甫撰。

附録

乾坤鑿度二卷。武英殿刊本，編在聚珍板書中。

是書爲永樂大典所載易緯八種之一。

周易乾鑿度二卷。聚珍板本。

是書爲易緯八種之二。舊本標『鄭康成註』。

易緯稽覽圖二卷。聚珍板本。

是書爲易緯八種之三。

易緯辨終備一卷。聚珍板本。

是書爲易緯八種之四。

易緯通卦驗二卷。聚珍板本。

是書爲易緯八種之五。宋史藝文志作二卷，永樂大典合爲一篇。

易緯乾元序制記一卷。聚珍板本。

是書爲易緯八種之六。唐以前史不著録，陳振孫書録解題始載之。

易緯是類謀一卷。聚珍板本。

是書爲易緯八種之七。

易緯坤靈圖一卷。聚珍板本。

是書爲易緯八種之八。

三墳書一卷。漢魏叢書刊本。

北宋人僞作。入存目附録。

右易類

經部二　書類

尚書正義二十卷。汲古閣刊本。又一部。

舊本題『漢孔安國傳，唐孔穎達疏』。

東坡書傳十三卷。明焦竑刊本，與易傳合爲一部。

宋蘇軾撰。

尚書全解四十卷。通志堂刊本。

宋林之奇撰。

鄭敷文書説一卷。函海刊本。

宋鄭伯熊撰。

禹貢指南四卷。聚珍板本。

宋毛晃撰。

禹貢論五卷。通志堂刊本。

宋程大昌撰。

禹貢圖上下二卷。宋刊本。初印，極精善。四庫所載永樂大典二十八圖者，已爲世所未覯之本，此本則三十圖巋然並在，真希世鴻寶也。

宋程大昌撰。較四庫本多九州山川實證總圖、今定禹河漢河對出圖，共只三十圖，不知陳振孫書録解題何以云『三十一圖』。其敘説上下卷，共五十四篇，與所云『論五十二篇、後論八篇』亦不同。圖中地名有隨方向爲位置者，甚精。

夏氏尚書詳解二十六卷。聚珍板本。

宋夏僎撰。

禹貢説斷四卷。聚珍板本。又通志堂刊本，題『禹貢集解二卷』。

宋傅寅撰。

增修東萊書説三十五卷。通志堂刊本。

後十三卷，宋呂祖謙撰；前廿二卷，其門人時瀾增修。

尚書説七卷。通志堂刊本。

宋黄度撰。

書集傳六卷。坊本。

宋蔡沈撰。

陳氏尚書詳解五十卷。聚珍板本。

宋陳經撰。

融堂書解二十卷。聚珍板本。

宋錢時撰。

洪範統一一卷。函海刊本。

宋趙善湘撰。

尚書集傳或問二卷。通志堂刊本。

宋陳大猷撰。

胡氏尚書詳解十三卷。通志堂刊本。

宋胡士行撰。

尚書表註二卷。通志堂刊本。

宋金履祥撰。

書古文訓十六卷。通志堂刊本。又一部。

宋薛季宣撰。入存目。

書疑九卷。通志堂刊本。

宋王柏撰。入存目。

書纂言四卷。明嘉靖乙酉顧應祥據正德辛巳本重刊於滇中。曝書亭舊藏，有題識。又通志堂刊本。

元吴澄撰。海鹽鄭端簡批校。通志堂刻經解時，向朱竹垞借鈔，即此本也。

尚書集傳纂疏六卷。明淡生堂祁氏舊鈔本，附書序纂疏一卷。又通志堂刊本。

元陳櫟撰。

尚書輯録纂註六卷。元建安余氏勤有堂刊本，多書序纂註一卷。曝書亭舊藏，批校甚精。又通志堂刊本。

元董鼎撰。

尚書通考十卷。通志堂刊本。

元黄鎮成撰。

書蔡傳旁通六卷。通志堂刊本。

元陳師凱撰。

讀書管見二卷。通志堂刊本。

元王充耘撰。

尚書纂傳四十六卷。通志堂刊本。

元王天與撰。

尚書句解十三卷。通志堂刊本。

元朱祖義撰。

定正洪範一卷。通志堂刊本。

元胡一中撰。入存目。

尚书考異五卷。道光乙酉立本齋刊本。

明梅鷟撰。

洪範明義四卷。石齋九種刊本。

明黄道周撰。

禹貢通解一卷。刊本。

檇李邵璜撰。入存目。

書經稗疏四卷。同治四年湘鄉曾氏刊本。

國朝王夫之撰。

尚書引義六卷。湘鄉刊本。

國朝王夫之撰。

九州山水考三卷。刊本。

國朝孫承澤撰。入存目。

古文尚書冤詞八卷。西河全書刊本。

國朝毛奇齡撰。

尚書廣聽録五卷。西河全書刊本。又舜典補亡一卷。

國朝毛奇齡撰。入存目。

尚書埤傳十七卷。刊本。又有補二卷。

國朝朱鶴齡撰。

禹貢錐指二十卷圖一卷。康熙時漱六軒刊本。

國朝胡渭撰。

尚書七篇解義一卷。坊本。又安溪全書刊本，七卷，附洪範説一卷。

國朝李光地撰。

尚書後案三十卷附後辨一卷。乾隆庚子刊本。

國朝王鳴盛撰。

尚書撰異三十二卷。經均樓刊本。

國朝金壇段玉裁撰。

尚書今古文注疏三十卷。平津館刊本。

國朝孫星衍撰。

禹貢會箋十二卷。

國朝徐文靖撰。首列禹貢山水，次爲圖説十八。

右書類

附録

尚書表註二卷。續得，宋刊本。仁山得朱子之傳，加以覃心研思，嘗自云『解至後卷，即覺前義之淺』，蓋竭畢生之力以成之者也。國初崑山徐氏、錫山秦氏所藏尚書注十二卷，皆仁山早歲所著，即柳文肅行狀中所稱『章釋句解，已有成書』者，非此本也。通志堂所刻，即向顧伊人借抄者。然缺抄序，四闌外之上下左右標識亦多脱誤。蓋借抄時，伊人不示以原本，但據另本過抄，輾轉訛傳，遂致魯魚亥豕。迨婺州本復以通志堂本重刻縮小，標題位置尤多錯脱。今此本靈光巋然，真可寳貴。顧伊人、周松靄曾藏。

宋金履祥撰。梓材一篇引大傳今文，以爲『當有「周公曰」而無「封」字』，雖近於改經，然於上文更爲一貫。大抵仁山此作，專主於明節目、通脈絡，與少作之句梳字櫛者，命意又截然不同。仁山卒於元大德間，今此刻猶避宋諱，大約刊於宋末元初可知也。

經部三　詩類

詩序二卷。津逮祕書刊本。又依閣本鈔。

首句爲毛公以前經師所傳，其下申言，爲毛公以後經師所加。

毛詩正義四十卷。汲古閣刊本。又一部。

漢毛亨撰，鄭玄箋，唐孔穎達疏。

毛詩草木鳥獸蟲魚疏二卷。乾隆末趙佑校正刊本，甚善。

吳陸璣撰。

毛詩陸疏廣要二卷。津逮祕書刊本。

明毛晉撰。

毛詩指説一卷。通志堂刊本。

唐成伯璵撰。

毛詩本義十六卷。通志堂刊本。

宋歐陽修撰。

毛詩名物解二十卷。通志堂刊本。

宋蔡卞撰。

毛詩集解四十二卷。通志堂刊本。

不著編録者名氏。

詩説一卷。通志堂刊本。

宋張耒撰。入存目。

詩補傳三十卷。通志堂刊本。

宋范處義撰。

詩總聞二十卷。聚珍板本。又明澹生堂依宋本過録之本，何義門舊藏。

宋王質撰。祁氏據宋刻富川本過鈔者，與聚珍本微有異同。

詩集傳八卷。明司禮監官刊附音釋本。

宋朱子撰。

呂氏家塾讀詩記三十二卷。抄本，殘。

宋呂祖謙撰。

續呂氏家塾讀詩記三卷。聚珍板本。

宋戴溪撰。

絜齋毛詩經筵講義四卷。聚珍板本。

宋袁燮撰。

毛詩要義三十八卷。宋刊本。曹楝亭、郁氏宜稼堂均藏。

宋魏了翁撰。九經要義之一，闕。經七百餘年猶完好無損，真希世奇珍也。

詩傳遺說六卷。通志堂刊本。又一部。

宋朱鑑編。

詩考一卷。坊本。又詩地理考六卷，津逮祕書刊本。又附玉海本。

宋王應麟撰。

詩疑二卷。通志堂刊本。

宋王柏撰。入存目。

詩集傳名物鈔八卷。通志堂刊本。

元許謙撰。

毛詩音釋十卷又詩圖一卷詩序一卷。元刊本，周春舊藏。

元許謙撰。

詩經疏義二十卷。元刊本，不甚精。

元朱公遷撰。

詩疑問七卷附詩辨説一卷。通志堂刊本。

詩疑問七卷，元朱倬撰；附録詩辨説一卷，宋趙德撰。

詩解頤四卷。通志堂刊本。

明朱善撰。

六家詩名物疏五十四卷。明萬曆乙巳刊本。

明馮應京撰。

毛詩正變指南圖六卷。刊本。

明末陳重光所刊，託之宋人。入存目。

詩傳一卷，題『子貢撰』。詩説一卷。題『申培撰』。津逮祕書刊本。

並明人豐坊僞作。入存目。

詩經類考□□①卷。明末刊本。

明沈萬珂撰。入存目。

欽定詩經傳説彙纂二十卷序二卷。江南官刊本。

康熙六十年户部尚書王鴻緒等奉敕撰。

詩經稗疏四卷。湘鄉曾氏刊本。

國朝王夫之撰。

詩經考異一卷叶韻辨一卷廣傳五卷。湘鄉刊本。

國朝王夫之撰。

① 原目卷數缺，四庫全書總目卷十七作『三十』。

詩所八卷。安溪全書刊本。

國朝李光地撰。

毛詩寫官記四卷。西河全書刊本。

國朝毛奇齡撰。

詩札二卷。西河全書刊本。

國朝毛奇齡撰。

詩傳詩説駁義五卷。西河全書刊本。

國朝毛奇齡撰。

續詩傳鳥名三卷。西河全書刊本。又白鷺洲主客説詩一卷，國風省篇一卷。

國朝毛奇齡撰。入存目。

詩傳名物集覽十二卷。康熙癸巳刊本。

國朝陳大章撰。

毛鄭詩考證五卷杲[①]溪詩經補註二卷。微波榭刊本。

國朝戴震撰。

毛詩詁訓三十卷。經均樓刊本。

國朝段玉裁撰。

詩經小學四卷。拜經堂刊本。

國朝段玉裁撰。

毛詩後箋三十卷。求是齋刊本。

國朝胡承珙撰。

詩世族考六卷。别下齋刊本。

國朝李超孫撰。

詩倫二卷。聚珍板本。

國朝汪薇撰。

① 杲，原目誤作「杲」，據該刻本卷端題名改。

附録

韓詩外傳十卷。津逮祕書刊本。又漢魏叢書何允中刊本。

漢韓嬰撰。

右詩類

附録

呂氏家塾讀詩記三十二卷。續得，宋刊巾箱本，共三十二卷。陸釴所稱『得宋本於豐存叔處，凡二十二卷』者，誤也。其二十六卷篤公劉首章註後識云：『先兄於己亥之秋復修是書，至此而終，自公劉之後，則往歲所纂輯者，皆未及刊定。如小序之有所去取，諸家之序次先後，與今編條例多未合。今不敢復有所損益，姑從其舊，以補是書之缺』云云。然則是書爲其弟祖約①所校刊，與朱子序合。陳振孫書録解題所云『公劉以下編纂已備』者，爲是；而陸釴所稱『公劉以下爲門人續成者』，乃懸揣之談矣。前半每頁二十四行，行二十四字，後

① 祖約，當作『祖儉』。按，呂祖儉，字子約，呂祖谦弟。

半每頁二十六行，行二十五字。張金吾所藏殘本十九卷者，僅見其前半，孫淵如所藏小板十二行行十九字者，與此又不同矣。有項氏萬卷樓、毛子晉諸印。

宋呂祖謙撰。是書與集傳雖多異同，然折衷盡善，亦非株守漢學。解經家無門户之見者，以此爲最。

經部四　禮類

周禮之屬

周禮註疏四十二卷。汲古閣刊本。

漢鄭玄註。

附釋音周禮註疏四十二卷。元刊十行本，田耕堂舊藏。

唐賈公彦奉敕撰。

考工記注一册。仁和胡珽琳琅秘室活字本。

唐杜牧撰。

周官新義十六卷附考工記解二卷。粤雅堂刊本。
宋王安石撰。
禮經會元四卷。通志堂刊本。
宋葉時撰。
太平經國之書十一卷。通志堂刊本。又嘉靖間刊本。
宋鄭伯謙撰。
周禮訂義八十卷。通志堂刊本。
宋王與之撰。
鬳齋考工記解二卷。通志堂刊本。
宋林希逸撰。
周禮全經釋原十四卷。明隆慶四年刊本。
明柯尚遷撰。
周官禄田考三卷。果堂集刊本。
國朝沈彤撰。

考工記圖二卷。微波榭刊本。又戴氏遺書刊本。

國朝戴震撰。

周禮漢讀考六卷。經均樓刊本。

國朝段玉裁撰。

附録

周禮纂要六卷。舊鈔本，惠棟所藏。人、文俱不足重，姑以定宇校勘本附存之。

國朝錢謙益撰。

右禮類周禮之屬

儀禮之屬

儀禮註疏十七卷。汲古閣刊本。又明嘉靖聞人詮刊於常州本。又廬陵陳鳳梧刊十行本，頗多脱誤。

漢鄭玄註，唐賈公彦疏。陳鳳梧刊者，爲毛子晉舊藏。

儀禮鄭註十七卷。宋刊本，趙孟頫舊藏。漢鄭玄註。每卷計經、註字數，每頁板心上端並有『淳熙四年刊』五篆字。每半頁八行，行十七字，註雙行，行亦十七字。

十行本儀禮十七卷。宋刊本，無註。

儀禮識誤三卷。聚珍板本。宋張淳撰。

儀禮集釋三十卷。聚珍板本。宋李如圭撰。

儀禮釋宫一卷。聚珍板本。宋李如圭撰。

儀禮圖十七卷儀禮旁通圖一卷。坊本。又通志堂刊本，前有單經十七卷。宋楊復撰。

儀禮要義五十卷。宋刊本。汪士鐘舊藏，前藏嘉定錢氏。儀徵阮氏多方購求而不得者，即此本也。

宋魏了翁撰。亦其九要義之一也。

儀禮逸經傳二卷。通志堂刊本。

元吴澄撰。

儀禮集説十七卷。通志堂刊本。

元敖繼公撰。

經禮補逸九卷。通志堂刊本。

元汪克寬撰。

儀禮漢讀考一卷。經均樓刊本。

國朝段玉裁撰。

儀禮石經校勘記四卷。粤雅堂刊本。

國朝阮元撰。

儀禮古今文疏義十七卷。求是齋刊本。

國朝胡承珙撰。

附録

内外服制通釋七卷。依閣本鈔。

宋車垓撰。

讀禮通考一百二十卷。康熙間刊本。又初印宣紙本，極精善。

國朝徐乾學撰。

右禮類儀禮之屬

禮記之屬

禮記正義六十三卷。汲古閣刊本。

漢鄭玄註，唐孔穎達疏。

仿宋撫州本禮記鄭註二十卷音義二卷附考異二卷。嘉慶丙寅陽城張敦仁校刊。初印，精善。

盧氏禮記解詁一卷。國朝臧鏞堂刊本。

漢盧植注。

蔡氏月令章句二卷。亦臧鏞堂所刊。

漢蔡邕注。

附釋音禮記註疏六十三卷。元刊十行本。汲古閣、田耕堂均藏。

唐孔穎達奉敕撰。

月令解十二卷。依閣本鈔。

宋張虙撰。

禮記集説一百六十卷。宋刊本。綿紙初印,墨寶紙光,上燭霄漢,真至寶也。首卷首頁魏鶴山序已殘缺,僅存「了翁」二字、「鶴山書院」一印。次列原註書人名姓,凡一百四十四家。卷末附正叔後序並跋尾,復附真西山回翰,推挹甚至。蓋正叔專心致志於此者三十餘年,宜其高出陳澔書萬萬也。西山書中所稱「程、張僅發明大旨,吕氏不盡解全書,學者無所據依以訂其真僞。今執事乃能味世人之所不味,用積年之功,以底於成」云云,可知西山亦深誹當時空腹談經者之非,而「味世人之所不味」一語,不滿時人之旨,尤隱然見諸言外矣。此書即國初盛稱項氏宋本者,通志堂刻時僅見抄本,而未見此本,故多謬誤。何義門經解目録注云「有宋本,中闕十餘卷。其板最精」者,即此。有「田耕堂」、「秦蕙田宗伯」、「華亭朱氏」諸印。又通志堂刊本。

九卷。比聞省中覆刊通志堂，當抄此數篇寄之。

宋衛湜撰。通志堂補遺錯誤尤甚者，七十三卷、七十六卷、七十七卷、九十四卷、九十六卷、九十七卷、九十

雲莊禮記集説十卷。明刊本，三十卷。

元陳澔撰。

月令明義四卷。石齋九種刊本。

明黄道周撰。

表記集傳二卷。石齋九種刊本。

明黄道周撰。

坊記集傳二卷。石齋九種刊本。

明黄道周撰。

緇衣集傳四卷。石齋九種刊本。

明黄道周撰。

儒行集傳二卷。石齋九種刊本。

明黄道周撰。

曾子問講録□□①卷。西河全書刊本。

國朝毛奇齡撰。入存目。

陳氏禮記集説補正三十八卷。通志堂刊本。

國朝納喇性德撰。

禮記異文釋八卷。别下齋刊本。

國朝李富孫撰。

續禮記集説一百卷。抄本。自序謂「比衛氏書減三分之二」。

國朝杭世駿撰。體例略如衛氏，而精博亦幾幾可以及之。未知世有刻本否？當寶守而廣傳之。

附録

大戴禮記十三卷。聚珍板本。又漢魏叢書刊本。

漢戴德撰。

① 原目卷數缺，四庫全書總目卷二一四作「四」。

夏小正戴氏傳四卷。通志堂刊本。

宋傅崧卿撰。

大戴禮補註十三卷目録一卷。刊本。

國朝曲阜孔廣森㢑軒撰。

夏小正輯注四卷。乾隆戊子刊本。

國朝范家相撰。

夏小正考注一卷。經訓堂刊本。

國朝畢沅撰。

夏小正補注一卷。心齋十種刊本。

國朝任文田撰。

右禮類禮記之屬

三禮總義之屬

三禮目録一卷。國朝臧鏞堂録出刊行。

漢鄭康成撰。

三禮圖集註二十卷。通志堂刊本。又别刊本。

宋聶崇義撰。

禮經類編三十卷。舊鈔本，多浮簽改竄，當係手稿。

明李經綸撰。入存目。

郊社禘祫問一卷。西河全書刊本。

國朝毛奇齡撰。

昏禮辨正一卷廟制折衷二卷大小宗釋一卷學校問一卷明堂問一卷。西河全書刊本。

國朝毛奇齡撰。入存目。

明堂大道録八卷禘説二卷。經訓堂刊本。又一部。

國朝惠棟撰。

三禮通釋二百八十卷。咸豐八年奏進，同治甲子廣州刊本。

國朝林昌彝撰。

禮經通論二卷。同治三年刊本。

國朝邵懿辰撰。

右禮類三禮總義之屬

通禮之屬

禮書一百五十卷。元至正七年刊本。周春舊藏。又福清郭氏刊本。孫氏星衍屬其子孫勿爲陳氏所誤，其實陳氏兄弟在宋人中最爲博洽，禮、樂書足資後人考證者甚多，淵如之論未免矯枉過正矣。

宋陳祥道撰。

儀禮經傳通解三十七卷續二十九卷。宋刊本。錢謙益舊藏。

宋朱子撰，门人黄榦、楊復重修。刊於嘉定丁丑。

五禮通考二百六十二卷。宣紙初印，合讀禮通考爲一部。

國朝秦蕙田撰。

右禮類通禮之屬

雜禮書之屬

書儀十卷。雍正元年汪亮采影宋鈔本刊。

宋司馬光撰。

家禮五卷附録一卷。坊本。

舊本題『宋朱子撰』。

家禮儀節八卷。鈔本。

明丘濬撰。入存目。

泰泉鄉禮七卷。坊本。

明黄佐撰。

辨定祭禮通俗譜五卷。西河全書刊本，又有周禮問二卷。

國朝毛奇齡撰。入存目。

右禮類雜禮書之屬

附録

禮記要義三十三卷。續得，宋刊本。綿紙初印，最爲精善。中如月令「蓱始生」，時本「蓱」皆誤爲「萍」，則鄭注遂爲贅語；月令注「耒，耕之上曲也」，時本「耕」皆誤爲「耜」；郊特牲注「賓爲苟敬」，時本皆誤「賓爲尊敬」。諸如此類，足以證時本之訛謬者，不可枚舉。真天壤間有數鴻寶也。惟首二卷有闕，無從抄補，不能無遺憾云。汪啓淑、郁松年曾藏。

宋魏了翁撰。

檀弓叢訓二卷。函海刊本。

明楊慎撰。入存目。

禮記章句四十九卷。湘鄉刊本。

國朝王夫之撰。

經部五　春秋類

春秋左傳正義六十卷。明北監萬曆二十九年刊本，錢季修藏。又汲古閣刊本。

周左丘明撰，晉杜預註，唐孔穎達疏。

春秋經傳集解三十卷附年表一卷名號歸一圖一卷。

宋刊本。卷首序後有木記二行，刻『潛府劉氏家塾希世之寶』。

春秋經傳集解三十卷。眉端有老輩評校，甚有特識，不署名氏。

明翻岳本。

春秋公羊傳註疏二十八卷。汲古閣刊本。

舊本題『周公羊高撰』。實高所傳述，而其玄孫壽及胡母子都録爲書，漢何休註，唐徐彦疏。

春秋穀梁傳註疏二十卷。汲古閣刊本。又一部。

周穀梁赤所述，晉范甯註，唐楊士勛疏。

春秋釋例十五卷。聚珍板本。又微波榭刊其中之春秋土地名一卷，春秋長曆三卷。
晉杜預撰。

春秋集傳纂例十卷。康熙中龔翔麟玉玲瓏閣刊本。中有老輩批校，甚精，未署名氏。
唐陸淳撰。

春秋微旨三卷。龔翔麟刊本。
唐陸淳撰。

春秋集傳辨疑十卷。龔翔麟刊本。合上共二十三卷，爲一部。
唐陸淳撰。

春秋名號歸一圖二卷。通志堂刊本。又刊附集解本。
蜀馮繼先撰，宋岳珂重編。

春秋年表一卷。附集解刊本。又依閣鈔本。
不著撰人名氏。

春秋尊王發微十二卷。通志堂刊本。
宋孫復撰。

春秋皇綱論五卷。通志堂刊本。
宋王晳撰。
春秋權衡十七卷。通志堂刊本。
宋劉敞撰。
春秋傳十五卷。通志堂刊本。
宋劉敞撰。
春秋意林二卷。通志堂刊本。
宋劉敞撰。
春秋傳説例一卷。聚珍板本。
宋劉敞撰。
春秋經解十三卷。聚珍板本。又通志堂刊本。又一部,二册。
宋孫覺撰。
春秋辨疑四卷。聚珍板本。
宋蕭楚撰。

春秋本例二十卷。通志堂刊本。

宋崔子方撰。

春秋五禮例宗七卷。明人鈔本，有曹溶印。又依閣鈔本。

宋張大亨撰。

葉氏春秋傳二十卷。通志堂刊本。題「石林春秋傳」。

宋葉夢得撰。

春秋考十六卷。聚珍板本。

宋葉夢得撰。

吕氏春秋集解三十卷。通志堂刊本，誤題「吕祖謙」。

宋吕本中撰。

高氏春秋集註四十卷。聚珍板本。

宋高閌撰。

春秋後傳十二卷。通志堂刊本。

宋陳傅良撰。

春秋左氏傳說二十卷。通志堂刊本。

宋呂祖謙撰。

春秋比事十七卷。明人依元刻鈔本，黄梨州先生曾藏，末卷有跋。又周春經藏。

宋沈棐撰。

春秋分紀九十卷。舊鈔本，張月霄所藏。是書南宋説春秋家最善者，未有刊本。

宋程公説撰。

春秋講義四卷。依閣鈔本。

宋戴溪撰。

春秋集註十一卷綱領一卷。通志堂刊本。

宋張洽撰。

春秋王霸列國世紀編三卷。通志堂刊本。

宋李琪撰。

春秋通説十三卷。通志堂刊本。又一部。

宋黄仲炎撰。

洪氏春秋説三十卷。舊鈔本，闕。

宋洪咨夔撰。

春秋經筌十六卷。通志堂刊本。

宋趙鵬飛撰。

呂氏春秋或問二十卷。通志堂刊本。

宋呂大圭撰。

春秋詳説三十卷。通志堂刊本。又一部。

宋家鉉翁撰。

讀春秋編十二卷。通志堂刊本。

宋陳深撰。

春秋左傳句解三十五卷。元刊本。

宋朱申撰。入存目。

春秋提綱十卷。通志堂刊本。

元陳則通撰。

春秋集傳釋義大成十二卷。通志堂刊本。

元俞皋撰。

春秋諸國統紀六卷目録一卷。通志堂刊本。

元齊履謙撰。

春秋本義三十卷。通志堂刊本。

元程端學撰。

程氏春秋或問十卷。通志堂刊本。

元程端學撰。

春秋四傳三十八卷。明嘉靖福建刊本。經下全録三傳及胡傳。

未詳編人。入存目。

春秋諸傳會通二十四卷。通志堂刊本。

元李廉撰。

春秋集傳十五卷。通志堂刊本。

元趙汸撰。

春秋師説三卷。通志堂刊本。
元趙汸撰。

春秋屬詞十五卷。通志堂刊本。
元趙汸撰。

春秋左氏傳補註十卷。通志堂刊本。
元趙汸撰。

春秋金鎖匙一卷。微波榭刊本。
元趙汸撰。

春秋胡傳附録纂疏三十卷。元刊本，初印，精善。
元汪克寬撰。卷首有至元再元之四年汪澤民序，至正元年虞集序。

春王正月考一卷。通志堂刊本。
明張以甯撰。

春秋大全七十卷。坊本。
明永樂中翰林學士胡廣等奉敕撰。

左觿二卷。明刊本。附簡端録後。
明邵寶撰。入存目。
春秋億六卷。徐氏海隅集刊本。
明徐學謨撰。
左氏杜林合註五十卷。坊本。
明王道焜、趙如源同編。
左求二卷。崇禎四年刊本。
明錢旃撰。專論左傳。
日講春秋解義六十四卷。内府刊本。
聖祖仁皇帝講筵舊本，世宗憲皇帝重加考定。
左傳杜解補正三卷。亭林十種刊本。
國朝顧炎武撰。
春秋稗疏二卷。湘鄉曾氏刊本。
國朝王夫之撰。

春秋世論五卷讀春秋左傳博議二卷。湘鄉刊本。

國朝王夫之撰。又春秋家説三卷。

春秋毛氏傳三十六卷。西河全書刊本。

國朝毛奇齡撰。

春秋簡書刊誤二卷。西河全書刊本。

國朝毛奇齡撰。

春秋屬辭比事記四卷。西河全書刊本。又春秋條貫篇十二卷。

國朝毛奇齡撰。入存目。

春秋長曆十卷。鈔本。

國朝陳厚耀撰。

半農春秋説十五卷。刊本，初印，頗佳。

國朝惠士奇撰。

春秋大事表五十卷輿圖一卷附録一卷。乾隆十二年刊本。

國朝顧棟高撰。

春秋臆説四卷。康熙五十九年自序刊本。

國朝吴啓昆撰。

公穀彙義十二卷。刊本。

國朝姜兆錫撰。入存目。

春秋比事目録四卷。刊本。

國朝方苞撰。入存目。

讀左補義五十卷。乾隆戊子刊本。

國朝姜炳璋撰。入存目。

春秋古經二卷。經均樓刊本。

國朝段玉裁校學。

春秋穀梁傳時月日書法解例一卷。粤雅堂刊本。

國朝許桂林撰。

春秋七國統表□□①卷。刊本。

國朝魏翼龍撰。七國者,滕、薛、杞、越、莒、邾、許也。

三傳異文釋十二卷。别下齋刊本。

國朝李富孫撰。

附録

春秋繁露十七卷。聚珍板本。又漢魏叢書刊本。

漢董仲舒撰。

右春秋類

① 原目卷數缺,四庫未收書輯刊選印此書,爲六卷。

經部六　孝經類

古文孝經孔氏傳一卷。日本佚存叢書本。題『寬政己未仲春天瀑山人活字印』，當嘉慶四年。

舊本題『漢孔安國撰』。

孝經正義三卷。汲古閣刊本。

唐玄宗明皇帝御註，宋邢昺疏。

古文孝經指解一卷。通志堂刊本。

宋司馬光撰。

孝經刊誤一卷。刊本。

宋朱子撰。

孝經大義一卷。通志堂刊本。

宋董鼎撰。

孝經句解一卷。通志堂刊本。

宋朱申撰。入存目。

孝經定本一卷。通志堂刊本。

元吴澄撰。

孝經述注一卷。刊本。

明項霦撰。

孝經集傳四卷。石齋九種刊本。

明黄道周撰。

孝經全注一卷。安溪全書刊本。

國朝李光地撰。

孝經問一卷。西河全書刊本。

國朝毛奇齡撰。

右孝經類

經部七　五經總義類

密行小字五經二函十六本。卷首有「王氏嘉樂堂收藏圖書」。此即世所稱宋巾箱本也。

宋刊本。每半頁二十行，行二十七字。行密如檣，字纖如髮，快心豁眼，朗若列眉。

駁五經異義一卷補遺一卷。坊本。

漢鄭玄撰。

鄭氏六藝論一卷。拜經堂刊本。

漢鄭康成撰。國朝臧琳録。

鄭志三卷補遺一卷。聚珍板本。又汗筠齋刊本，有附録一卷。又粤雅堂刊本。

魏鄭小同撰。

經典釋文三十卷。通志堂刊本。又一部。

唐陸德明撰。

七經小傳三卷。通志堂刊本。

宋劉敞撰。

程氏經說七卷。寶誥堂刊本，八卷。

不著編輯者名氏，皆伊川程子說經之語。

六經圖六卷。刊本。

宋楊甲撰，毛邦翰補。

六經圖大本六卷。

宋陳森乾道元年彙刊於撫州，明萬曆丙辰郭若維更考定刊之。

刊正九經三傳沿革例一卷。粵雅堂刊本。

宋岳珂撰。

四如講稿六卷。明刊本。

宋黃仲元撰。

方舟經說六卷。別下齋刊本。

宋李石撰。

六經奧論六卷。通志堂刊本。

舊本題「宋鄭樵撰」。

五經説七卷。通志堂刊本。

元熊朋來①撰。

十一經問對五卷。通志堂刊本。

元何異孫撰。

五經蠡測六卷。通志堂刊本。

明蔣悌生撰。

簡端録十二卷。明崇禎辛未刊本。附學史十三卷，左觿一卷，書説一卷，容春堂雜鈔一卷。

明邵寶撰。

辨疑録三卷。成化十六年刊本。

明周洪謨撰。存目題云「群經辨疑録」。

---

① 來，原目作「宋」。本卷「經部九樂類」「瑟譜六卷」著者作「熊朋來」，四庫全書總目卷三三「五經説七卷」、卷三八「瑟譜六卷」均作「熊朋來」，據改。

五經異文十一卷。歸雲别集刊本。

明陳士元撰。

七經孟子考文補遺一百九十九卷。儀徵阮氏刊本。

舊本題『西條掌書記山井鼎撰，東都講官物觀補遺』。蓋日本書也。

九經誤字一卷。亭林十書刊本。

國朝顧炎武撰。

經問十八卷經問補三卷。西河全書刊本。

國朝毛奇齡説經之語，其門人録之成編；所補三卷，又其子遠宗所録也。

朱子五經語類八十卷。雍正乙巳刊本。僅易四十卷，缺後半。

國朝程川撰。

九經辨字瀆蒙十二卷。依閣本鈔。

國朝沈炳震撰。

詩書古訓六卷。粤雅堂重刊本。

國朝阮元撰。

經義雜記三十卷。拜經堂刊本。

國朝臧琳撰。

經義述聞三十二卷。咸豐中揚州重刊本。

國朝王引之撰。

拜經日記十二卷。拜經堂刊本。

國朝臧鏞堂撰。

十三經音略十二卷。粤雅堂刊本。

國朝周春撰。

穆齋經詁四卷。道光丙申刊本。

國朝四明任均子平撰。

附録

經説十六卷。舊鈔本，汪士鐘藏。

不著撰人。首尾皆無序，惟十四卷服考，華天沐著，有蔡德晉題跋；方望溪儀禮喪服或問，有秦蕙田題跋。

十七史經説十二卷。抄本。

國朝昭文張金吾編輯。

右五經總義類

經部八 四書類

孟子正義十四卷。汲古閣刊本。

漢趙岐註。

孟子趙註十四卷。

微波榭刊本。

論語正義二十卷。汲古閣刊本。

魏何晏等註，宋邢昺疏。

孟子音義二卷。通志堂刊本。又微波榭刊本。

宋孫奭撰。

大學章句一卷論語集註十卷孟子集註七卷中庸章句一卷。明司禮監刊本。四書集註二十六卷附大、中或問二卷。又二部，無或問。俱字大豁目。又同治二年芋栗園刊便蒙本。

宋朱子撰。

論語意原二卷。聚珍板本。

宋鄭汝諧撰。

癸巳論語解十卷。通志堂刊本。

宋張栻撰。

癸巳孟子説七卷。通志堂刊本。

宋張栻撰。

四書集編二十六卷。通志堂刊本。

宋真德秀撰。

孟子集疏十四卷。通志堂刊本。

宋蔡模撰。

論語集説十卷。通志堂刊本。
宋蔡節撰。

四書纂疏二十六卷。通志堂刊本。
宋趙順孫撰。

四書辨疑十五卷。通志堂刊本。
元陳天祥撰。

讀四書叢説四卷。鈔本。
元許謙撰。

四書通二十六卷。通志堂刊本。
元胡炳文撰。

四書通證六卷。通志堂刊本。
元張存中撰。

四書纂箋二十八卷。通志堂刊本。
元詹道傳撰。

四書通旨六卷。通志堂刊本。

元朱公遷撰。

大學中庸集説啓蒙二卷。通誌堂刊本。又一部。

元景星撰。

論語類考二十卷。歸雲别集刊本。

明陳士元撰。

孟子雜記四卷。歸雲别集刊本。

明陳士元撰。

經筵進講四書十册。康熙十一年刊本。

明張居正撰。

論語商二卷。明刊本。

明周宗建撰。

四書留書六卷。鈔本。

明章世純撰。

四書稗疏一卷考異一卷讀大全説十卷。湘鄉刊本。

國朝王夫之撰。

大學古本説一卷中庸章段一卷中庸餘論一卷讀論語劄記二卷讀孟子劄記二卷。安溪全書刊本。

國朝李光地撰。

論語稽求篇四卷。西河全集刊本。

國朝毛奇齡撰。

四書賸言四卷補二卷。西河全集刊本。

國朝毛奇齡撰。雜論四書之語。前四卷其門人盛唐王錫所編，補二卷其子遠宗所編。

四書改錯二十卷。嘉慶辛未學圃刊本。

毛奇齡之門人會稡其説四書諸種編之。

大學證文四卷。西河全書刊本。西河書中又有四書索解四卷，大學知本圖説一卷，大學問一卷，逸講箋三卷，附陸邦烈聖門釋非録五卷，四庫並存目。

四書逸箋六卷。粵雅堂刊本。

國朝毛奇齡撰。

國朝程大中撰。

讀孟質疑三卷。刊本。

國朝崇明施彦吾撰。

論語新注四卷。

日本豐幹子卿撰。自序署天明戊申，當乾隆五十三年。刊本，頗佳。

右四書類

經部九　樂類

樂書要録殘本三卷。原十卷，今存五、六、七三卷於日本，嘉慶己未，其國天瀑山人活字印入佚存叢書。

唐武后時官書。

皇祐新樂圖記三卷。舊鈔本，傳摹影宋。

宋阮逸、胡瑗奉敕撰。

樂書二百卷。鈔本。又續得宋刊本，初印，精善，筆勢飛動如生，中有『蘇州袁氏珍藏』、『建安楊氏傳家圖書』二印。

宋陳暘撰。暘論樂而不深，通算學，故引據時有謬誤之處。然不能不謂之浩博也。

瑟譜六卷。依閣本鈔。又粤雅堂刊本。

元熊朋來撰。

韶舞九成樂補一卷。依閣本鈔。

元余載撰。

苑洛志樂二十卷。明刊本。

明韓邦奇撰。

鐘律通考六卷。鈔本，缺後半。

明倪復撰。

樂律全書四十二卷。明刊巨册。

明朱載堉撰。書凡十種。

御定律吕正義五卷。内府刊本。

康熙五十二年聖祖仁皇帝御纂律曆淵源之第三部也。

欽定詩經樂譜全書三十卷。聚珍板本。又一部。

乾隆五十三年奉敕撰。

古樂經傳五卷。安溪全書刊本。

國朝李光地撰。

聖諭樂本解説二卷。西河全書刊本。

國朝毛奇齡撰。

皇言定聲録八卷。西河全書刊本。

國朝毛奇齡撰。

竟山樂録四卷。西河全書刊本。

國朝毛奇齡撰。

李氏學樂録二卷。附西河集刊本。

國朝李塨撰。

樂縣考二卷。粤雅堂刊本。

國朝江藩撰。

燕樂考原六卷。粵雅堂刊本。

國朝凌廷堪撰。

右樂類

經部十　小學類

訓詁之屬

爾雅註上中下三卷。元刊本。卷首序後有木記，序録刻書原委，末署「大德己亥平水曹氏進德齋謹誌」。常熟瞿氏、橘瑞堂經藏。

晉郭璞註。

爾雅註疏十一卷。汲古閣刊本。又一部。

晉郭璞註，宋邢昺疏。

爾雅郭註三卷。

國朝顧廣圻校刊本。初印，精善。又臧鏞堂依雪窗書院刊本，亦善。

爾雅新義二十卷。粵雅堂刊本。

宋陸佃撰。

爾雅註三卷。津逮祕書刊本。

宋鄭樵撰。

爾雅古義二卷小爾雅義證十三卷。求是堂刊本。

國朝胡承珙撰。

方言十三卷。聚珍板本。又明吴琯刊古今逸史本。又漢魏叢書刊本。

舊本題『漢楊雄撰』。

方言疏證十三卷。戴氏遺書刊本。

國朝戴震撰。

釋名八卷。古今逸史刊本。又漢魏叢書刊本。

漢劉熙撰。

釋名疏證八卷補遺一卷。經訓堂刊本。

國朝畢沅撰。

廣雅十卷。古今逸史刊本。又漢魏叢書刊本，題『博雅』。

魏張揖撰。

群經音辨七卷。粵雅堂刊本。

宋賈昌朝撰。

爾雅翼三十二卷。坊本。

宋羅願撰。

右小學類訓詁之屬

字書之屬

急就篇四卷。附玉海刊本。又津逮祕書刊本。

漢史游撰。

説文解字三十卷。宋刊本。即汲古閣本之所自出。惟表、牒在卷首，毛刻則移在卷後耳。字大半寸有餘，端莊流麗，是爲北宋板最古之本，真無上上品也。又汲古閣仿宋刊本，陸鼎諸人校其半，眉端評釋幾滿，考證甚爲詳核。第四卷末有鼎自跋。又近人翻毛刻二部。又平津館仿宋小字本。

漢許慎撰，宋徐鉉等補註補音併增加新附字。汲古本校者三人，硃筆惠松崖，墨筆錢竹汀，藍筆則陸氏自校也。

説文繫傳四十卷。卷首署『説文解字通釋』，舊鈔本。每頁紙心有『虞山錢遵王述古堂藏書』十字。四庫引錢曾讀書敏求記詫爲驚人秘笈者，蓋即此也。閱今又二百年，而完好如故，豈非有神靈默爲呵護歟？又道光十九年祁氏校刊本，附校勘記三卷。田耕堂、宜稼堂均藏。

南唐徐鍇撰，其音切則朱翺作也。

説文解字篆韻譜五卷。舊鈔本。汲古閣毛晉、毛扆父子及橘瑞樓、黄一經等均有收藏圖書。又函海刊本。

南唐徐鍇撰。

説文解字篆韻譜十卷。舊抄本。與函海及前抄本均有異同，而此本義例較精。陸翔麟、方東來均藏。有『中國之舊』及『朱臥庵收藏』等印。當即吾友馮敬亭宮允所藏本，詫爲天下鴻寶者。然馮藏又云未失，豈世間尚有二本歟？不可解也。又馮氏桂芬縮刻本，末卷有跋，述此書原委甚詳。

南唐徐鍇撰，常熟陸琪手摹。自署「康熙丙申陸琪暉山氏摹於太和邨舍」。

干禄字書一卷。翻刻宋寶祐刊本。
唐顔元孫撰。

五經文字三卷。微波榭刊本，附五經文字疑一卷。又嘉慶乙亥孫侶重校本，頗易其次第。
唐張參撰。

九經字樣一卷。微波榭刊本，附九經字樣疑一卷。又孫侶校刊本。
唐唐玄度撰。

汗簡三卷目録敘略一卷。康熙癸未汪立名刊本。
宋郭忠恕撰。

佩觿三卷。舊寫本，秀水卜氏及朱氏潛采堂舊藏，澤存堂本當據此。又澤存堂刊本。又近人仿宋刊本。
宋郭忠恕撰。

歷代鐘鼎彝器款識法帖二十卷。嘉慶二年阮氏刊本，二部，其一印佳。
宋薛尚功撰。

漢隸字源六卷。汲古閣刊本。

宋婁機撰。

班馬字類五卷。馬氏玲瓏山館仿宋淳熙本。又二部。

宋婁機撰。

六書故三十三卷。乾隆四十九年李鼎元刊本。

宋戴侗撰。

龍龕手鑒四卷。函海刊本。又江氏叢書刊本。

遼僧行均撰。

五音類聚四聲篇十五卷。明萬曆中刊本。少四、五、六三卷。

金韓道昭撰。四庫存目題作四聲篇①，韓孝彦撰。

字鑑五卷。澤存堂張氏刊本。

元李文仲撰。

石鼓文音釋二卷附録一卷。函海刊本。存目作三卷。

① 該書名，四庫全書總目作「四聲篇海」。

明楊慎撰。

經子難字二卷。舊鈔本。

明楊慎撰。入存目。

奇字韻五卷。函海刊本。

明楊慎撰。

古音駢字一卷續編五卷。函海刊本，題『古音駢字五卷』。

古音駢字，明楊慎撰；續編，則國朝莊履豐、莊鼎鉉同撰。

古俗字略七卷。歸雲别集刊本。

明陳士元撰。入存目。

六書正義十二卷。刊本。萬曆乙巳自序。

明吴元滿撰。入存目。

俗書刊誤十二卷。依閣本鈔。

明焦竑撰。

說文長箋一百四十[1]卷。萬曆丙午刊。缺二十、二十一兩卷。

明趙宧[2]光撰。入存目。

六書長箋七卷。刊本。

明趙宧光撰。入存目。

御定康熙字典四十二卷。内府初印本。又江南刊本。

康熙五十五年大學士張玉書等奉敕撰。

六書通十卷。刊本。

國朝畢宏述撰。入存目。又題『閔齊伋』。

篆隸考異二卷。刊本。

國朝周靖撰。

說文廣義三卷。湘鄉刊船山遺書本。

---

① 此書卷數，明史藝文志作『七十二』，四庫全書總目作『一百四』。今核之明崇禎四年刻本，爲說文長箋一百卷卷首二卷解題一卷，未見萬曆刻本。

② 宧，原目誤作『宦』，下條六書長箋作『宧』，明史藝文志、四庫全書總目均作『宧』，據改。

國朝王夫之撰。

説文偏旁考□□①卷。乾隆丙午刊本。

國朝南城吴照撰。

説文聲系十四卷。粤雅堂刊本。

國朝姚文田撰。

經典文字辨證書五卷。附音同義異辨一卷，説文舊音一卷。經訓堂刊本。

國朝畢沅撰。

經籍纂詁一百六卷補遺一百六卷。文選樓刊本。嘉慶十七年進呈。

國朝阮元撰。

仿唐寫本説文木部一卷附箋異一卷。同治二年刊本。

國朝莫友芝撰。

① 原目卷數缺，四庫未收書輯刊選印此書乾隆刻本，爲二卷。

附録

説文解字斠詮十四卷。刊本。顧澗蘋校勘，朱墨爛然。

國朝錢坫學。是書謬誤特甚，以澗蘋校勘有依據，姑存之。

右小學類字書之屬

韻書之屬

切韻指掌圖二卷附檢例一卷。依閣本鈔。

宋司馬光撰。

禮部韻略五卷。曹楝亭依宋刻刊本。

宋丁度撰。

九經補韻一卷。舊鈔本。又古今逸史本。又粤雅堂刊錢侗考證本。

宋楊伯嵒撰。

五音集韻十五卷。明萬曆中刊本。

金韓道昭撰。

元新修禮部韻略五卷。元刊初印。卷末署『大德丙午平水中和軒王宅印』。

元王文郁精校添注。正大六年序。此書世鮮傳本，亦元板中之無上秘笈矣。有『史鐵崖珍藏』、『安樂堂藏書記』二印。

古今韻會舉要三十卷。元刊本。板頗模糊，有硃筆校勘，添補完備，甚費苦心，不知何人，當俎豆之。

元熊忠撰。

洪武正韻十六卷。明司禮監刊本。

明洪武中翰林侍講學士樂韶鳳等奉敕撰。

古音叢目五卷古音獵要五卷古音餘五卷附録一卷。函海刊本，下二種題『古音附録五卷，古音餘一卷』。

明楊慎撰①。

古音略例一卷。函海刊本。

① 原目未題著者，據該書體例補。

明楊慎撰。

轉註古音略五卷。函海刊本。附五音後注一卷。

明楊慎撰。

泰律篇十二卷。嘉慶庚午汪潤之督滇學，始刊此本。

明苑馬卿河西葛中選見堯撰。論字母音呼之學。

音韻正譌四卷。

明末孫耀撰。

詩韻集略五卷。王士禎舊藏。

明人編刊。

屈宋古音義三卷。

明陳第撰。

欽定同文韻統六卷。官刊本。

乾隆十五年莊親王允祿等奉敕撰。

音論三卷。顧氏刊本。

國朝顧炎武撰。

詩本音十卷。顧氏刊本。

國朝顧炎武撰①。

易音三卷。顧氏刊本。

國朝顧炎武撰。

唐韻正二十卷。顧氏刊本。

國朝顧炎武撰。

古音表二卷。顧氏刊本。

國朝顧炎武撰。

韻補正一卷。亭林十書刊本。

國朝顧炎武撰。

易韻四卷。西河全集刊本。

① 原目未題著者，據該書體例補。

國朝毛奇齡撰。

五方元音二卷。坊本。

國朝樊騰鳳撰，年希堯增。入存目。

音韻清濁鑑四卷。康熙六十年刊本。存目作三卷。

國朝王祚禎撰。

古韻通八卷。鈔本。

國朝柴紹炳撰。入存目。

古今韻略五卷。刊本。

國朝邵長蘅撰。

古韻標準四卷。粵雅堂刊本。

國朝江永撰。

四聲切韻表一卷。刊本。又粵雅堂刊本。

國朝江永撰。入存目。

聲韻考四卷聲類表十卷。戴氏遺書刊本。又經韻樓刊本聲韻考四卷。

國朝戴震撰。

聲類四卷。刊本。

國朝錢大昕撰。

漢魏音四卷。刊本。

國朝洪亮吉撰。

右小學類韻書之屬

附録

六藝綱目二卷。道光末劉燕庭仿元刊本。

元舒天民撰。

持靜齋書目卷二

史部一　正史類

史記一百三十卷。宋刻蜀大字本。曾藏黄氏士禮居，即顧廣圻百宋一廛賦所云「字大悦目」者，惜卷數僅及半而弱。歷藏吴寬、文徵明、錢維城、韓世能、當湖胡氏、泰峰郁氏諸家。又明刊本。又柯刊本，初印。又江寧書局覆刻汲古閣本，宣紙初印。

漢司馬遷撰。凡一百三十篇，闕其十篇，褚少孫補之。

史記集解一百三十卷。汲古閣刊本。

宋裴駰撰。

史記索隱三十卷。合集解共一百三十卷。元刊本。季振宜、山曉閣均藏。上端考證詳明，自首至末均圈點，完善。

唐司馬貞撰。

史記正義一百三十卷。合三家註。有武英殿乾隆四年刊本。又明嘉靖四年王廷喆覆刊宋本，字、墨、紙幾與宋本無二。又明陳仁錫刊本。又萬曆二年余有丁南監刊本，二部。又粤東陳氏覆刻殿本，共二部。又江寧書局覆刻汲古閣本，宣紙初印。

唐張守節撰。監本、坊本脱誤不可枚舉。毛子晉云：『廷喆本實此書功臣。』信然。

漢書一百二十卷。武英殿刊本。又宋景祐本，爲北宋刻最前之本，惟絳雲樓有之，後歸塞外，見宋牧仲筠廊偶筆。首二卷，尚是曹溶鈔補，其目則黄丕烈手鈔也。中與他卷殊者，李兆洛擬爲校勘記而未果，見卷首申耆自跋。歷藏陳繼儒、曹溶、張蓉鏡、黄丕烈、郁松年諸家。又明南監本，二部。又汲古閣刊本。又粤東陳氏覆刻殿本，共二部。又江寧書局覆刻汲古閣本，宣紙初印。

漢班固撰。史、漢經後世翻刻，愈訂愈譌。宋景文參校者，顧氏已譏爲有失無得，何況餘子。此景祐本，尚未經後人淆亂，足證明監本之誤者甚多，宜申耆欲校勘而廣傳之也。

漢書音義三卷。臧鏞堂輯録，刊於拜經堂。

隋蕭該撰。

漢書藝文志考證十卷。附玉海刊本。

宋王應麟撰。入存目。

漢書地理志稽疑□□①卷。粤雅堂刊本。

國朝全祖望撰。

漢書地理志考證□□②卷。刊本。

國朝錢坫撰。抄襲杜撰，皆所不免。

班馬異同三十五卷。坊本。

宋倪思撰，劉辰翁評點。

後漢書一百二十卷。武英殿刊本。又明吳勉學刊初印本。又明南監刊本，二部。又汲古閣刊本。又粤東陳氏覆刻殿本，共二部。又江寧書局覆刻汲古閣本，宣紙初印。

後漢書本紀十卷、列傳八十卷，宋范曄撰，唐章懷太子註；志三十卷，則晉司馬彪續漢書之文，梁劉昭註之。

兩漢刊誤補遺十卷。聚珍板本。

宋吴仁傑撰。

---

① 原目卷數缺，粤雅堂叢書本此書爲六卷。

② 原目卷數缺，錢坫有新斠注地里志集釋十六卷，未知是否爲同一書。又，朱爲弼有漢書地理志考證一卷，或原目著者著録有誤。

後漢書補注二十四卷。嘉慶甲子刊本。

國朝惠棟撰。

後漢書補表八卷。粤雅堂刊本。

國朝錢大昕撰。

三國志六十五卷。武英殿刊本。又宋刻本，與監本及毛刻異者頗多，足以校勘後人之失，田耕堂、宜稼堂均藏。又明南監刊本。又汲古閣刊本。又粤東陳氏覆刻殿本，共二部。

晉陳壽撰，宋裴松之註。宋刻本於慎、桓、敬、構等字皆不缺筆，恐屬僞託。然字畫古健有神，當亦元初佳本也。

三國志辨誤三卷。聚珍板本。又漢魏叢書刊本。

不著撰人名氏。

三國志補註六卷附諸史然疑一卷。刊本。

國朝杭世駿撰。

三國疆域志二卷。刊本。

國朝洪亮吉撰。

晉書一百三十卷。武英殿刊本。又明南監刊本。又汲古閣刊本。又粤東陳氏覆刻殿本，共二部。

唐房喬等撰。

晉書地理志補正五卷附晉太康地道記一卷王隱晉書地道記一卷。經訓堂刊本。

國朝畢沅撰。

東晉疆域志四卷。刊本。

國朝洪亮吉撰。

宋書一百卷。武英殿刊本。又明南監刊本。又汲古閣刊本。又粤東陳氏覆刻殿本，共二部。

梁沈約撰。

南齊書五十九卷。武英殿刊本。又明南監刊本。又汲古閣刊本。又粤東陳氏覆刻殿本，共二部。

梁蕭子顯撰。

梁書五十六卷。武英殿刊本。又明南監刊本。又汲古閣刊本。又粤東陳氏覆刻殿本，共二部。

唐姚思廉撰。

陳書三十六卷。武英殿刊本。又明南監刊本。又汲古閣刊本。又粤東陳氏覆刻殿本，共二部。

唐姚思廉撰。

魏書一百十四卷。武英殿刊本。又明南監刊本。又汲古閣刊本。又粤東陳氏覆刻殿本，共二部。

北齊魏收撰。

北齊書五十卷。武英殿刊本。又明南監刊本。又汲古閣刊本。又粤東陳氏覆刻殿本，共二部。

唐李百藥撰。

周書五十卷。武英殿刊本。又明南監刊本。又汲古閣刊本。又粤東陳氏覆刻殿本，共二部。

唐令狐德棻等撰。

隋書八十五卷。武英殿刊本。又明南監刊本。又汲古閣刊本。又粤東陳氏覆刻殿本，共二部。

唐魏徵等撰。

南史八十卷。武英殿刊本。又明南監刊本。又汲古閣刊本。又粤東陳氏覆刻殿本，共二部。

唐李延壽撰。

北史一百卷。武英殿刊本。又明南監刊本。又汲古閣刊本。又粤東陳氏覆刻殿本，共二部。

唐李延壽撰。

舊唐書二百卷。武英殿刊本。又粤東陳氏覆刻殿本，共二部。

晉劉昫等撰。

新唐書二百二十五卷。武英殿刊本。又明南監刊本。又汲古閣刊本。又粤東陳氏覆刻殿本，共二部。

宋歐陽修、宋祁同撰。本紀、表、志，修所定；列傳，祁所定也。

新舊唐書互證二十卷。刊本。

國朝趙紹祖撰。

舊五代史一百五十卷目録二卷。武英殿刊本。又掃葉山房刊本。又粤東陳氏覆刻殿本，共二部。

宋薛居正等撰。

新五代史七十五卷。武英殿刊本。又宋末元初刊本，半頁十行，行十八字，略如王本史記之式。有『我齋』、『桐花别館』、『朱氏子清』等印。又汲古閣刊本。又書業堂覆刊毛本。又粤東陳氏覆刻殿本，共二部。

宋歐陽修撰。

五代史記纂誤三卷。聚珍板本。又依閣鈔本。

宋吴縝撰。

五代史記注七十四卷。刊本。

國朝彭元瑞輯，劉鳳誥排次。

宋史四百九十六卷。武英殿刊本。又明南監刊本。又粤東陳氏覆刻殿本，共二部。

元托克托等撰。

遼史一百十六卷。武英殿刊本。又明南監刊本。又粤東陳氏覆刻殿本，共二部。

元托克托等撰。

金史一百三十五卷。武英殿刊本。又明南監刊本。又粤東陳氏覆刻殿本，共二部。

元托克托等撰。

元史二百十卷。武英殿刊本。又明南監刊本。又粤東陳氏覆刻殿本，共二部。

明宋濂等撰。

元史本證五十卷。嘉慶壬戌刊本。

國朝汪輝祖撰。

宋遼金元四史閏朔考①。粤雅堂刊本。

國朝錢大昕撰。

明史三百三十二卷目録四卷。武英殿刊本。又坊本。又王鴻緒等初撰明史稿三百十卷。

① 原目卷數缺，粤雅堂叢書本此書爲二卷，且書名作『宋遼金元四史朔閏考』。

國朝保和殿大學士张廷玉等奉敕撰。

廿二史考異一百卷三史拾遺五卷諸史拾遺五卷補元史氏族表三卷藝文志四卷。刊本。

國朝錢大昕撰。

右正史類

史部二　編年類

竹書紀年二卷。明吴琯刊古今逸史本。又漢魏叢書刊本。又平津館刊本。

是書稱魏之史記，由汲郡人發冢而得。

竹書統箋十二卷。位山六種刊本。

國朝徐文靖撰。

後漢紀三十卷。康熙丙子成德刊本。

晉袁宏撰。

元經十卷。漢魏叢書刊本。

舊本題『隋王通撰』。

大唐創業起居注三卷。津逮祕書刊本。

唐温大雅撰。

資治通鑑目録三十卷。宋刊本。緜紙，四端絶寬，字體渾穆，古香古色，流溢簡外。陳氏所刻多訛脱，幸賴此本爲暗室燈耳。汪士鐘、郁松年均藏。

宋司馬光撰。此宋本，即江蘇書局據以覆刊者，今以附胡刻通鑑之首。

資治通鑑二百九十四卷。果泉胡氏刊本。

宋司馬光撰，元胡三省音註。

通鑑地理通釋十四卷。元刊附玉海本，絶佳。又津逮祕書刊本。又附玉海通行本。

宋王應麟撰。

資治通鑑釋文辨誤十二卷。胡刻。

元胡三省撰。

通鑑註辨正三卷。刊本。

國朝錢大昕撰。

通鑑註商十八卷。刊本。

國朝趙紹祖撰。

通鑑外紀十卷目録五卷。嘉慶辛未吴志忠刊本。

宋劉恕撰。

皇王大紀八十卷。明人依萬曆辛亥閩刊鈔本。卷首有何元錫及秀野草堂顧氏藏書印。

宋胡宏撰。卷末有跋，署「咸淳甲戌重九日後學天台董楷謹識」，蓋閩刻亦從宋槧出也。

宋十朝綱要二十五卷。舊鈔本，陳氏九朝編年已取材於此書，則當日盛行可知也。

宋眉山李㙐編。始太祖建隆元年，終高宗紹興三十二年，按年紀事。

續資治通鑑長編五百二十卷。嘉慶己卯昭文張氏活字印本。又舊鈔一百八卷本，甚精善，足校張刊之誤。

卷首有「宋筠」、「李氏芸薌鑒藏」諸印。

宋李燾撰。舊鈔者，始太祖建隆元年，終英宗治平四年閏三月，即乾道四年燾爲禮部郎官時第二次所上也。其後神宗朝二百二十八卷、哲宗朝二百二十卷、徽宗朝三百二十三卷，此本皆無。未知天壤間尚有似此佳本、可以補抄，使成全璧否？張刻謬誤陳陳，所謂「刻一書而其書轉亡」者也。

通鑑綱目五十九卷。宋本，乾道壬辰四月刊。緜紙，薄如蟬翼，墨光亦復奪目。如此巨册，藏經六七百年毫無損污，真天壤鴻寶也。半頁八行，行十七字。季振宜、郁松年均藏。

宋朱子撰。卷首有題識云：「史書多新刊，惟綱目難得善本，苦於書法、發明之雜也。孫文貴持此售我，喜識歲月。弘治改元七月。」

綱目續麟二十卷校正凡例一卷附録一卷彙覽三卷。刊本。

明張自勛撰。

通鑑綱目釋地糾謬六卷補註六卷。刊本。

國朝張庚撰。入存目。

九朝編年備要三十卷。宋刊本，絶精。又舊抄本，江陰李兆洛以宋本校過。

宋陳均撰。始太祖，終欽宗。李燾長編所長在詳，此則所長在略。

續宋編年資治通鑑十五卷。元刊本。卷端有「陳氏餘慶堂刊」并書坊題識「繫年有考據」等語，無書末坿論一條，蓋爲後人所删也。首尾有「沈廷芳」、「椒園」、光輪、郭東莊生、「鮑芳谷」、「池北書庫收藏」、「黄琴六讀書記」、「愛日精廬藏書」諸印。

宋劉時舉撰。

西漢年紀三十卷。依閣抄本。

宋王益之撰。

少微通鑑節要五十卷。明司禮監刊本，附通鑑節要續編三十卷。

宋江①贄編。入存目。

明穆宗隆慶實録七十卷。舊鈔本。②

嘉隆兩朝聞見紀十二卷。刊本。

明沈越撰。入存目。

明大政記三十六卷。舊鈔本。卷首有『三十五峰園主人所藏』、『秋水園圖書』、『筠圃藏書』、『胡江之印』、『韓村古雅堂書籍之章』等印。

明雷禮撰。四庫存目僅二十五卷，此則三十六卷，與明史藝文志所載合。

歷代通鑑纂要九十二卷。明正德己卯慎獨齋刊本。

明正德六年李東陽等表進。

---

① 江，原目誤作『姜』，據四庫全書總目、中國古籍善本書目改。

② 原目未題著者。明穆宗實録存世者七十卷，明张居正等任總裁，明范應期等任纂修。

通鑑箋註七十二卷。
明王世貞會纂，鍾人傑箋刊。
通鑑直解二十八卷。明刊本。
明張居正撰。
綱鑑世類編四十五卷明十二朝聖紀十三卷。坊本。
明李槃撰。
國榷二十卷。舊鈔本。明史載此書一百卷，此失其後大半。
明談遷撰。
御定通鑑綱目三編四十卷。坊刻二十卷本，二部。
乾隆四十年奉敕撰。
東華録三十二卷。刊本。
國朝蔣良驥撰。
歷代傳國世次一册。璜川吴氏探梅山房抄本，於正統外，僭、僞、外國俱入編。
未詳撰人。

右編年類

史部三　紀事本末類

春秋左氏傳事類始末五卷。通志堂刊本。

宋章冲撰。

通鑑紀事本末補四册。舊鈔本。始魏大三晉，終鄧后臨朝，凡廿九事，與袁書異同頗多，惟自後漢中葉以下皆缺，爲可惜耳。海寧陳鱣藏并校。卷首有陳鱣圖像，像上有一印，文云『得此書，費辛苦，後之人，應鑒我』十二字，亦可見古人藏書之苦心矣。

舊題『國子監學正王延年謹輯』。未詳其人。仲魚改結銜國子監學正爲翰林院侍讀，想當知其人與世也。

三朝北盟會編二百五十卷。舊鈔本。四庫本起政和七年，盡紹興三十一年，此則盡紹興三十二年四月，微有不同耳。

宋徐夢莘編。

綏寇紀略十二卷。照曠閣刊本，多補遺三卷。

國朝吴偉業撰。

通鑑本末紀要八十一卷。康熙甲子序刊本。

國朝蔡毓榮撰，林子卿註。

明史紀事本末八十卷。坊本。

國朝谷應泰撰。

繹史一百六十卷。重刊本。

國朝馬驌撰。

平臺紀略十一卷。附東征集六卷，刊本。

國朝藍鼎元撰。

三藩紀事本末①。刊本。

---

① 原目卷數缺，四庫全書總目作「四卷」。

國朝楊陸榮撰。存目。

右紀事本末類

史部四　別史類

逸周書十卷。古今逸史刊本。又漢魏叢書刊本。

是書隋志誤稱『汲冢書』，今從郭璞爾雅註，題曰『逸周書』。

王會解一卷。附玉海刊本。

宋王應麟撰。

東觀漢記二十四卷。聚珍板本。

是書於漢明帝時創修，至熹平中乃成書，隋志誤題『劉珍撰』。

古史考一卷。平津館刊本。

蜀漢譙周撰，國朝孫星衍鈔輯。

建康實録二十卷。舊抄本，蓋據嘉祐三年宋刻本過鈔也。卷首有『郁泰峰己酉年所收書』印。

唐許嵩撰。自序云：吴及南朝，六代都建康，共三百三十一年。然吴大帝在武昌七年，梁元帝都江陵三年，其實都建康不過三百二十一年耳。

古史六十卷。明萬曆三十九年南監刊本。

宋蘇轍撰。

通志二百卷。武英殿刊本。又明刊大字本。

宋鄭樵撰。

東都事略一百三十卷。宋眉山程氏刊初印本。薄縣紙，精好濶大，與通鑑綱目並史部甲乙。卷首有『眉山程舍人宅刊行』木記。偁亦眉山人，故鄉里先爲刊行也。丁巳春，曾文正公在揚州見此，詫爲人間未有之秘寶。薛紹彭、錢曾、陳鱣、郁松年經藏。

宋王偁撰。錢遵王讀書敏求記所稱錢牧齋屢求不獲者即此，迄今又二百年，而紙墨如新，手若未觸，殆造化默爲呵護，非偶然也。

路史四十七卷。刊本。

宋羅泌撰。

大金國志四十卷。刊本。

舊本題『宋宇文懋昭撰』。

蕭氏續後漢書四十七卷。宜稼堂郁氏刊本，附札記。

宋蕭常撰。

郝氏續後漢書九十卷。宜稼堂郁氏刊本，附札記四卷。

元郝經撰。

宋史新編二百卷。嘉靖中刊本。

明柯維騏撰。入存目。

李氏藏書六十八卷續藏書二十七卷。刊本。

明李贄撰。存目斥爲『無忌憚之尤』，則其人其書可知矣。

函史上編八十一卷下編二十一卷。刊本。

明鄧元錫撰。入存目。

季漢書五十六卷。刊本。

明謝陛撰。入存目。

列卿年表百三十九卷。刊本。

明雷禮撰。始洪武，至隆慶。存目『傳記類』有禮列卿記百六十五卷，年表之後附以居官行實，蓋一書兩刻，題署各異。此則單年表無行實之一刊也。

欽定歷代紀事年表一百卷。内府刊本，宣紙初印。又一部。

康熙五十一年内閣學士王之樞奉敕撰。

尚史一百七卷。刊本。

國朝李鍇撰。

蜀漢三國始末一册。舊鈔本。

國朝孫承澤撰。

歷代帝王年表十四卷。粤雅堂刊本。

國朝齊召南撰，阮福續。

右別史類

史部五　雜史類

國語二十一卷。明周光鎬、郭子章同校刊本。又明刊評本九卷。又嘉慶五年黄丕烈仿宋明道刊本，共三部，最善。又湖北書局翻刻黄本。

吴韋昭註。

國語補音三卷。微波榭刊本。

戰國策註三十三卷。宋刊初印。汲古閣藏，黄氏本據此覆刊。僅二、三、四卷、六、七、八、九、十卷有註，餘皆考異。當即提要所云姚宏所校、賈似道門客廖瑩中所刊也。有『毛氏子晉』、『希世之珍』等印。

唐人舊本，宋宋庠補輯。

舊本題『漢高誘註』。此即錢遵王所稱首東周、次西周本也，紙質墨光，皆臻絶品。

鮑氏戰國策註十卷。嘉靖壬子吴郡杜詩刊本，字畫清朗，四端亦寛大，尚爲明板中之佳者。又黄丕烈仿刻宋姚宏校註本，最善。又湖北書局翻刻黄本。

宋鮑彪撰。

戰國策校註十卷。坊本。又明張文燿刊此本，而集評於上端，題曰『戰國策談槭』。

元吴師道撰。入存目。

國策地名考二十卷。粤雅堂刊本。

國朝程恩澤撰。

渚宫舊事五卷補遺一卷。平津館刊本。

唐余知古撰。

奉天録四卷。粤雅堂刊本。

唐趙元一撰。紀朱泚作亂事，起建中，至興元克復，叙述頗詳。

建炎筆録一卷辨誣筆録一卷。舊抄本，有『夢花館藏書』印。

宋趙鼎撰。又函海刊二録附家訓筆録一卷。

清溪弄兵録一卷。函海刊本。

宋王彌大撰。入存目。

北行日録八卷。舊鈔本，陳鱣藏並校。

以宋蔡絛北狩行録一卷，無名氏竊憤録一卷、續竊憤録一卷合編之者，明汪梅也。

四庫分存其目。

建炎復辟記一卷。鈔本。嘉慶甲戌吴翌鳳以汲古閣舊本校過。卷首有「吴枚庵」、「顧湘舟收藏」諸印。

宋人撰，失其名。入存目。

中興禦侮録二卷。粤雅堂刊本。

宋人撰，失其名。入存目。

襄陽守城録一卷。舊鈔本。又粤雅堂刊本。

宋趙萬年撰。入存目。

辛巳泣蘄録一卷。舊鈔本。

宋趙與褒撰。入存目。

松漠紀聞一卷續一卷。顧氏文房小説刊本。

宋洪皓撰。

太平治迹統類二十四卷。藝海樓顧氏傳鈔閣本。自一卷「聖宋仙源積慶符瑞」起，至二十四卷「元祐黨事本末下」止，計闕六卷。

宋彭百川撰。此書與唐大詔令合裝爲一函，此闕後六卷，而唐大詔令則闕卷首至卷八十六，蓋書賈合兩殘書爲一，以欺售者耳。

咸淳遺事二卷。粤雅堂刊本。

不著撰人名氏。

焚椒録一卷。錢曾藏明人舊鈔本，有吴寬、錢謙益手跋。又有「樸學齋」、「葉樹廉」、「石君」、「虞山錢曾遵王藏書」等印。又津逮祕書刊本。

遼王鼎撰。入存目。

金國南遷録一卷。鈔本。

金張師顔撰。入存目。

錢塘遺事十卷。掃葉山房刊本。

元劉一清撰。

征緬録一卷。傳望樓刊本。

元人撰，失其名。

三朝聖諭録①。舊鈔本。起永樂，至洪熙，尚漏宣德一朝，皆士奇自述，恩遇居多。又有立齋閑録②、野紀、後鑒録三本，皆一人手抄，與此共爲一函。

明楊士奇編。入存目。

廷樞紀聞二十册，存十二册。明鈔本。始正統七年，至十四年，秀水陸維垣舊藏，稱其謹嚴有法，縷析條分，蓋當時實録。後爲顧沅所藏。

明于謙私編。

姜氏秘史③。舊抄本，四册，惠棟舊藏。卷末録有萬曆時人跋，尚稱：「姜氏，不知爲何人。」蓋其時革除事不敢盡言，猶諱之也。卷首有「馬翼贊」及「惠定宇手寫本」諸印。

明姜清撰。入存目。

革除遺事節本六卷。舊鈔本。

明黄佐撰。入存目。

---

① 原目卷數缺，四庫全書總目作「三卷」。

② 録，原目作「談」，據下文立齋閑録、野記、後鑒録諸條著録改。

③ 原目卷数缺，四庫全書總目作「一卷」。

建文朝野彙編二十卷。刊本。
明屠方叔撰。入存目。

立齋閑録一卷。舊鈔本，與三朝聖諭、野紀、後鑒録共編一函。
明人撰，未詳姓名①。紀太祖及成祖興師事。

野記三卷。舊鈔本，與三朝聖諭、立齋閑録、後鑒録共編一函。
明祝允明撰。存目四卷，入『小説』。

後鑒録三卷。舊鈔本，與三朝聖諭、立齋閑録、野紀共爲一函。
不著撰者姓名。紀劉瑾、宸濠事。

建文書法儗五卷。明刊本。
明朱鷺撰。入存目。

宣靖備史四卷。舊鈔本。嘉靖癸卯自序。
明陳霆聲伯撰。起崇寧元年，終靖康二年。

① 明史藝文志著録立齋閑録四卷，作者宋端儀。

先撥志始二卷。刊本。

明文秉蓀撰。入存目。

明宫史五卷。舊鈔本。

明司禮監奉御劉若愚撰。自酌中志抽出五卷而易其名。四庫『政書類』之吕毖校本，蓋即校此編，故不題撰也。

酌中志餘一厚册。鈔本十種，中夥壞封疆録下署『昭陽魏應嘉』，天啓宫詞下署『虞山陳悰』，擬故宫詞下署『毗陵唐宇昭』，餘皆無名氏。

不題撰人。首識云：『編酌中志既竣，篋中有昌、啓、禎三朝紀載，堪與兹志發明者，東林朋黨録、東林點將録等，凡十種，合編之，而題以志餘云。』

頌天臚筆二十四卷。崇禎己巳刊本。

題『東吴野臣金日升輯』。紀崇禎時誅璫起廢諸事。

明朝小史十八卷。刊本。

題『蘆城赤隱吕毖輯著』。始太祖，至福王止。提要『政書』載毖校宫史，題『蘆山赤隱』，蓋一人也。蘇州靈巖山前有小桃源，爲毖隱居處，其墓在焉。碑記其辟穀事及禱雨異徵，臨終書偈云：『一輪明月空中相，千片桃花影裏身。』殆明遺老隱於佛道者也。

花村談往二册。舊抄本。共二十篇，其七篇已爲説鈴所刻者，亦彼略而此詳，大概吴越間遺民所著述也。

不著撰者姓名。入存目，即七篇略本。

武宗外紀一卷後鑒録七卷。刊本。

國朝毛奇齡撰。入存目。

群雄事略八卷。舊抄本。

國朝錢謙益撰。紀明太祖開創削平揭竿同起諸人事，猶其明時所作。

明季南略十八卷。刊本。

國朝計六奇撰。自序署康熙十四年。

五藩實録七卷。刊本。

自序署『乾隆己未南沙三餘氏』。

永曆實録二十五卷。湘鄉刊本。

國朝王夫之撰。

二申野録八卷。刊本。

國朝孫之騄撰。入存目。

右雜史類

史部六　詔令奏議類

上諭内閣一百五十九卷。刊本。

莊親王允禄、和親王弘晝等先後奉敕校刻。

硃批諭旨三百六十卷。内府刊本。

雍正十年奉敕校刊。

唐大詔令一百三十卷。舊抄本。所存者，七十二至八十六卷、九十九至一百三十卷而已。舊與太平治迹統類合裝爲一。

宋宋敏求撰。

政府奏議二卷。歲寒堂刊二范集本。

宋范仲淹撰。

包孝肅奏議十卷。宋淳熙元年趙磻老廬州刊本。

宋包拯撰。

左史諫草一卷。閣本，顧沅藝海樓抄。

宋吕午撰。

商文毅疏稿略一卷。閣本，顧沅藝海樓抄。

明商輅撰。

關中奏議十卷。舊鈔本，題『關中奏題稿』。卷首有俞彦直、石倉齋藏書印。

明楊一清撰。

諫垣遺稿二卷。嘉靖癸巳刊本。

明湯禮撰。

周忠愍奏疏二卷。閣本，顧沅藝海樓抄。

明周起元撰。

司馬奏疏三卷。刊本。卷首有小汲古閣藏書印。

明王家楨撰。

靳文襄治河奏疏八卷。刊本。

國朝靳輔撰。

張公奏議二十四卷。刊本。

國朝康熙時張鵬翮總督河道所上。

防河奏議十卷。刊本。

國朝雍正時嵇①曾筠撰。

河工奏摺一卷。

國朝黎式序。嘉慶十九年上。

歷代名臣奏議三百五十卷。明張溥批點本，三百十九卷，略有删損。

明永樂十四年黄淮、楊士奇等奉敕編。

荆川右編四十卷。刊本。

明唐順之編輯。入存目。

---

① 嵇，原目誤作「稽」，據該書雍正十一年刻本署名改。

欽定明臣奏議二十卷。聚珍板本。

乾隆四十六年奉敕編。

右詔令奏議類

史部七　傳記類

聖賢之屬

聖門志六卷。鹽邑志林附刊本。

明吕元善撰。入存目。

孔子編年世紀二十四卷。刊本。

國朝李灼、黄晟同撰。入存目。

仲里志六卷。刊本。

東吴顧彩重修。記仲子祠墓世族，泗水、濟寧並載。

右傳記類聖賢之屬

名人之屬

晏子春秋八卷。經訓堂刊本，附孫星衍撰音義二卷。

舊題「晏嬰撰」。

魏鄭公諫録五卷。康熙時顧嗣立刊閶邱辨囿本。

唐王方慶撰。

李相國論事集六卷。藝海樓依閣抄本。

唐蔣偕撰。

杜工部年譜一卷。道光壬午山陰杜春生仿宋刊本，二卷。其上卷即此，下卷爲魯訔譜。

宋趙子櫟撰。

杜工部詩年譜一卷。杜春生仿宋刊本。

宋魯訔撰。

紹陶録二卷。舊鈔本。卷首有「顧沅」、「望雨樓」、「李氏珍藏」諸印。

宋王質撰。

金陀粹編二十八卷續編三十卷。宋刊本。文集十卷俱全，爲是編最足之本。此書在元時已多散佚，今此宋本巋然復在，豈非天壤間至寶？又依宋刊鈔本。

宋岳珂撰。珂自跋云「右二編，前刻於檇李，續刊於南徐，兹刻藏於廟塾，凡六百二十二板，字差小於舊，端平元年涂月敬跋」云云。是此本在當時已經三刻矣。卷首有「張培源」、「江氏亭復」、「老辛屋」、「章綬銜」、「解元趙無聲」諸印。

象臺首末五卷。閣本傳鈔。

宋胡知柔撰。

魏鄭公諫續録二卷。聚珍板本。

元翟思忠撰。

殷太師比干録三卷。明天順二年刊本。

明曹安集比干墓碑碣題詠。

唐忠臣録三卷。明正統十三年刊本。

明鄭瑄編。編録張巡、許遠傳狀事實，附南霽雲、雷萬春，及後人題詠。

懷賢録一册。明正統三年刊本。

明沈愚集宋劉過事實及宋人題贊。中間刊龍洲詞一卷。

楊文敏公年譜四卷。明嘉靖壬子刊本，藍印。

明徐文沔編楊榮事迹。

杜東原年譜一卷。舊鈔本。

明沈周編其師杜□□①事略。

宋左丞相陸公全書八卷。刊本。

明末王應熊編。載陸秀夫事迹、遺文、贊、詠，道光間陶性堅爲續編，合刊。

關帝聖迹圖五卷。嘉慶二年刊本。

國朝盧湛輯。

① 原目人名缺，明人室名别稱字號索引作『瓊』。

朱子年譜四卷考異四卷附録二卷。粤雅堂刊本。

國朝王懋竑撰。

倪文正公年譜四卷。粤雅堂刊本。

國朝倪會鼎編。

陸清獻公泣嘉遺迹二卷。同治六年刊本。

國朝王維玉於乾隆初記清獻知嘉定縣清迹。

忠節録一卷。刊本。

國朝孫爾桂輯。録其高祖孫傳庭事迹。

郝太僕褒忠録六卷。乾隆間刊本。

記明郝景春守房縣死事、贈卹本末及題詠。

李氏三忠事迹考證。刊本。

道光間李慶來考其先世明李用楫、李耒、李頎事，編爲五卷。

米海嶽年譜一卷。粤雅堂刊本。

國朝翁方綱編。

元遺山年譜一卷附一卷。粤雅堂刊本。

國朝翁方綱編。

宋洪文惠、洪文敏、陸放翁、王伯厚、明王弇州五先生年譜各一卷。刊本。

國朝錢大昕編。

閻潛邱先生年譜四卷顧亭林先生年譜一卷。粤雅堂刊本。

國朝張穆撰。

張楊園先生年譜一卷附録一卷。當歸草堂刊本。

國朝蘇惇元撰。

姜貞毅先生事録一册。刊本。

不題撰人。彙明姜埰事實及輓章、祭文。

王奉常年譜四卷。刊本。

道光丙戌王寶仁編其七世祖時敏行迹。

表忠崇義録。刊本。

道光二十二年上海印經等録江南提督陳化成在吴淞口殉難記述、題詠。

雷塘盦主弟子記八卷。刊本。

記故大學士阮元事迹，略如年譜。

右傳記類名人之屬

總録之屬

漢末英雄記一卷。漢魏叢書刊本。

魏王粲撰。入存目。

高士傳三卷。古今逸史刊本。又漢魏叢書刊本。

晉皇甫謐撰。

卓異記一卷。顧氏文房小説刊本。

舊本或題『唐李翱』，或題『唐陳翺』，或題『唐陳翰』。

春秋列國諸臣傳三十卷。通志堂刊本。

宋王當撰。

廉吏傳二卷。舊鈔本，甚精善。

宋費樞撰。

名臣言行録前集十卷後集十四卷續集八卷别集二十六卷外集十七卷。依明刊鈔本。又刊本。

前集、後集，宋朱子撰；續集、别集、外集，李幼武所補。

昭忠録一卷。粤雅堂刊本。

不著撰人名氏。

敬鄉録十四卷。

元吴師道撰。

唐才子傳八卷。嘉慶癸亥，日本印入佚存叢書。本十卷，猶是元人舊帙。

元辛文房撰。

元朝名臣事略十五卷。聚珍板本。

元蘇天爵撰。

草莽私乘一卷。舊鈔本，顧沅藏。

明陶宗儀編。入存目。

吴中人物志十二卷。明隆慶庚午刊本。

明張昶撰。入存目。

明郡牧廉平傳十卷。明刊本。

明王昌時輯。

吴乘竊筆一册。知不足齋鈔本，顧廣圻藏。是書文筆老健，而字亦古雅，可寶也。

記自宋至明萬曆間三十二人。未詳撰者，當是明末崑山人。

欽定勝朝殉節諸臣録十二卷。刊本。

乾隆四十一年奉敕撰。

欽定貳臣傳十二卷逆臣傳四卷。刊本。

乾隆中奉敕撰。

國史滿漢名臣傳八十卷。巾箱刊本。

國初至乾隆中名臣。

國史滿漢列臣傳八十卷。精鈔本。

即續補前刊之遺，至嘉慶中止。

明儒學案六十二卷。康熙辛未刊本。

國朝黄宗羲撰。

顧氏譜系考一卷。亭林十書刊本。

國朝顧炎武撰。入存目。

勝朝彤史拾遺六卷。刊本。

國朝毛奇齡撰。入存目。

北學編三卷。刊本。

國朝魏一鼇輯。

蜀碧四卷。刊本。又一部。

國朝彭遵泗撰。入存目。

吴郡名賢圖傳贊二十卷。刊本。

國朝顧沅撰。

公車徵士小録一册。刊本。

録乾隆初徵薦應大科人履歷。人一紙，才百許紙，蓋非足本。

國朝漢學師承記八卷附經義目録一卷。粤雅堂刊本。

國朝江藩撰。

國朝宋學淵源記二卷附記一卷。粤雅堂刊本。

國朝江藩撰。

右傳記類總録之屬

雜録之屬

烏臺詩案一卷。函海刊本。

宋朋九萬撰。入存目。

保孤記一卷。舊鈔本。卷首有『謙牧堂藏書印』。

明李如一保護夏桂洲遺孤還家記事之文。

璽召録一卷蓟旋録一卷禮白岳記一卷。六研齋雜著刊本。

明李日華撰。入存目。

鑒勞録①。刊本。

明孫傳庭撰。入存目。

吴自湖鎮廣記劄一卷。舊鈔本。

明吴芳撰。紀嘉靖時總督兩廣辦賊諸事。又其後附録史漢雜記及王瓊所撰之西番事迹及榆鎮問答，疑非全書。

孤兒籲天録十六卷附一卷。刊本。

楊山松爲其父楊嗣昌剿撫失宜辨雪，附録又爲其祖楊鶴辨謗。

使粤日記一卷。康熙二十年刊本。

國朝喬萊撰。入存目。

從西紀略一卷。刊本。

國朝范昭奎撰。記其康熙己亥從兵部尚書某出西塞安設臺站事。入存目。

采硫日記②。粤雅堂刊本。

---

① 原目卷數缺，四庫全書總目作「一卷」。

② 原目卷数缺，粤雅堂叢書本此書爲三卷。

國朝郁永和①撰。

附録

安禄山事迹三卷。舊鈔本。卷首有「二樹」、「海寧陳鱣觀」、「馬氏收藏」諸印。

唐姚汝能撰。入存目。

右傳記類雜録之屬

史部八　史鈔類

南朝史精語十卷。乾隆五十二年刊本。

宋洪邁撰。入存目。

① 和，粤雅堂叢書作「河」。

漢雋十卷。明萬曆甲申刊本。

宋林越撰。入存目。

通鑑總類二十卷。宋元間刊本，或宋刊而元印，亦未可定。卷首有臥石居藏書印。

宋沈樞編。

唐荆川左編一百二十四卷。明刊本。

明唐順之撰。入存目。

左國腴詞八卷太史華句八卷兩漢雋言十六卷。萬曆中刊本。

明凌迪知撰。入存目。其雋言即林越書，而迪知補葺者也。

右史鈔類

史部九　載記類

吴越春秋十卷。古今逸史刊本。又漢魏叢書刊本。

漢趙煜撰。

越絶書十五卷。古今逸史刊本。又漢魏叢書刊本。

漢袁康撰。

華陽國志十二卷附録一卷。古今逸史刊本。又函海刊本，足。又漢魏叢書刊本。

晉常璩撰。

鄴中記一卷。聚珍板本。

晉陸翽撰。

別本十六國春秋十六卷。漢魏叢書刊本。

舊本題『崔鴻撰』。

十六國疆域志十六卷。刊本。

國朝洪亮吉撰。

蠻書十卷。聚珍板本。

唐樊綽撰。

江南餘載二卷。函海刊本。

不著撰人名氏。

五國故事二卷。鈔本。卷末署『乾隆丁酉八月長洲金永齡鶴亭氏手鈔』。又函海刊本。

不著撰人名氏。據書中所述，蓋宋初人也。

蜀檮杌二卷。函海刊本。

宋張唐英撰。

九國志十二卷。書福樓抄本，其目云係照葉東卿抄本過録，全書則照孫淵如藏本過録也。又傳望樓刊本。又粤雅堂及守山閣刊本，均多拾遺一卷。

宋路振撰，張唐英補。儀徵阮氏得曲阜孔氏舊鈔殘帙，凡列傳百三十六篇，編爲十二卷進呈。

黑韃事略一卷。依明茶夢道人姚咨鈔本過録。

宋彭大雅撰。

南唐書十八卷音釋一卷。汲古閣初印本。又嘉慶庚辰湯運泰註刊本。

宋陸游撰。

晉史乘一卷楚史檮杌一卷。

元吾衍鈔輯二國事，明吴琯刊入古今逸史，改此題。入存目。

滇載記一卷。函海刊本。

明楊慎撰。入存目。

後梁春秋二卷。舊鈔本。

明姚士粦撰。入存目。

附録

越史略三卷。閣本依鈔。

不著撰人名氏。

朝鮮史略六卷。舊鈔本，題『東國史略六卷』，每卷各分上下。

不著撰人名氏。當係明代朝鮮人所作。

中山沿革志二卷。康熙二十三年刊本。

國朝汪楫撰。入存目。

右載記類

史部十　時令類

御定月令輯要二十四卷圖説一卷。内府刊本。

　康熙五十四年李光地等奉敕撰。

古今類傳四時部四卷。刊本。

　國朝董穀士、董炳文同編。入存目。

日月紀古十二卷。刊本。

　國朝乾隆末蕭智漢編。

月令粹編二十四卷。刊本。

　國朝嘉慶壬申秦嘉謨編。

右時令類

史部十一　地理類

宫殿之屬

三輔黄圖六卷。古今逸史刊本。又經訓堂刊本。又平津館刊本。又漢魏叢書刊本。

不著撰人名氏。

歷代宫殿名一卷。舊鈔本。精善，虞山張蓉鏡舊藏。

宋李昉撰。直齋書録載之。

禁扁五卷。坊本。

元王士點撰。

右地理類宫殿之屬

總志之屬

元和郡縣志四十卷。聚珍板本。又舊鈔本，密行式，甚雅古。

唐李吉甫撰。舊本，當係元明間人所抄，與近人抄本多有異同，目亦少異，足資校証。

元豐九域志十卷。聚珍板本，二部。又依宋鈔本，曹楝亭舊藏。又乾隆四十九年馮集梧刊本。

宋王存等奉敕撰。楝亭所藏依宋抄本，與馮刻稍異。

輿地廣記三十八卷。聚珍板本。又宋殘本，卷十八至三十八，季振宜、黄丕烈、汪士鐘舊藏。

宋歐陽忞撰。卷中有顧千里、黄蕘圃手跋，敘宋刻原委甚詳。古香古色，悦目醉心，惜乎殘闕太多也。每卷末俱刻有『淳祐庚戌郡守朱申重修』十字。

輿地紀勝二百卷。咸豐五年南海伍氏刊本。

宋王象之撰。

方輿勝覽七十卷。舊鈔本。又續得宋刊本，卷首載嘉熙己亥新安吕午序及祝穆自序。後有『四六如秘笈新書，誠操觚家所必需也』。廉石居書目所稱『宋刻』，當即此本。有『孫淵如星衍』、『孫忠愍侯祠堂藏書』諸印。

宋祝穆撰。

聖朝混一方輿勝覽上中下三卷。元刻本。體例略如祝氏書，略於形勢而詳於名勝，蓋供詩賦題咏之用也。有常熟瞿氏藏書印。

未詳撰者姓名。首尾序皆已不全，當係元中葉所刊。

明一統志九十卷。慎獨齋刊本。又一部。

明李賢等奉敕撰。

大清一統志五百卷。内府刊本，初印，精善。又道光末常州活字印本。又蘭生刊單表十六卷。又常州刊單圖、表十六卷。

乾隆二十九年奉敕撰。

天下郡國利病書一百二十卷。道光間成都刊本。

國朝顧炎武撰。入存目。

讀史方輿紀要一百三十卷。道光間成都刊本。

國朝顧祖禹撰。

乾隆府廳州縣志五十卷。刊本。

國朝洪亮吉撰。

皇朝輿地韻編二卷圖一卷歷代地理韻編今釋二十卷。道光十七年活字本。

國朝李兆洛撰。

皇朝輿地略重訂二卷。刊本。

同治二年馮焌光依李兆洛本增訂，刊於南海。

右地理類總志之屬

都會郡縣之屬

吴郡圖經續記三卷。黄丕烈藏舊鈔善本，顧廣圻以演繁露易之，即此。

宋朱長文撰。卷後有硃筆題『雍正十二年夏五月既望，於崑山徐氏購得葉文莊所藏宋刻本，校勘一過』云云，末鈐『可潛』小印。再後有顧澗蘋、黄蕘圃手跋。

乾道臨安志三卷。吴翌鳳藏舊鈔本。

宋周淙撰。卷後有吴枚庵手跋，云『借抄於抱經盧氏』，末署『乾隆己亥小春』。

吴郡志五十卷。毛晉據宋本覆刻，惠棟藏。

宋范成大①撰。

澉水志八卷。依閣鈔本，卷首有太原馬氏藏書印。

宋常棠撰。

景定建康志五十卷。嘉慶四年費淳刊本，初印，精善。

宋周應合撰。

玉峰志三卷續志一卷。黄丕烈依祝允明寫本過鈔。此書甚核而該，爲崑山考文獻最古之帙。卷後丕烈手跋者三則，其珍重可知矣。

宋陽羨凌萬頃、陳留邊實同撰，續志則邊實所自爲也。

咸淳毘陵志三十卷。由吴翌鳳藏本過抄之本。汪士鐘曾藏，訛闕頗多，恨無善本可以校正。

宋四明史能之因宋慈未成之稿續撰。

齊乘六卷。依明本過鈔舊帙，畢瀧、黄丕烈經藏。

元于欽撰。蕘圃手校並跋。

① 原目誤作『范大成』，據宋史藝文志、四庫全書總目改。

至大金陵新志十五卷。依閣本過鈔。

元張鉉撰。

嘉靖太倉州志□□①卷。明刊本。

明嘉靖丁未周士佐、周鳳岐同修。

滇略十卷。舊鈔本，六卷。

明謝肇淛撰。

萬曆杭州府志一百卷。刊本。

明萬曆七年郡人陳善修。

欽定日下舊聞考一百二十卷。朱氏原本四十二卷。

乾隆三十九年奉敕撰。

欽定盛京通志一百二十卷。刊本。

乾隆四十四年奉敕撰。

---

① 原目卷數缺，中國地方志聯合目録著録作「十卷」。

畿輔通志一百二十卷。
　國朝直隸總督李衛等監修。
江南通志二百卷。乾隆二年刊本。又有康熙二十三年于成龍修進本，七十二卷。
　國朝兩江總督趙宏恩等監修。
安徽通志二百六十卷。道光十年刊本。
　國朝兩江總督陶澍等監修。
江西通志一百六十二卷。雍正十年刊本。
　國朝江西巡撫謝旻等監修。
浙江通志二百八十卷。乾隆元年刊本。又一部。
　國朝浙江總督嵇曾筠等監修。
福建通志七十八卷。同治辛未刊本。
　國朝浙閩總督英桂等監修。
湖北通志一百卷。刊本。
　嘉慶八年吴熊光等監修。

湖南通志二百二十八卷。刊本。

嘉慶二十五年李堯棟等監修。

河南通志八十卷。雍正十三年刊本。

國朝河東總督王士俊等監修。

山東通志三十六卷。乾隆元年刊本。

國朝山東巡撫岳濬等監修。

山西通志二百三十卷。雍正十三年刊本。

國朝山西巡撫覺羅石麟等監修。

陝西通志一百卷。雍正十三年刊本。

國朝陝西總督劉於義等監修。

甘肅通志五十卷。乾隆元年刊本。

國朝甘肅巡撫查郎阿等監修。

四川通志二百二十六卷。嘉慶二十一年刊本。

國朝四川總督常明等監修。

廣東通志六十四卷。雍正八年刊本。又康熙二十四年李霨等總修輿圖十二卷，刊本。

國朝廣東巡撫郝玉麟等監修。

又廣東通志三百三十四卷。嘉慶二十三年刊本。

國朝兩廣總督阮元等監修。

廣西通志二百七十九卷。嘉慶六年刊本。

國朝廣西巡撫謝啓昆等監修。

雲南通志二百十六卷。道光六年刊本。

國朝雲貴總督伊里布等監修。

貴州通志四十六卷。乾隆六年刊本。

國朝雲貴總督鄂爾泰等監修。

伊犂總統事略十二卷。嘉慶己巳刊本。

國朝祁韻士因汪廷楷志稿增輯重編，宗室賡寧繪圖，即伊犂通志也。

杭志三詰三誤辨一卷蕭山縣志刊誤三卷。西河全書刊本。

國朝毛奇齡撰。入存目。

河套志六卷。雍正時刊本。

國朝陳履中撰。入存目。

寧古塔志一卷。鈔本，與下封長白山記共一本。

國朝桐城方拱乾撰。康熙壬寅自序。

沭陽縣志四卷。康熙十三年刊本。

國朝張奇抱撰。

鎮江府志五十五卷。康熙十四年刊本。

國朝張九徵撰。

嘉興府志十六卷。康熙五十九年刊本。

國朝吴永芳撰。

徐州府志三十卷。乾隆七年刊本。

國朝石杰撰。

南寧府志五十六卷。乾隆八年刊本。

國朝蘇士俊撰。

淮安府志三十二卷。咸豐二年重刊本。

國朝葉長揚①、顧棟高同撰。

無錫縣志四十二卷。乾隆十六年刊本。

國朝王鎬撰。

上元縣志二十八卷。抄本。

國朝何夢篆於乾隆十五年撰。

鹽城縣志十六卷。乾隆十二年刊本。

國朝黄恒撰。

直隸通州志二十二卷。乾隆二十年刊本。

國朝王繼祖撰。

碭山縣志十四卷。乾隆三十二年刊本。

國朝劉玉瓊撰。

① 揚，原目作「楊」，據淮安府志書前銜名改。

高郵州志十二卷。刊本。

國朝楊宜崙乾隆四十八年撰，馮馨嘉慶十八年增修。

高郵續志六卷。道光二十五年刊本。

國朝范鳳諧撰。

韓城縣志十六卷。乾隆四十九年刊本。

國朝傅應奎撰。

贛榆縣志四卷。嘉慶初年刊本。

國朝王城撰。

海州志三十二卷。嘉慶十三年刊本。

國朝唐仲冕撰。

如皋縣志二十四卷。嘉慶十三年刊本。

國朝左元鎮撰。

江寧府志五十六卷。嘉慶十六年刊本。

國朝姚鼐撰。

泰興縣志八卷。嘉慶十八年刊本。

國朝張先甲撰。

蕭縣志十八卷。嘉慶十九年刊本。

國朝潘溶撰。

東臺縣志四十卷。嘉慶二十二年刊本。

國朝周在撰。

松江府志八十四卷。嘉慶二十三年刊本。

國朝宋如林撰。

蘇州府志一百五十卷。道光四年刊本。

國朝石韞玉撰。

懷寧縣志三十卷。道光五年刊本。

國朝王毓芳撰。

泰州志三十六卷。道光七年刊本。

國朝王有慶撰。

寶應縣志二十八卷。道光二十二年刊本。

國朝孟毓蘭撰。

興化縣志十卷。咸豐元年刊本。

國朝梁園棣撰。

邳州志二十卷。咸豐元年刊本。

國朝魯一同撰。

右地理類都會郡縣之屬

河渠之屬

水經注四十卷。聚珍板本，二部，其一部約校十分之二三。又漢魏叢書刊本。又戴氏遺書刊本。又明嘉靖刊本，上端考訂甚詳，校者三人：一汪兆兢、一汪義門、一惕齋，皆不知其名。有『蕭爽齋』、『朱敘』、『堯峰』諸印。

水經，舊題『漢桑欽撰』；註，後魏酈道元撰。是書最多脱誤，而又難覓出實。校者分條數典，又歷舉各本，詳訂得失，使讀者粲若列眉，真酈氏之功臣也。

水經注釋四十卷刊誤十二卷。趙氏刊本。又一部，以戴本及他本校過。

國朝趙一清撰。

水經注圖二卷。刊本。

國朝汪士鐸撰。

水道直指一卷。

國朝張學撰。水經注今釋所附。

河防一覽十四卷。明刊本。又重刊本。

明潘季馴撰。

三吴水利録四卷。别下齋刊本。

明歸有光撰。

潞水客談一卷。粤雅堂刊本。

明徐貞明撰。入存目。

吴中水利書二十八卷。刊本。

明張國維撰。

北河續記八卷。刊本。

國朝閻廷謨撰。

湘湖水利志三卷。西河全書刊本。

國朝毛奇齡撰。

居濟一得八卷。康熙戊子刊本。

國朝張伯行撰。

治河方略十卷。刊本。

國朝靳輔撰。

河防志十二卷。雍正十三年刊本。

國朝張希良編。

行水金鑑一百七十五卷。雍正三年刊本。

國朝傅澤洪撰。

續行水金鑑一百五十卷。道光十一年刊本。

國朝嚴烺、潘錫恩等編。

水道提綱二十八卷。刊本。又一部。

國朝齊召南撰。

南河成案五十四卷。

乾隆元年至五十六年刊本。

南河成案續編一百六卷。

乾隆五十七年至嘉慶二十四年刊本。

南河成案再續編三十八卷。

嘉慶二十五年至道光十三年刊本。

太①湖備考十八卷。乾隆庚午刊本。

國朝金友理撰。

兩浙海塘志二十卷。乾隆十六年刊本。

國朝方觀承等編。

---

① 太，原本作「大」，據四庫全書總目改。

山東運河備覽十二卷。乾隆四十年刊本。又一部。

國朝陸燿編。

畿輔安瀾志五十六卷。聚珍板本。

國朝王履泰撰。段玉裁謂其竊戴東原爲方敏慤所修之直隸河渠書增損進呈，見東原年譜。

東南水利略六卷。

國朝凌介禧撰。

淮揚水利圖說一卷。道光十九年刊本。

國朝馮立道撰。

右地理類河渠之屬

邊防之屬

東南進取輿地通鑑三十卷。宋刊本。顧涇陽、黄蕘圃、郁泰峰經藏。有『劍光閣』、『百宋一廛』諸印。

宋趙善譽撰。是書各家書目皆未收，惟傳是樓書目有之，僅二十卷。宋史藝文志及直齋書録解題皆載是書六十三卷。此本雖僅存及半而弱，然自晉而上各圖具在，古人攻戰之地，開卷犁然。舉世無傳之本，猶未同歸於盡，亦史家無上之祕笈矣。

北邊備對一卷。古今逸史刊本。

宋程大昌撰。入存目。

東南防守利便三卷。鈔本。

宋陳克、吴若同撰。入存目。

兩浙海防考十卷。萬曆元年刊本。

明范涞撰。入存目。

温處海防圖略一卷。鈔本。

明蔡逢時撰。存目作二卷。

靖海紀略二卷。別下齋刊本。

明曹履泰撰。

海防圖並論五十卷。即籌海圖編，長恩書室刊本。又一部，十三卷。

明胡宗憲撰。

九邊圖並論①。長恩書室刊本。
明許論撰。
鄭開陽雜著十一卷。抄本。
明鄭若曾撰。
秦邊紀略五卷。舊鈔本。
不著名氏，蓋國初人撰。存目作四卷。
蠻司合志十五卷。西河全書刊本。
國朝毛奇齡撰。入存目。
海防備覽十卷。乾隆五十八年刊本。又一部。
國朝薛傳源編。
三省邊防備覽十二卷。刊本。
國朝嚴如熤撰。蓋官陜西南山時，以與閬、夔、鄖、宜邊境相連，身自履勘，而撰此編。

① 原目卷數缺，長恩書室叢書本爲一卷。

籌海初集四卷。道光中刊本。是編所述軍械、船隻及砲台制度，以備尋常賊盜，似尚可恃；若禦外侮，則須別籌長策。天培旋亦殉難，力雖不足，而心則有餘矣。

國朝關天培撰。

宴海管見一卷防江防海管見一卷。鈔本。

國朝趙鳴珂撰。

防海議二卷。抄本。

近時人集鈔。

太①湖用兵紀略一卷防湖論略二卷。鈔本。

國朝人撰，失姓名。

右地理類邊防之屬

① 太，原目作「大」，據清史稿藝文志拾遺改。

山水之屬

赤松山志一卷。依閣鈔本。

宋倪守約撰。

雁山十記一卷。閭邱辨囿刊本。

元李孝光撰。

昌平山水記二卷。亭林十書刊本。

國朝顧炎武撰。入存目。

西湖志纂十二卷。刊本。

國朝大學士梁詩正撰。

四明山志九卷。刊本。

國朝黄宗羲撰。入存目。

封長白山記一卷。與寧古塔志同一抄本，後又附徐蘭出塞詩一卷，萬斯同爲之序，敘述塞外風景古迹頗詳。

國朝方象瑛撰。後附吴兆騫詩、賦各一首。

赤壁志一册。刊本。書中北宋韓駒誤作南宋韓駰，何次仲答韓駒詩亦未録入，其大略可覩矣。厲鶚藏，有雍正年間手跋。

國朝康熙戊寅知黄州府賈鉉撰。

峽石山水志一卷。别下齋刊本。

國朝蔣宏任撰。

武夷山志二十四卷。乾隆十六年刊本。

國朝董天工修輯。

靈巖山紀略二卷。刊本。

國朝王鎬、趙西合撰。二人並太倉州知州。

岱覽三十二卷。嘉慶乙丑刊本。

國朝唐仲冕撰。

南嶽志輯要□□①卷。道光元年刊本。

① 原目卷數缺，湖南省圖書館藏此書道光十四年刻本，爲四卷。

國朝許知璣輯。

右地理類山水之屬

古迹之屬

洛陽伽藍記五卷。古今逸史刊本。又津逮祕書刊本。又漢魏叢書刊本。
後魏楊衒之撰。

吴地記一卷附後集一卷。古今逸史刊本。
舊本題『唐陸廣微撰』。

長安志二十卷。乾隆甲辰經訓堂刊本。又一部。
宋宋敏求撰。

洛陽名園記一卷。文房小説刊本。又古今逸史刊本。又津逮祕書刊本。
宋李格非撰。

雍録十卷。古今逸史刊本。

宋程大昌撰。

長安志圖三卷。經訓堂刊本,附宋敏求志後。

元李好文撰。

汴京遺迹志二十四卷。舊鈔本。

明李濂撰。

石湖志略一卷文略一卷。舊抄本。又附靈巖紀略一卷,均有圖。

明盧襄撰。入存目。

歷代山陵考一卷附紀事一卷。舊鈔本。曹溶、吴翌鳳均藏,有「曹溶」、「潔躬」、「吴枚庵」諸印。

明王在晉撰。入存目。

金陵梵刹志五十三卷。刊本。

明葛寅亮撰。入存目。

石柱記箋釋五卷。粤雅堂刊本。

國朝鄭元慶撰。

逍遥山萬壽宫志二十卷。乾隆五十年刊本。

國朝丁步上等輯。

右地理類古迹之屬

雜記之屬

南方草木狀三卷。漢魏叢書刊本。

晉嵇含撰。

荆楚歲時記一卷。漢魏叢書刊本。

梁宗懔撰。

嶺表録異三卷。聚珍板本。

唐劉恂撰。

益部方物略記一卷。津逮祕書刊本。

宋宋祁撰。

岳陽風土記一卷。古今逸史刊本。

宋范致明撰。

東京夢華録十卷。津逮祕書刊本。

宋孟元老撰。

六朝事迹編類二卷。古今逸史刊本。

宋張敦頤撰。

中吴紀聞六卷。粤雅堂刊本。

宋龔明之撰。

桂海虞衡志一卷。古今逸史刊本。

宋范成大撰。

歲華紀麗譜一卷附箋紙譜一卷蜀錦譜一卷。閆邱辨囿刊本。

元費著撰。

吴中舊事一卷。函海刊本。

元陸友仁撰。

南海山水古迹記一卷。閆邱辨囿刊本。

元吴萊撰。

益部談資三卷。鈔本。

明何宇度撰。

帝京景物略八卷。明刊本。

明劉侗、于奕正同撰。入存目。

續吴録二卷。刊本。

明劉鳳儀撰。

黔書二卷。乾隆初年魚元傅所手抄本，有『魚東川』、『汪士鐘藏書』諸印。

國朝田雯撰。四庫著録，附古懽堂集之下。

譎觚一卷。亭林十書刊本。

國朝顧炎武撰。駁正地理十事。入存目。

柳邊志紀略二卷。舊抄本。

題『山陰耕夫楊大瓢著』。記塞外遼、金遺迹，康熙間人。

東城雜記二卷。粤雅堂刊本。

國朝厲鶚撰。

右地理類雜記之屬

游記之屬

雲山日記四卷。依知不足齋本鈔本。

元郭天錫撰。天錫退思集不傳，唯此記鮑氏從真迹録出而未刊行。

徐霞客遊記十二卷。刊本。又舊鈔本。

明徐弘祖撰。霞客，其自號也。

遊名山記四十八卷圖一卷附録一卷。明刊本。

不著撰人。因何鏜古今遊名山記而廣之。入存目。

神明鏡二卷。精鈔本，徐子晉藏。

未詳撰人。摘鈔水經注中奇境，題『玉蟾館主人摘録』。

右地理類游記之屬

外紀之屬

佛國記一卷。津逮祕書刊本。又舊鈔本，與北征記、使俄羅斯日程録、西北域記合爲一編，總名之曰塞外雜誌。

宋釋法顯撰。

諸蕃志二卷。函海刊本。

宋趙汝适撰。

真臘風土記一卷。古今逸史刊本。又鈔本，卷首有古歡堂藏書印。

元周達觀撰。

海語三卷。刊本。

明黄衷撰。

東西洋考十二卷。萬曆戊午刊本。

明張燮撰。

西洋朝貢典録三卷。別下齋刊本。又粤雅堂刊本。
明黄省曾撰。入存目。

簑田考一卷。別下齋刊本。
明韓伯謙撰。高麗人。

職方外紀五卷。刊本。
明西洋艾儒略撰。

八紘譯史四卷紀餘四卷八紘荒史一卷崗谿纖志三卷志餘一卷。刊本。
國朝陸次雲撰。入存目。

西北域記一卷附居業集一卷。舊鈔本。
國朝桂林謝濟世遺戍時撰。

海外番夷録一卷。道光甲辰刊本。
國朝楊炳南撰。

海國圖志五十卷。道光二十二年活字印行，後又廣爲六十卷印行。是書採擇不精，不無浮光掠影之談。
國朝魏源撰。

瀛環志略十卷。道光二十八年刊本。是書敘而不斷，述情形則甚確，籌防守則尚疏。然筆墨峭雅，條理秩然，固近今談瀛洲者首屈一指也。

國朝徐繼畬輯。

外紀摘鈔四卷。

蓋近人編。曰王大海海島逸志摘略，曰徐朝俊高厚蒙求摘略，又六十七番社采風圖考摘略各一卷，而末卷則汪文泰紅毛番嘆咭唎考略，或即文泰所編也。

萬國公法四卷。刊本。

同治四年崇實館刊，美利堅惠頓氏選纉。惠頓遍歷諸海國，能通其情明其法而記之，近諸國與中國通商，西人丁韙良爲譒譯，刊於京師。

右地理類外紀之屬

史部十二　職官類

官制之屬

唐六典三十卷。明嘉靖甲辰刊本。卷首有『曾在汪閬源處』印。

唐玄宗明皇帝御撰，李林甫奉敕註。

麟臺故事五卷。聚珍板本。

宋程俱撰。

玉堂雜記三卷。津逮祕書刊本。

宋周必大撰。

宋宰輔編年録二十卷。舊鈔本。

宋徐自明撰。

舊京詞林志六卷。刊本。

明周應賓撰。入存目。

萬曆辛亥京察紀事始末八卷。刊本。

明周念祖彙編。

樞垣紀略十六卷。道光癸未刊本。
國朝梁章鉅在軍機章京時所記。

右職官類官制之屬

官箴之屬

臣軌二卷。佚存叢書刊本。又傳望樓金帚編刊本。
唐武后撰。分國體、至忠、守道、公正、匡諫、誠實、慎密、廉潔、良將、利人十章。自鄭樵通志後，著録久佚。嘉慶初日本人以活字印行。

州縣提綱四卷。函海刊本。又長恩書室刊本。
不著撰人名氏。

作邑自箴十卷。陸敕先藏明人影宋鈔本。又活字板本。
宋李元弼撰。

牧津四十四卷。刊本。

明祁承㸁撰。入存目。

義質堂蜀治提綱一卷。道光乙巳重刊本。

國朝楊馝撰。乾隆元年巡撫四川時官箴也。

右職官類官箴之屬

史部十三　政書類

通制之屬

通典二百卷。明刊本。

唐杜佑撰。

通典詳節四十二卷。元刊本。卷首有『古鹽官州馬氏南樓書籍』諸印。

元至元丙戌刊本。元人備科舉之書。

唐會要一百卷。聚珍板本。

宋王溥撰。

五代會要三十卷。聚珍板本，陳鱣假吴楓周氏明人舊鈔本校過，并補録慶曆、乾道二跋，卷末有鱣硃筆手跋，述此書原委甚詳，卷首有陳鱣圖像及『仲魚手校』諸印。又舊鈔本，最精善，汪士鐘藏，有『士鐘』、『閬原』諸印。又閩刻本，二部。

宋王溥撰。

宋朝事實二十卷。聚珍板本。

宋李攸撰。

建炎以來朝野雜記四十卷。聚珍板本。又函海刊本。

宋李心傳撰。

西漢會要七十卷。聚珍板本。又閣本依鈔。又一鈔本，誤題『兩①漢貫制叢録』，鮑氏知不足齋藏。又續得宋刊本。

① 兩，持静齋藏書記要卷下作『西』。

宋徐天麟撰。宋本首尾完善，神明焕然，足以證鈔本之失者十之一二，誠史部中不可多見之書矣。卷首有『劉桐珍賞』、『廷佐』、『瞑琴山館』、『馬氏玉堂』諸印。

東漢會要四十卷。聚珍板本。又續得宋刊本，行款、紙墨、刻手一如西漢，蓋同時印刷之本。卷首印同前。

宋徐天麟撰。提要據范氏天一閣藏本，第三十七、三十八兩卷全闕，三十六、三十九兩卷亦各佚其半。今此本犁然俱在，不可謂非人間之秘實矣。

漢制考四卷。附玉海刊本。又津逮祕書刊本。

宋王應麟撰。

文獻通考三百四十八卷。明刊十三行小字本。

元馬端臨撰。

明會典略二百二十八卷。刊本。

明人據萬曆十五年撰會典按卷摘録者。

欽定大清會典則例九百二十卷又圖説一百三十卷。内府刊本。

道光間增修。

右政書類通制之屬

儀制之屬

漢官舊儀一卷補遺一卷。内府刊本，編聚珍板書中。

漢衛宏撰。

漢官一卷漢官解詁一卷漢舊儀二卷補遺二卷漢官儀二卷漢官典職儀式選用一卷漢儀一卷。平津館刊本。

國朝孫星衍鈔輯漢人諸書。

漢禮器制度一卷。平津館刊本。

亦孫星衍所輯。

太常因革禮一百卷。舊抄本，原缺五十一至六十七凡十七卷。

宋歐陽修等奉敕編。實則蘇洵、姚闢同撰。歐公誌老泉墓所謂『太常修撰建隆以來禮書，以霸州文安主簿食其禄同修』者也。當時李清臣已譏其『繁簡失中，訛闕不補』。然有可正宋志之失者甚多，則此書有益於稽古，非淺鮮矣。

大金德運圖説一卷。閣本依鈔，李兆洛藏，有「申耆審定」印。

金貞祐二年尚書省集議之案牘也。

素王紀事一册。舊抄本。有長洲顧氏藏書印。

題「明傅汝楫校」。

明宫史四册。刊本。

舊本題「蘆山赤隱吕毖校次」。

南巡盛典一百二十卷。官刊本。

乾隆三十一年兩江總督高晉撰。

世宗憲皇帝大行典禮檔四册。

孝莊文皇后①孝惠章皇后喪儀檔一册。康熙二十六年。康熙五十六年。

孝賢皇后喪儀典禮檔二册。乾隆十三年。

① 后，原目誤作「帝」。

端慧太子喪儀檔一册。乾隆三年。

皇貴妃並親王等薨逝典禮檔一册。乾隆八年至十五年。

右數册均鈔本，雖尚未成書，然可以考校會典。

類宫禮樂全書十六卷。順治十三年刊本。

國朝張安茂撰。入存目。

辨定嘉靖大禮議二卷。西河全書刊本。

國朝毛奇齡撰。入存目。

北郊配位議一卷。西河全書刊本。

國朝毛奇齡撰。

帝王廟謚年諱譜一卷。乾隆乙未自序，道光中刊本。

國朝陸費墀撰。

紀年表一卷。

乾隆癸丑萬廷蘭刊附太平寰宇記後之本。

紀元編三卷。粤雅堂刊本。

國朝李兆洛撰。

南工廟祀典三卷。刊本。

乾隆四十四年李奉翰輯。録南河督所駐清河縣涉河務祠廟典禮。

國朝謚法考六卷。刊本。考至道光十年。

道光十一年趙鉞撰。

右政書類儀制之屬

邦計之屬

救荒活民書三卷。長恩書室刊本。

宋董煟撰。

救荒活民書拾遺一卷增補一卷。明刊本。

元張光大、明朱熊增補宋董煟書。熊書入存目。

河東鹽法考一卷靈州鹽法考一卷廣東鹽法考一卷。舊鈔本。

明人記鹽政、備史稿之書。

福建市舶提舉司志一卷。嘉靖乙卯刊本。

明高奇編。

康濟譜二十五卷。崇禎庚辰刊本。

明潘猶龍撰。

欽定户部則例一百二十六卷。刊本。

乾隆五十二年部頒。

捕蝗考一卷。長恩書室刊本。

國朝陳芳生撰。

荒政叢書十卷。長恩書室刊本。

國朝俞森撰。

荒政辑要十卷。刊本

國朝汪志伊撰。

兩淮鹽法志六十卷。刊本。

嘉慶十一年兩淮鹽政佶山修。

增定淮北票鹽志□□①卷。道光十八年童濂撰。

江蘇海運全案十二卷。刊本。道光六年陶澍編。

右政書類邦計之屬

軍政之屬

歷代兵制八卷。長恩書室刊本。宋陳傅良撰。

① 原目卷數缺，中國國家圖書館有童濂淮北票鹽志略十四卷，道光十八年刻本；又增訂淮北票鹽志略十五卷，道光二十五年增刻。

欽定八旗通志初集二百五十卷。内府刊本。

雍正五年奉敕撰。

欽定軍需則例户部十卷兵部五卷工部一卷。刊本。

乾隆五十三年纂。

欽定軍需則例六十卷。刊本。

嘉慶十七年劉權之等重修進呈。

欽定中樞政考八旗三十二卷緑營四十四卷。缺目，刊本①。

右政書類軍政之屬

法令之屬

大清律例四十七卷。道光五年刊本。

① 原目未題著者，中國國家圖書館有欽定中樞政考：緑營四十卷八旗三十二卷，清明亮等修，納蘇泰等纂，道光五年刻本。

乾隆五年大學士三泰等奉敕撰。

大清律例刑案統纂集成。

道光時刑幕彙纂之本，二十七年刊。又一部，增入二十八、九年新章。

定例彙編十卷。刊本。

咸豐元年至十年。

定例彙編二卷。刊本。

同治元年、二年編。

律例便覽八卷。刊本。

咸豐九年蔡逢年摘纂，同治三年續增新章。

右政書類法令之屬

考工之屬

欽定武英殿聚珍版程式一卷。聚珍板本。

乾隆三十八年詔甄擇四庫全書善本刊刻流布，侍郎金簡請以活字印行，賜名曰『聚珍版』。金簡因綜述其法，編爲此書奏進。

工程做法七十四卷。刊本。

乾隆元年邁柱等題進。

木龍成規一卷。

乾隆五年李眪編進。

九卿議定物料價值四卷。

乾隆二十四年進本。

欽定河工實價則例章程三卷。刊本。

嘉慶十三年四月頒行。

河工碎石方價一卷。

嘉慶二十二年黎式序奏定。

奏減河工價料則例一卷。

嘉慶二十三年曹振鏞奏定。

右政書類考工之屬

史部十四　目録類

經籍之屬

崇文總目十二卷。粤雅堂刊錢侗本，六卷附録一卷。

宋王堯臣等奉敕撰。

遂初堂書目一卷。舊鈔本。前有毛幵一序，後有魏了翁、陸友仁二跋。又一抄本，分上下卷，上海郁松年曾藏。

宋尤袤撰。一名益齋書目。

直齋書録解題二十二卷。聚珍板本。

宋陳振孫撰。

漢藝文志考證十卷。附玉海刊本。

宋王應麟撰。

菉竹堂書目六卷。粤雅堂刊本。又一精抄本，共二册，無卷數，卷首有「三十五峰園主人」、「汪士鐘」、「閬原」諸印。

明葉盛撰。入存目。

内閣書目八卷。舊抄本。曰聖製，曰典制，曰經，曰史，曰子，曰集，曰總集，曰金石，曰圖經，曰樂律，曰字學，曰理學，曰奏疏，曰志乘，曰傳記，曰技藝，曰雜部，爲子目十有七。體例頗爲疏陋，然撰人姓名、官職皆略有記載，書之全闕并一一註明，亦劬古者所不可廢之書也。曾藏上海郁氏宜稼堂。

不題撰人。卷末署「萬曆三十三年乙巳①，内閣敕房辦事、大理寺左寺副孫能傳，中書舍人張萱等奉中堂諭校理并纂輯」，又跋云「此國初秘閣所藏書目也，卷數不下十萬有奇」等語。其時内閣已稱爲中堂，亦稽古之一端也。

淡生堂書目。舊抄本。無卷數，分八册。

明祁承㸁編。

國史經籍志六册。粤雅堂刊本。又抄本一部，計五册。又抄本一册，闕子、史、集三種。

① 三十三年，原目誤作「三十二年」。按，萬曆三十二年爲甲辰，三十三年爲乙巳。核以内閣藏書目録原文，作「三十三年」。

明焦竑撰。

授經圖二十卷。康熙中玉玲瓏閣刊本。

明朱睦㮮撰。

欽定天禄琳琅書目十卷。抄本。

乾隆九年奉詔編，四十年重輯。

欽定四庫全書總目提要二百卷。武英殿刊本，編在聚珍板書中。又湖州刊本。

乾隆四十七年紀昀等奉敕纂。

千頃堂書目三十二卷。舊抄本，首數卷校訂詳核。又一部，亦舊抄，陳仲魚所藏。

國朝黄虞稷撰。

絳雲樓書目七十四卷。精鈔本，陳景雲校勘。每書名上下端皆硃筆注其出實及各本異同。又一部，舊抄本，汲古閣毛子晉藏，亦有硃筆校過，但比前書約少十之五六耳。

國朝錢謙益撰。即宋、元本及秘本而論，已不下數千百種之多。歷代民間藏書，無如此之盛者。惜乎付之一炬。

汲古閣珍藏書目一册。抄本。卷末有「嘉慶戊午笏山手抄」，不知爲何人。

國朝毛晉撰。所録皆珍秘古本，通行書不在此内也。

汲古閣家塾藏板目録一册。舊鈔本。無卷數，分經、史、子、集四種，尚有未刻書十四種，亦編於卷末。

國朝毛晉所刻書。

述古堂藏書目録題詞一册。錢遵王手稿。濃圈密點，亦有塗抹删改，蓋其讀書敏求記未編定之初本也。

諸經中有可補趙、阮兩刻之遺者十許條。

國朝錢曾撰。

述古堂書目。粤雅堂刊本，無卷數。

國朝錢曾撰。入存目。

經義考三百卷。乾隆二十一年雅雨堂刊本。又翁方綱經義考補正十二卷，粤雅堂刊本。

國朝朱彝尊撰。

楝亭書目上中下三册。舊抄本。無卷數，以類分隸，凡三千二百八十七種。

國朝曹寅撰。字幼清，一字子清，康熙中巡視兩淮鹽政。

佳趣堂書目兩册。潄六樓舊抄本。卷首有置書年分，自康熙十四年起，至雍正八年止。觀自序『典衣節食，或手自抄寫，費六十餘年之心血』等語，可知與他人之巧取豪奪及輦金廣購者，難易甘苦爲不同矣。有『郁泰峰己丑年所收書』印。

國朝陸漻撰。

漁洋書跋二卷。刊本。

國朝劉堅彙編帶經堂集書籍跋尾之文。

毘陵經籍志四卷。抄本。

國朝盧文弨編。

通志堂經解目録一卷。粤雅堂重刊本。

國朝翁方綱箋。

經籍跋文一卷。别下齋刊本。

國朝陳鱣撰。

鑑止水齋書目一册。抄本。長洲顧沅於道光己酉三月客杭，從羅鏡泉假録，見卷首手跋。

國朝許宗彦撰。余與其吉嗣子雙明府有舊，聞其書於兵燹後散亡殆盡，不勝悵然。

孫氏書目内編二卷。刊本。

國朝孫星衍撰。

廉石居藏書志摘要一卷。刊本。

國朝孫星衍撰。

鄭堂讀書日記稿本三十四册。抄本。

國朝周中孚撰。

天一閣書目八册。嘉慶十三年刊本。分經、史、子、集，共四千九十四種，五萬三千七百九十九卷，皆明天啓以前舊本。

國朝范懋柱録。此録其祖明兵部侍郎范欽所藏書也。經三百餘年而散亡於髮匪之亂，或云逆匪付之一炬，或云浙中楊氏略有收存，莫能詳也。

曝書雜記二卷。别下齋刊本。

國朝錢泰吉撰。

愛日精廬藏書志三十六卷。刊本。

國朝張金吾撰。宋元秘本有序者全録，今齋中書有愛日精廬印者，皆其餘也。

附録

千墨齋彙鈔七家書目八册。精抄本。字畫秀潤圓健，無一懈筆，可寶也。末署「嘉慶丙子吴門趙光照手録」。汪士鐘曾藏，有「三十五峰園主人」、「茂苑」、「厚齋」、「汪氏家藏」等印。

國朝趙光照輯。七家者：一百川書志二十卷，明高儒撰，每書名下條注甚詳，足資考証，有明嘉靖庚子自序；一吴文定公藏書目録一册，記明吴寬所藏書籍，不題撰書人名姓及刊本異同；一萬卷堂家藏藝文目記十卷，明朱睦㮮撰，有明隆慶庚午自序，計經類爲目凡十一，共六千一百二十卷，史類爲目凡十二，共一萬八千卷，子類爲目凡十，共六千七十卷，集類爲目凡三，共一萬二千五百六十卷，人代姓氏各具撰述之下；一述古堂書目十卷，國朝錢曾撰；一佳趣堂陸氏書目一册，國朝陸漻撰；一潛采堂宋金元詩文集書目三種，國朝朱彝尊編；一青綸館藏書目録一卷，國朝宋筠①撰，後有跋云：「宋蘭暉侍御，即漫堂中丞之子。」

拾園張氏書目四册。精抄本。不著書籍原委，但列第幾架、第幾層、某函、某書而已。自第一函起，至六千一百四十四函止。

未詳撰者名。

① 筠，原目缺，據下文及清史稿藝文志補。

百宋一廛賦。刊本。又抄本。

國朝顧廣圻撰，黄丕烈註。皆述蕘圃所藏宋槧之源流也。

草抄本書目一册。無卷數，亦不分經、史、子、集及年代先後。

不題撰者名氏。

右目録類經籍之屬

金石之屬

集古録十卷。舊鈔本。康熙辛卯何焯義門手校，甚爲精博。

宋歐陽修撰。

法帖釋文十卷。康熙癸亥朱家標校刊本。

宋劉次莊撰。

絳帖平六卷。聚珍板本。

宋姜夔撰。

寶刻類編八卷。鈔本，前後俱無序跋。

不著撰人名氏。

古刻叢鈔一卷。平津館刊本。

明陶宗儀編所録碑刻。

蓀竹堂碑目六卷。粵雅堂刊本。

明葉盛撰。

碑藪一册。依嘉靖壬戌鈔本過録。

明陳鑑撰。

金石林時地考二卷。粵雅堂刊本。

明趙均撰。

欽定校正淳化閣帖釋文十卷。聚珍板本。

乾隆三十四年，於秘府所儲閣帖擇淳化四年賜畢士安之本爲初搨第一者，命内廷諸臣校定，刻石。

東巡金石録六卷。刊本。

自乾隆戊辰迄乙酉，高宗純皇帝六幸山東，巡撫崔慶階恭彙御製各種已摩崖勒石者爲一編。

求古録一卷。舊鈔本。

國朝顧炎武撰。

金石文字記六卷。亭林十書刊本。

國朝顧炎武撰。

顧氏石經考一卷。亭林十書刊本。

國朝顧炎武撰。

來齋金石考三卷。有林侗天下碑刻目録鈔本一册，即此書，而異其標題。

國朝林侗撰。

瘞鶴銘考一卷。舊抄本。卷末有丁酉七月大瓢楊賓跋一首。

國朝汪士鋐撰。入存目。

觀妙齋金石文考略十六卷。李氏刊本。字畫婀娜秀媚，欲來親人。

國朝李光暎撰。

淳化秘閣法帖考正十二卷。刊本，精雅。

國朝王澍撰。

淳化閣帖釋文十卷。刊本。

國朝朱家標撰。

石經考異二卷。刊本。下卷附刻晉書補傳贊，並諸史然疑。

國朝杭世駿撰。

金石録補二十七卷。別下齋刊本。

國朝葉奕苞撰。

石門碑醳一卷。附鄘閣銘考，別下齋刊本。

國朝王森文撰。

蘇齋蘭亭考一卷。粤雅堂刊本。

國朝翁方綱撰。

嵩洛訪碑録一卷。粤雅堂刊本。

國朝黃易撰。

金石文跋尾六卷續七卷又續六卷三續六卷潛研堂金石文字目録八卷。刊本。

國朝錢大昕撰。

中州金石記八卷關中金石記八卷。經訓堂刊本。

國朝畢沅撰。

寰宇訪碑録十二卷。平津館刊本。

國朝孫星衍、邢澍同編。

漢石經殘字一卷。刊本。

國朝陳宗彝編。

魏三體石經考一卷。平津館刊本。

國朝孫星衍輯。

天一閣碑目一卷。

揚州刊書目所附。

括蒼金石志十二卷。鈔本。並摹篆隸諸字，多所删訂，當係其底本。

道光十二年嘉興李遇孫輯。

建昭雁足鐙考二卷。刊本。

國朝徐渭仁編。

扶風縣石刻記二卷。鈔本。

國朝黄樹穀輯。

興平縣金石志一卷。鈔本。

國朝黄樹穀輯。

碑帖一卷。刊本。

國朝錢泳輯。

右目録類金石之屬

史部十五　史評類

史通二十卷。明嘉靖乙未陸深刊於蜀中。本孫潛潛夫所手校，於明刻多所是正，并足以訂近時通釋之失。卷首有孫濳、顧廣圻、吴嘉泰諸印。

唐史論斷三卷。函海刊本。又粤雅堂刊本。

唐劉子玄撰。子玄即劉知幾，以字行。

宋孫甫撰。

唐書直筆四卷。聚珍板本。

宋吕夏卿撰。

通鑑問疑一卷。津逮祕書刊本。

宋劉羲仲編。

三國雜事二卷。函海刊本一卷附三國紀年一卷。又舊鈔本。

宋唐庚撰。

經幄管見四卷。閣本依鈔。

宋曹彦約撰。

大事記講義二十三卷。舊抄本。題『類編皇朝大事記講義二十四卷』，譌字及行款格式誤者，皆貼浮簽更正，似欲刊刻而未果之底本也。

宋吕中撰。

兩漢筆記十二卷。宋錢時撰。

小學史斷二卷。刊本。宋南宫靖一撰。入存目。

舊聞證誤四卷。閣本依鈔。又函海刊本。宋李心傳撰。

通鑑答問五卷。附玉海刊本。宋王應麟撰。

學史十三卷。明崇禎時刊本,附簡端録之後。明邵寶撰。

宋紀受終考三卷。鈔本。專辨①燭影斧聲事,藝海樓藏。

①辨,原目作「辦」,據四庫全書總目改。

明程敏政撰。入存目。

歷代正閏考十二卷。舊鈔本。

明沈德符撰。

藩鎮指掌編一卷。刊本。

明陳繼儒撰。

御批通鑑綱目五十九卷通鑑綱目前編十八卷外紀一卷舉要三卷通鑑綱目續編二十七卷。刊本。别有明成化官刊大字正、續編。又有明正德癸酉福州刊七家注本。又康熙己巳婺源刊注本。

康熙四十六年聖祖仁皇帝御撰。

持静齋書目卷三

子部一　儒家類

孔子家語十卷。汲古閣刊本。又一部。

魏王肅註。

標題明解聖賢語論四卷首簡①一卷。刊本。

元王廣謀孔子家語注。

孟子外書四卷。函海刊本。

① 简，疑爲衍文。上海圖書館有該書明刻本，題「卷首一卷」。

宋劉攽注。附逸孟子一卷。

荀子二十卷。乾隆丙午嘉善謝氏校刊本，精善，卷首有『讀書有福得書難』印。又一部。又十子全書刊本。又元刊纂圖互註殘本，僅存卷十三至卷二十。

周荀況撰。

孔叢子三卷。漢魏叢書刊本。

舊題『陳勝博士孔鮒撰』。

新語二卷。漢魏叢書刊本。

舊題『漢陸賈撰』。

新書十卷。漢魏叢書刊本。

漢賈誼撰。

鹽鐵論十二卷。宋刊本。半頁十行，行十八字。末卷末頁有『淳熙改元錦溪張監税宅善本』二行木記。首有乙巳孟春馮武題識。武，班之猶子也。又漢魏叢書刊本。又雲間張之象註本，卷末有『嘉靖甲寅張氏猗蘭堂刊行』木記。字畫清朗悦目，惟所引故實太冗長。

漢桓寬撰。

新序十卷。漢魏叢書刊本。

漢劉向撰。

説苑二十卷。漢魏叢書刊本。

漢劉向撰。

法言集註十卷。嘉慶甲子蘇刊十子全書本。又漢魏叢書刊本。

漢楊雄撰。

潛夫論十卷。漢魏叢書刊本。

漢王符撰。

中鑒五卷。漢魏叢書刊本。

漢荀悦撰。

中論二卷。漢魏叢書刊本。

漢徐幹撰。

忠經一卷。津逮祕書刊本。又漢魏叢書刊本。

舊題『漢馬融撰』。入存目。

傅子一卷。聚珍板本。又一部。

晉傅玄撰。

中説十卷。宋刊本，陳鱣藏。又明世德堂刊本。又十子全書刊本。又漢魏叢書刊本。

舊本題『隋王通撰』。

中説考七卷。刊本。朱彝尊藏，有『秀水朱氏潛采堂圖書』及『仲魚』、『鱣讀』諸印。

王通撰，相臺崔銑考並釋。古雅清朗，不亞宋刊。宜竹垞之收諸内庫也。

帝範四卷。内府刊本，編聚珍板書中。又一刊本。又續得宋刊本。

唐太宗文皇帝御撰。

女孝經一卷。津逮祕書刊本。

唐鄭氏撰。入存目。

素履子三卷。函海刊本二卷。

唐張弧撰。

張子經學理窟五卷。刊本。

宋張載撰。

註解正蒙二卷。安溪全集刊本。
國朝李光地撰。
正蒙注九卷。湘鄉刊本。
國朝王夫之撰。
二程遺書二十五卷附録一卷。禦兒吕氏寶誥堂刊本。
程子門人所記。
二程外書十二卷。寶誥堂刊本。
亦程子門人所記。
二程粹言二卷。寶誥堂刊本。
宋楊時編。
公是先生弟子記四卷。聚珍板本。
宋劉敞撰。
童蒙訓三卷。同治二年當歸草堂刊本。
宋吕本中撰。

省心雜言一卷。函海刊本。
宋李邦獻撰。
近思録十四卷。刊本。
宋朱子、呂祖謙同撰。
近思録集註十四卷。同治三年望三益齋刊本。
國朝江永撰。
小學集註六卷。坊本。
舊本題『宋朱子編』。
朱子語類一百四十卷。寶誥堂刊本。
宋黎靖德編。
明本釋三卷。聚珍板本。
宋劉荀撰。
麗澤論説集録十卷。舊鈔本。
宋呂喬年編。

子思子一卷。閣本依鈔。
宋汪晫編。
項氏家说十卷附録二卷。聚珍板本。
宋項安世撰。
黄氏日鈔九十五卷。元至元丁丑刊本，季振宜藏，有「振宜」、「詵兮」、「滄葦」諸印。
宋黄震撰。
北溪字義二卷。刊本，後附嚴陵講義一卷。
宋陳淳撰。
讀書分年日程三卷。康熙乙巳三魚堂刊本。又當歸草堂刊本。
元程端禮撰。
辨惑編四卷附録一卷。刊本，又附懷古録一卷。
元謝應芳撰。
大學衍義補一百六十卷。明刊本。
明丘濬撰。

困知記二卷續記二卷附録一卷。康熙九年劉炳刊本。

明羅欽順撰。

張子鈔釋六卷。坊本。又一本，有大德己丑葛涇序，結銜後學吕元抄釋。字畫古雅，極似□刻，尚須詳考，方定真僞。有「張見陽」、「語石齋」、「淑躬堂」、「朱臥庵」、「陸治」、「曹溶收藏」諸印。

明吕柟撰。

慎言集訓二卷。同治四年當歸草堂刊本。

明敖英撰。入存目。

呻吟語摘二卷①吕子遺書本六卷②又吕子節録四卷補遺一卷。陳宏謀③定本。又吕子全書内呻吟語六册。

明吕坤撰。入存目。

榕壇問業十八卷。刊本。

① 二卷，四庫全書總目作「三卷」。

② 「吕子遺書本六卷」七字，原本作大字正文，今據其體例改作小字注文。

③ 謀，原目作「謨」，據四庫全書總目改。

明黄道周撰。

温氏母訓一卷。當歸草堂刊本。

明温璜述其母陸氏之訓。

康熙幾暇格物編一册。抄本。

聖祖仁皇帝御製。

庭訓格言一卷。刊本。

雍正八年世宗憲皇帝御纂。

御纂性理精義十二卷。江南官刊本。

康熙五十六年大學士李光地奉敕撰。

思問録内外篇二卷。湘鄉刊本。

國朝王夫之撰。

毋欺録一卷。舊抄本。又一部，亦抄本，卷數同前，多蔡忠襄公入聖路一卷。

國朝崑山朱用純撰。附百稽引一卷，簡洲顧天敘撰；觀論二卷，朱文靖公天麟撰；暨陽問答録四卷小德録一卷，道光中蔣彤編其師李某言行。合上數種爲一册。用純號柏廬，即著家訓者。

讀朱隨筆四卷。刊本。

國朝陸隴其撰。

松陽鈔存二卷。當歸草堂刊本。

國朝陸隴其撰。

太極圖説遺議一卷。西河全書刊本。

國朝毛奇齡撰。入存目。

榕村語録三十卷。安溪全書刊本。

國朝李光地撰。

質孔説二卷。琳琅秘室活字本。

國朝周夢顏撰。康熙間崑山人。

孔子集語十七卷。平津館刊本。

國朝孫星衍纂輯。

切近編四卷。當歸草堂刊本。

國朝沈廷芳、桑調元編。録朱子及陸稼書、張楊園、勞餘山三先生語，各爲一卷，以教士。

蠹言四卷。信芳閣活字印。
嘉慶中高密李詒經五星撰。

姚江學辨二卷。抄本。
國朝羅澤南撰。

忱行録一卷。當歸草堂刊本。
國朝邵懿辰撰。

附録

温經日用録一册。舊鈔本。
題『遂寧張陶仲冶撰』。未詳其時代。

右儒家類

子部二　兵家類

握奇經一卷。津逮祕書刊本。又李安溪全書中有握奇經定本一卷。

舊本題『風后撰，漢公孫弘解，晉馬隆述讚』。

握機經輯注圖説二卷。

海昌程道生輯。

六韜六卷。平津館刊本。又長恩書室刊本。

舊本題『周呂望撰』。

孫子一卷。平津館刊魏武帝注本。又長恩書室刊本。又漢魏叢書刊本。

周孫武撰。

吴子一卷。平津館刊本。又長恩書室刊本。

周吴起撰。

司馬法一卷。平津館刊本。又長恩書室刊本。

舊本題『齊司馬穰苴撰』。

三略三卷。閣本依鈔。

舊本題『黄石公撰』。

三略直解三卷。閣本依鈔。

明劉寅撰。

素書一卷。漢魏叢書刊本。

舊本題『黄石公撰，張商英註』。

心書一卷。漢魏叢書刊本。

舊本題『漢諸葛亮撰』。入存目。

兵要望江南詞一卷。舊鈔本。

舊本題『唐李靖撰』。

太白陰經八卷。長恩書室刊本，十卷。

唐李筌撰。

虎鈐經二十卷。粤雅堂刊本。

宋許洞撰。

何博士備論一卷。長恩書室刊本。

宋何去非撰。

守城録四卷。長恩書室刊本。

是書凡分三種。首爲靖康朝野僉言後序，宋陳規撰；次爲守城機要，亦規所撰；次曰建炎德安守禦録。

陣紀四卷。鈔本。又一部，亦鈔本。又長恩書室刊本。

明何良臣撰。

兵録十四卷。萬曆丙午刊本。

明何汝賓撰。

紀效新書十八卷。道光辛丑刊本。

明戚繼光撰。

登壇必究四十卷。活字印本，缺前三卷。

明王鳴鶴撰。

武備志二百四十卷。鈔本。

明茅元儀編。凡兵訣評十八卷，戰略考三十三卷，陣練制四十一卷，軍資乘五十五卷，占度載九十三卷。

草廬經略十二卷。粤雅堂刊本。

明無名氏編。

車營圖制一卷車營百八叩一卷。刊本。

明孫承宗撰。

則克録一卷。咸豐元年刊本。本名火攻挈要，道光辛丑揚州重刊，乃改此名。

明泰西湯若望授，寧國焦勖述。

水師輯要一卷。雍正己酉序鈔本。又，鈔本二卷。

國朝陳良弼撰。

演礮圖説輯要四卷後編二卷。道光二十二年刊本。

國朝丁拱辰撰。論西人砲法，雖未盡中肯綮，然亦略得端倪。中國人言外洋砲火，以此爲權輿。

兵鑑四卷附録一卷。道光己酉刊本。

國朝徐樹人輯。

水雷圖説一卷。海山仙館刊本。

國朝番禺潘仕成撰。用米利堅法造爲圖説，然亦只得其大略，未能施之實用。惟當時衆人皆未悉西法精良，而德輿獨不惜重貲以購求之。蓽路藍縷，其苦心爲不可没也。

右兵家類

子部三　法家類

管子二十四卷。元刊本，王芑孫舊藏，有手跋云：「阮雲臺先生過鷗波舫，出以相贈。」又明萬曆壬午趙用賢刊本。又一部，卷首有「師簡堂」、「東吴文獻世家」諸印。

舊本題「周管仲撰」。

管子補註二十四卷。十子全書刊本。

明劉績撰。

鄧析子一卷。閣本依鈔，藝海樓藏本。

周鄧析撰。

商子五卷。明程榮刊本。

舊本題『秦商鞅撰』。

韓子二十卷。明萬曆壬午趙用賢刊本。又明凌瀛初印本。又十子全書刊本。又明孫鑛節鈔二卷本，錢湘靈手批，朱藍炫然。卷首有『儒師馬文肅』、『佛嗣熊檗庵』、『圓沙彭祖同庚』、『壬子癸丑草創大還堂』、『陸燦』、『湘靈』諸印。

周韓非撰。

汪龍莊學治臆説二卷續説一卷説贅一卷佐治藥言一卷續一卷附病榻夢痕録及餘録。刊本。

國朝汪輝祖撰。

清泉邑侯江公讞語十二卷附録二卷。乾隆癸未刊本。

國朝江恂字于九聽斷語及判語。清泉，本衡陽縣，乾隆二十一年析置，恂首任之。

洗冤録補註全纂六卷集證二卷。刊本。

嘉慶丙辰李觀瀾補輯，道光壬辰阮其新補註，其集證則郎錦騏輯。

補註洗冤録集註四卷附檢骨圖格一卷作吏要言一卷。道光癸卯揚州刊本。

國朝王又槐輯集證，阮其新補註。

刑案滙覽六十四卷續增十六卷。道光中刊本。

國朝會稽祝慶祺輯。

劉簾舫吏治四種□□①卷。刊本。

國朝劉衡撰。

右法家類

子部四　農家類

齊民要術十卷。津逮祕書刊本。

---

① 原目卷數缺。中國國家圖書館有清同治七年江蘇書局刊劉簾舫先生吏治三書，清劉衡撰，包括庸吏庸言二卷、讀律心得三卷、蜀僚問答一卷。此爲四種，未知第四種爲何書。

後魏賈思勰撰。

耒耜經一卷。津逮祕書刊本。

唐陸龜蒙撰。入存目。

農書三卷附蠶書一卷。函海本，僅農書三卷。

宋陳旉撰。

農桑輯要七卷。聚珍板本。又一部。

元至元十年官撰。

農桑衣食撮要二卷。長恩書室刊本。

元魯明善撰。

農書二十二卷。明萬曆末鄧渼刊本，十卷。

元王禎撰。

農政全書六十卷。道光癸卯上海曙海樓重刊本。

明徐光啓撰。

欽定授時通考七十八卷。乾隆七年江西官刊本。又二部。

乾隆二年奉敕撰。

多稼集二卷。抄本。道光丁未嵇文煒序，卷首有田道人印。

自署『田道人著』。上卷曰種田新法，下卷曰農政發明。

蠶桑輯要合編一卷。刊本。

咸豐中尹紹烈輯。

右農家類

子部五　醫家類

黄帝素問二十四卷。嘉靖庚戌武陵顧從德翻刊宋本。

唐王冰註。

靈樞經十二卷。

是書論針灸之道，與素問通號内經。

難經本義二卷。刊本。

周秦越人撰。

難經集註五卷。日本佚存叢書活字本。

明王九思等集吴吕廣、唐楊玄操、宋丁德用、虞庶、楊康侯各家之説。吕、楊各註今無傳，藉存其概。書中圖，據晁志，蓋出於德用也。

華氏中藏經十卷。平津館刊本。

漢華陀撰。

千金寶要六卷。平津館刊本。又舊抄本。

唐孫思邈撰，宋郭思輯。

外臺祕要四十卷。明末經餘居刊本。

唐王燾撰。

素問六氣玄珠密語十卷。舊鈔本。

唐王冰撰。此書道藏本十七卷。四庫入『術數存目』中。此本十卷，與晁志合，卷異，篇則同也。

顱顖經二卷。函海刊本。

不著撰人名氏。

蘇沈良方八卷。聚珍板本。

宋沈括撰。後人又以蘇軾之説附之。

脚氣治法總要二卷。藝海樓依閣鈔本。

宋董汲撰。

旅舍備要方一卷。長恩書室刊本。

宋董汲撰。

傷寒微旨二卷。長恩書室刊本。

宋韓祇和撰。

證類本草三十卷。元刊本。增附寇氏衍義，後署「大德丙午平水許宅印」。曝書亭舊藏，有「秀水朱氏潛采堂」、「孫星衍」、「陳鱣」、「仲魚收藏」諸印。又明萬曆戊戌刊本。

宋唐慎微撰。

全生指迷方四卷。長恩書室刊本。

宋王貺撰。

錢氏小兒藥證直①訣三卷。聚珍板本。

宋錢乙撰，閻忠孝編。

錢氏小兒藥證直訣三卷附方二卷。刊本。

宋錢乙撰。附小兒方一卷，閻忠孝撰，其一卷則董氏小兒斑疹備急方。

類證普濟本事方十卷。坊本。又舊鈔本事方十卷補遺三卷，乾隆間毛德宏校補鈔本。

宋許叔微撰。

傷寒九十論二卷。琳琅祕室活字印本。

宋許叔微撰。提要以爲未見傳本。

雞峰普濟方三十卷。舊無傳本，道光戊子汪士鐘得南宋刊本仿雕，中闕二、三、六、八，共四卷。

衛濟寶書二卷。藝海樓依閣本鈔。

題『東軒居士撰』。

---

① 直，原目誤作『真』，據下條及該書刻本題名改。

太①醫局程文格九卷。藝海樓依閣本鈔。

不著編輯者名氏。

産育寶慶方二卷。閣本依鈔。又函海刊本。

不著撰人名氏。

集驗背疽方一卷。藝海樓依閣本鈔。

宋李迅撰。

濟生方八卷。藝海樓依閣本鈔。此書與脚氣治法、濟生方、集驗背疽方、衛濟寶書、太②醫局諸科程文格共爲一函。

産寶諸方一卷。依閣本鈔。又刊本。

宋嚴用和撰。

不著撰人名氏。

素問病機氣宜保命集三卷。坊刊。

①② 太，原目作「大」，據持静齋藏書記要、四庫全書總目改。

金張元素撰，舊題『劉完素』者，誤。

推求師意二卷。鈔本，題『新安汪機省之嘉靖甲午七月序』。

明戴原禮撰。

薛氏醫案七十八卷。刊本。

明薛己撰。

赤水玄珠三十卷。刊本，附醫案五卷。

明孫一奎撰。

醫旨緒餘二卷。刊本。

明孫一奎撰。

證治準繩一百二十卷。明刊本。内計準繩八册、傷寒八册、外科六册、女科五册、幼科九册、類方八册，共九十本。

明王肯堂撰。

雷公炮製藥性解三卷。坊本。

舊本題『明李中梓撰』。入存目。宋雷斆炮炙，已見晁氏書目。

本草綱目拾遺十卷。舊鈔本。

錢塘趙學敏撰。拾李時珍之遺，首又有正誤一卷，自序題「庚寅仲春」，則順治七年也。

類經三十二卷。明刊本。

明張介賓編。

瘟疫論二卷補遺一卷。依閣本鈔。又刊本。

明吴有性撰。

廣瘟疫論五卷。舊鈔本。又刊本。

國朝上元戴天章撰。康熙間人。

原病集六卷。崇禎六年刊本。

明嘉定唐椿集。

泰西人身説概二卷。舊鈔本。卷首有「徐烱珍藏秘笈」、「南陽學子」、「徐子晉」諸印。又一部，天石樓抄本。

明末西士鄧玉函撰。

人身圖説二卷。舊抄本，卷首印章同前。又一部，天石樓抄本，有硃筆校勘。

明末西士羅雅谷撰。

東醫寶鑑二十三卷目録二卷。乾隆癸未坊本。

明朝鮮許浚奉教撰。

張氏醫通十六卷。刊本。

國朝張璐撰。入存目。

傷寒纘論二卷緒論二卷本經逢源四卷診宗三昧一卷。刊本。

國朝張璐撰。入存目。

濟陰綱目十四卷。刊本。

國朝武之望撰，附汪洪度保生碎事一卷。入存目。

瘟疫明辨四卷。

國朝鄭奠一撰。

異授眼科一卷。刊本。

題『忠孝堂原本』。

喉證金科①二卷補遺一卷。刊本。

燕山竇氏原本，雲陽朱翔宇嗣輯。

喉科指掌一卷。乾隆丁丑刊本。

國朝張宗良撰。

本經疏證十二卷本經序疏要八卷本經續疏六卷。刊本。

武進鄒澍學撰。

大生要旨五卷。刊本。

咸豐七年上海唐千頃撰。

良方集腋二卷。刊本。

同治癸亥謝元慶編。

寶命真詮四卷。刊本。

國朝吴楚天士撰。每卷各分上下。輔孝兩書之一也。

① 該書題名，該書刻本及清史稿藝文志拾遺作『喉症全科紫珍集』。

右醫家類

子部六　天文算法類

推步之屬

周髀算經二卷音義一卷。聚珍板本。又津逮祕書刊本。又微波榭刊東原遺書本。

是書爲相傳古本，莫知誰作。其算法爲句股之祖，其推步即蓋天之術，歐羅巴法實從此出。注爲趙爽作，隋志作趙嬰，未詳孰是。

星經二卷。漢魏叢書刊本。

漢石申撰。入存目。

六經天文編二卷。附玉海刊本。

宋王應麟撰。

重修革象新書二卷。刊本，有校。
元趙友欽撰，明王禕删定。

天問略一卷。萬曆己卯刊本。
明西洋陽瑪諾撰。

月離四卷月離表四卷。精抄本，圖尤細密，陳鱣手校。
泰西羅雅谷撰。按，西洋曆法新書中有此子目。

曆體略三卷。舊抄本，各圖甚精。陳鱣藏，有「慎修」、「仲魚」諸印。
明王英明撰。

欽定曆象考成四十二卷。内府刊本。
康熙五十二年聖祖仁皇帝御定律曆淵源之第一部也。

欽定曆象考成後編十卷。内府刊本。
乾隆二年奉敕撰。

欽定儀象考成三十二卷。内府刊本。
乾隆九年奉敕撰。

欽定儀象考成續編三十二卷。内府刊本。
道光年間奉敕撰。
曆象本要一卷。安溪全書刊本。
國朝李光地撰。
天學疑問一卷。舊抄本，有校。
國朝梅文鼎撰。
三統術衍三卷鈐一卷。刊本。
國朝錢大昕撰。

右天文算法類推步之屬

算書之屬

九章算術九卷。聚珍板本。又東原遺書刊本。
不著撰人名氏。

孫子算經三卷。聚珍板本。又東原遺書刊本。

不著撰人名氏，疑漢魏人所述。

術數記遺一卷。津逮祕書刊本。又東原遺書刊本。

舊本題『漢徐岳撰，北周甄鸞注』。

海島算經一卷。聚珍板本。又東原遺書刊本。

晉劉徽撰，唐李淳風註。

五曹算經五卷。聚珍板本。又戴東原遺書刊本。

不著撰人名氏。

夏侯陽算經三卷。聚珍板本。又東原遺書刊本。

舊本題『夏侯陽撰』。

張邱建算經三卷。東原遺書刊本。

舊本題『張邱建撰』。

五經算術二卷。聚珍板本。又東原遺書刊本。

北周甄鸞撰，唐李淳風注。

緝古算經一卷。東原遺書刊本。又函海刊本。又敦仁細草三卷，刊本。

唐王孝通撰並自注。

數學九章十八卷。道光中郁氏宜稼堂刊本，附札記四卷，題『數書九章』。

宋秦九韶撰。

詳解九章算法一卷算類一卷。宜稼堂刊本，附札記。

元楊輝撰。

田畝比類乘除捷法二卷算法通變本末三卷續古摘奇算法一卷。宜稼堂刊本，附札記。

元楊輝撰。

四元玉鑑細草二十二卷。道光甲申刊本。

元朱世傑撰，道光間羅士琳細草。

算學啓蒙三卷。刊本。

元朱世傑撰，道光間羅士琳校。附識誤一卷後記一卷。

籌算一卷。舊抄本。汪啓淑藏。有『啓淑』、『訒庵』、『徐氏子晉』諸印。

明末西士羅雅谷撰。

欽定數理精蘊五十三卷。内府刊本。

康熙十三年聖祖仁皇帝御定律曆淵源中第三部也。

數度衍二十四卷附録一卷。刊本。

國朝方中通撰。

少廣補遺一卷。抄本。卷末有『慶餘』、『心齋』、『疇人子弟』諸印。

國朝陳世仁撰。

續增新法比例四十卷。舊抄本。何元錫夢花館藏。

國朝陳厚耀撰。闕卷凡十八。卷一之六、卷十三、卷十八、卷二十、卷二十二、卷三十一、三十二、卷三十四之三十九。

策算一卷句股割圜記一卷原象二卷續天文略一卷。東原遺書刊本。

國朝戴震撰。

幾何體論一卷。舊鈔本。卷後有『慶餘』、『心齋』諸印。

國朝嘉定孫元化撰。立二十四題。

幾何用法一卷。抄本。卷後題『道光己酉春，烏程程慶餘校讀一過』。有『慶餘』、『疇人子弟』諸印。

國朝孫元化撰。

鈍硯巵言一册。道光戊申刊本。

國朝錢綺撰。論算理、算器。

衡齋算學七卷附遺書九卷。刊本。

國朝汪萊撰。

求一算術三卷。刊本。

國朝張敦仁撰。

疇人傳四十六卷。嘉慶四年刊本。

國朝阮元撰。

李氏遺書十一種十八卷。道光癸未刊本。

國朝李鋭撰。

翠微山房叢書十五種四十五卷。嘉慶庚辰刊本。

國朝張作楠撰。

弧三角算例一卷，

演元九式一卷，

臺錐積演一卷，

弧矢算術補一卷，

無專鼎銘考一卷。

並國朝羅士琳撰刊。

明静菴割圜密率捷法四卷①。

代數學十三卷。咸豐己未墨海堂活字印本。

國朝咸豐中海寧李善蘭筆受，英吉利偉烈亞力口譯，棣麽甘撰本。

談天十八卷。咸豐己未墨海堂活字印本。

國朝李善蘭删述，英國偉烈亞力口譯，侯失勒原本。

代微積拾級十八卷。咸豐己未墨海堂刊行。

國朝李善蘭筆述，英國偉烈亞力口譯，米利堅羅士密撰本。

① 原目此後空一行，未題著者。中國叢書綜録作『清明安圖原本，清陳際新等續』。

幾何原本十五卷。同治四年合刊於金陵。

其前六卷，即明徐光啓筆授於利瑪竇，收入四庫者；其七至十五九卷，則今李善蘭筆受於西人偉烈亞力口譯者。

重學十二卷。同治五年刊本。

國朝李善蘭筆述，英國艾約瑟口譯，胡威立撰本。

圓錐曲綫説三卷。刊本。

亦李善蘭筆述，艾約瑟口譯本，附刊重學後。

則古昔齋算學十三種二十四卷。同治五年刊本。

國朝李善蘭撰。

右天文算法類算書之屬

子部七　術數類

數學之屬

太玄經十卷。明刊本。又一部，亦明刊，附釋音一卷。又侯芭、虞翻等釋文一卷。

漢楊雄撰。

王涯説玄五篇一卷。舊抄本，顧廣圻藏。

唐王涯纂。

元包五卷附元包數總義二卷。津逮祕書刊本。

後周衛元嵩撰，唐蘇源明傳、李江注，宋韋漢卿釋音，其總義二卷，則張行成所補撰也。

皇極經世索隱二卷。依閣本鈔。

宋張行成撰。

正易心法一卷。津逮祕書刊本。

宋麻衣道者撰。入存目。

翼玄十二卷。函海刊本。

宋張行成撰。入存目。

易學一卷。通志堂刊本。

宋王湜撰。

大衍索隱三卷。藝海樓依閣本鈔。

宋丁易東撰。

易象圖説内篇三卷外篇三卷。通志堂刊本。

元張理撰。

右術數類數學之屬

占候之屬

五行大義五卷。嘉慶己未日本人以活字印入佚存叢書。徵引祕緯，多亡逸之帙。

隋蕭吉撰。

唐開元占經一百二十卷。刊本。

唐開元中太史監瞿曇悉達奉敕撰。

譙子五行志五卷。舊鈔本。卷首曹溶題云「此秘册也，爲明初人手抄，曾經方孩未先生鑒定，字法深得唐人遺意」等語。又，卷末方震孺題「天啓甲子夏讀三復，並抄傳一部」云云。有「震孺」、「翁方綱」、「覃溪」、「王芑孫」、「蓉鏡引意」諸印。又一部，亦舊抄本，李兆洛藏，有「兆洛鑒定」、「申耆」諸印。

唐濮陽夏撰。新唐書、崇文總目、遂初堂皆著録。

觀象玩占四十八卷拾遺一卷。舊抄本，有校勘。

題「唐李淳風撰」。入存目。

乾坤變異録一厚册。述古堂藏舊鈔本，有黄丕烈手跋，又有「惠棟定宇紅豆山房所收善本」、「池北書庫收藏」諸印。

題「唐李淳風撰」。

通占大象曆星經二卷。津逮祕書刊本。

不著撰人姓名。入存目，附唐人後。

乾象通鑒一百卷。舊抄本。卷首有五松居士手跋，又有「孫忠愍侯祠堂藏書」、「孫星衍」、「楊振藩」、「蕉林逸史」諸印。

宋河間府免解進士李季奉旨撰進。建炎二年，高宗賜序。所引黄帝、甘石、巫咸諸占，皆具有可補開元占經之漏者。其書惟見讀書敏求記著録。

天鏡一册。舊鈔本。後序頗爲荒誕不經，未可盡信。有『廣堪齋』、『畢瀧澗飛藏書』諸印。

題『周文郁撰』。其後序云：『授之雲水木强老人，言行軍占驗』，末署崇禎癸未。

天文大成管窺輯要八十卷。順治壬辰序刊本。

國朝黄鼎撰。入存目。

右術數類占候之屬

相宅相墓之屬

葬經一卷。津逮祕書刊本。附繆希雍葬經翼一卷，葬圖一卷，葬經内篇一卷，難解二十四篇一卷。

題『青烏先生撰』。入存目。

靈城精義二卷。閣本依鈔。

舊本題『南唐何溥撰，明劉基註』。

催官篇二卷。閣本依鈔。
　舊本題「宋賴文俊撰」。即術家所謂「賴布衣」也。
發微論一卷。閣本依鈔。
　宋蔡元定撰。
地理新書十五卷。金明昌刊本。黄丕烈、汪士鐘均藏。有「汪閬原」、「士禮居」諸印。
　宋官撰。宋初，因唐吕才叔陰陽書中地理八篇增輯爲乾坤寶典。景祐初，命修正舛戾，別成三十篇，賜名地理新書。皇祐三年，詔王洙等勾管删修，事具洙進書序。金世宗大定甲辰，平陽畢履道校正，爲之圖解，章宗明昌壬子古戴鄙夫張謙復爲精校刊行。四庫未收，各家書目未見著録，亦術數家古笈僅存者矣。
地理五種祕竅十七卷。坊本。
　明甘霖撰。五種者，奇門一得一，通書祕竅二，地理祕竅三，天星祕竅四，羅經祕竅五。
卜兆真機四卷。咸豐元年刊本。康熙丁丑自序。
　國朝吴楚撰。輔孝兩書之一。
陽宅要覽三卷。坊本。雍正三年自序。
　題「西吴弁山念道人輯」。

秘本通玄靈鬼經二卷。坊本。

未詳撰人。

地理四祕全書十二種□□[①]卷。坊本。

國朝尹一勺撰。

右術數類相宅相墓之屬

占卜之屬

靈棋經二卷。明刊本。又長恩書室刊本。

舊本題『漢東方朔撰』。

易林十六卷。津逮祕書刊本。又漢魏叢書刊本。

漢焦延壽撰。

① 原目卷數缺，中國叢書綜録著録爲二十四卷。

京氏易傳三卷。津逮祕書刊本。又漢魏叢書刊本。

漢京房撰。

六壬大占一卷。傳望樓刊本。

宋祝祕撰。

右術數類占卜之屬

命書相書之屬

玉照定真經一卷。閣本依鈔。

舊本題『晉郭璞撰，張容註』。

星命溯源五卷。閣本依鈔。

不著撰人名氏。

三命指迷賦一卷。閣本依鈔。

舊本題『宋岳珂補註』。

星命總括三卷。閣本依鈔。

遼耶律純撰。

演禽通纂二卷。閣本依鈔。

不著撰人名氏。

星學大成十卷。刊本。

明萬民英撰。

星學綱目正傳二十卷首總括圖三卷玉井奥訣一卷玉照神經一卷末圖説一卷。萬曆壬午自序刊本。

明楊淙撰。

三命通會十二卷。刊本。

不著撰人名氏。

月波洞中記二卷。函海刊本。

原本稱：老子題於太白月波洞壁，唐任逍遥得之，因以爲名。

玉管照神局三卷。閣本依鈔。

舊本題「南唐宋齊邱撰」。

太清神鑑六卷。

舊本題「後周王朴撰」。

麻衣相法三卷。坊本。

題「麻衣道者撰」。

右術數類命書相書之屬

陰陽五行之屬

黄帝授三子玄女經一卷。津逮祕書刊本。又平津館刊本。

疑術家依託。入存目。

六壬五變中黄經法二卷。舊鈔本。

不著撰人。入存目，附元人後。

遁甲奇門要略一卷。鈔本。

未詳撰人。入存目。

奇門五總龜四卷附煙波釣叟歌一卷。坊本。

總龜題『郭通直所傳』，釣叟歌題『宋趙普撰』，羅通遁法，明池紀編解。

三元選擇集要六卷。刊本。

明黄一鳳撰。

欽定選擇曆書十卷。鈔本，即萬年曆書。

康熙二十三年奉敕編。

欽定協紀辨方書三十六卷。内府刊本。

乾隆四年莊親王允禄等奉敕撰。

易林補遺四卷。坊本。

國朝張世寶撰。

永寧通書十二卷。刊本。康熙辛卯自序。

國朝王維德撰。

夢占逸旨八卷。歸雲别集刊本。

明陳士元撰。

字觸六卷。粵雅堂刊本。

國朝周亮工撰。

右術數類陰陽五行之屬

子部八　藝術類

書畫之屬

古畫品録一卷。津逮祕書刊本。

南齊謝赫撰。

書品一卷。漢魏叢書刊本。

梁庾肩吾撰。

續畫品一卷。津逮祕書刊本。

陳姚最撰。

貞觀公私畫史一卷。坊本。

唐裴孝源撰。

書譜一卷。明刊本。又一部，附趙凡夫所藏書法鈎玄内。

唐孫過庭撰。

法書要録十卷。津逮祕書刊本。

唐張彦遠撰。

歷代名畫記十卷。津逮祕書刊本。

唐張彦遠撰。

後畫録一卷。津逮祕書刊本。

唐釋彦悰撰。入存目。

續畫品録一卷。津逮祕書刊本。

唐李嗣真撰。入存目。

墨藪二卷附法帖釋文刊誤一卷。閣本依鈔。

舊本題「唐韋續撰」。

圖畫見聞志六卷。津逮祕書刊本。

宋郭若虛撰。

續書斷二卷。明刊本。又一部，附趙凡夫所藏書法鈎玄内。

宋朱長文撰。長文既爲墨池編，以張懷瓘書自開元以來未有紀録，而唐初諸公或闕略未嘗立傳，用其例，綴所聞見，自唐興至熙寧間以續之，熙寧七年八月自序。

德隅齋畫品一卷。文房小説刊本。

宋李廌撰。

畫史一卷。宋刊本，葉文莊故物也。購、貞、徵、殷等字皆缺筆。卷末何義門跋「康熙癸巳蔣生子範持贈」。子範，名棟，義門弟子也。有「葉氏藏書」、「顧武保」、「陳彦和」、「髯長淑美過眼」諸印。又津逮祕書刊本。

宋米芾撰。

宣和畫譜二十卷。津逮祕書刊本。

不著撰人名氏。

宣和書譜二十卷。津逮祕書刊本。

不著撰人名氏。

廣川書跋十卷。津逮祕書刊本。又一部。

宋董逌撰。

畫繼十卷。津逮祕書刊本。

宋鄧椿撰。

續書譜一卷。明刊附孫譜本。才十一條，不分篇，殆未全。

宋姜夔撰。

寶真齋法書贊二十八卷。聚珍板本。

宋岳珂撰。

金壺記上中下三卷。抄本。吴翌鳳藏本，後有手跋。

宋僧適之撰。入存目。

書法鉤玄四卷。元刊本。眉端丹黄批抹，皆趙頤光手迹也，後有草篆書『萬曆壬子仲春二日胡蝶侵閣①』云云。有『吴郡趙頤光家經籍』、『寒山』、『梁鴻墓下』、陳琦飛黄松齋、『顧曾壽』諸印。又一部，有『毛晉印』及黄丕烈手跋。

元蘇霖撰。入存目。凡夫居寒山，去梁鴻墓不遠。昔有梁方伯來吴，求鴻墓不得，因而遥祭。若見此書，便當於寒山一角求之。

古今集論字學新書七卷。抄校本。與書法鉤玄共一册。

元劉維志編。是書存目僅録摘要一卷，而未收此七卷之本，斯亦古書待傳之一，附本書法鉤玄，草書，則鐵硯齋手抄也，古健雅秀，真可寶貴。

字學新書摘鈔一卷。舊抄本。與楊慎墨池瑣録同册。

元劉維志撰。入存目。

圖繪寶鑑五卷續編一卷。津逮祕書刊本六卷補遺一卷。

圖繪寶鑑，元夏文彦撰；續編，明韓昂撰。

寓意編一卷。刊本。又一部，亦刊本。

---

① 胡蝶侵閣，持静齋藏書記要卷上作『胡蜨寢閣』。明人室名别稱字號索引録趙宧光號，有蝴蝶寢。

明都穆撰。

墨池璅録四卷。淡生堂舊鈔本。與字學新書、群書麗句、經子難字同册。有『淮陽張氏宗素堂』、『張凱次柳』、『二樹書畫』諸印。又函海刊本。

明楊慎撰。慎又有法帖神品目一卷，附名畫神品目，又升庵書品一卷，升庵畫品一卷，並函海刊本。

書訣一卷。閣本依鈔。

明豐坊撰。

竹嬾畫媵一卷續畫媵一卷①。

江村銷夏録三卷。刊本。

國朝高士奇撰。

石渠隨筆八卷。阮元刊本。又粤雅堂刊本。

國朝阮元撰。記内殿所藏書畫。

國朝畫徵録三卷續録二卷。刊本。

① 原目此後空一行，未題著者。中國叢書綜録作『明李日華撰』，明史藝文志亦有李日華畫媵一卷。

國朝張庚撰。入存目。

國朝畫識十七卷墨香居畫識十卷。刊本。

國朝南滙馮金伯冶堂撰。

草聖彙辨四卷。刊本。

國朝白芬編，朱宗文摹辨。

右藝術類書畫之屬

琴譜之屬

琴操二卷。平津館刊本。

漢蔡邕撰。

楊西峰琴譜八卷。明刊本。有「敦仁堂徐氏藏書」、「曾在东山徐復庵处」等印。又一部，亦明刊本，字墨古雅。

明杨表正撰。存目有表正琴譜大全十卷，疑即一書，而詳略異耳。

右藝術類琴譜之屬

篆刻之屬

集古印譜五卷印正附説一卷。萬曆庚辰自序刊本。

明秣陵甘暘撰。

東皋印人傳一册。抄本。道光十年自序。

國朝黄學圯、楚橋撰。

右藝術類篆刻之屬

雜技之屬

五木經一卷。津逮祕書刊本。

唐李翺撰。入存目。

丸經二卷。津逮祕書刊本。

不著撰人名氏。入存目。

打馬圖經一卷。粤雅堂刊本。

宋李清照撰。

右藝術類雜技之屬

子部九　譜録類

器物之屬

古今刀劍録一卷。漢魏叢書刊本。

舊本題『梁陶弘景撰』。

鼎録一卷。文房小説刊本。又漢魏叢書刊本。

舊本題『梁虞荔撰』。

考古圖十卷續圖五卷釋文一卷。宋刊本，寶古堂重修，十卷。有『文淵閣印』，想曾藏明内府者。又有『豫園主人』、『日涉園』、『雲間朱氏』、『樂安燕玉收藏』諸印。

宋吕大臨撰。筆畫深秀，圖尤精細，此宋刻中無上上品也。

紹興内府古器評二卷。津逮祕書刊本。

宋張掄撰。入存目。

泉志十五卷。津逮祕書刊本。又一部。

宋洪遵撰。入存目。

錢幣譜一卷。閭邱辨囿刊本。

元費著撰。

玉名詁一卷。函海刊本。

明楊慎撰。

欽定西清古鑑四十卷。刊本，闕。

乾隆十四年奉敕撰。

文房四譜五卷。精鈔本。跋云：「乾隆丙午，借醉經樓黄椒升藏本抄。」有「醉經樓」、「椮雲」諸印。又一舊抄本，校勘甚爲精密，有「高象南」、「毛褒」、「華伯」、「信古樓」收藏諸印。

宋蘇易簡撰。

墨經一卷。津逮祕書刊本。

宋晁季一撰。

墨法集要一卷。聚珍板本。

明沈繼孫撰。

吉金所見録十六卷。舊抄本。

國朝初尚齡撰。記歷代布錢。

竹里秦漢瓦當文存一卷。刊本。

國朝王福田編。

右譜録類器物之屬

飲饌之屬

品茶要録一卷。閣本依鈔。

宋黄儒撰。

膳夫經手録一卷。抄本。又閭邱辨囿刊本。

唐楊華撰。

右譜録類飲饌之屬

草木蟲魚之屬

唐昌玉蘂辨正一卷。津逮祕書刊本，又汲古閣刻本，附在歲華紀麗後。

宋周必大撰。入存目。

竹譜一卷。漢魏叢書刊本。

晉戴凱之撰。

雞冠花譜。一作雲鳳英譜。抄本。
題『秋色主人撰』。康熙己卯仲秋序。
異魚圖贊四卷。函海刊本，有補一卷。
明楊慎撰。

右譜録類草木蟲魚之屬

子部十　雜家類

雜學之屬

墨子十五卷。經訓堂校刊注本，十五卷。又明茅坤刊本，六卷。
舊本題『周墨翟撰』。
鶡冠子三卷。聚珍板本。又明刊本，闕下卷。

楚隱士撰。

呂氏春秋二十六卷。明天啓丁卯刊本。又經訓堂刊本，乾隆癸丑朱邦衡秋崖以惠半農批本校過。

舊本題『秦呂不韋撰』。

尸子二卷。平津館刊本。又一刊本①。

淮南子二十一卷。十子全書刊本。又明刊套印評點本。又漢魏叢書刊本。

漢淮南王劉安撰，高誘註。

淮南天文訓補注二卷。乾隆五十三年刊本。又一鈔本。

國朝錢塘撰。

天禄閣外史八卷。漢魏叢書刊本。

題『漢黄憲撰』。入存目。

牟子一卷。平津館刊本②。

① 原目此後空一行，未題著者。中國叢書綜録作『周尸佼撰』。

② 原目此後空一行，未題著者。中國叢書綜録作『漢牟融撰』。

人物志三卷。漢魏叢書刊本。

魏劉邵撰，北魏劉昞註。

金樓子六卷。閣本依鈔。

梁孝元皇帝撰。

劉子十卷。漢魏叢書刊本，題「新論」。

是書疑唐袁孝政所僞作。

顏氏家訓二卷。漢魏叢書刊本。

唐顏之推撰。

長短經九卷。函海本，删注刊。

唐趙蕤撰。

化書六卷。即齊丘子。明天啓中刊本。又一明刊本，有「張孝安」、「蘇台逸史」諸印。

南唐譚峭撰。

芻言三卷。函海刊本。

宋崔敦禮撰。

樂庵遺書四卷。舊鈔本，題『樂庵語録五卷』。

舊本題『宋李衡撰』，其門人龔昱編。

芻蕘奥論二卷。粤雅堂刊本。

宋張方平撰。

家訓筆録一本。舊鈔本。

宋趙鼎撰。

經鉏堂雜志八卷。舊鈔本。

宋倪思撰。入存目。

几上語一卷枕上語一卷。舊鈔本。

宋施清臣撰。入存目。

胡子知言六卷疑義一卷。粤雅堂刊本。

宋胡宏撰。

厚德録四卷。稗海刊本。

宋李元綱撰。入存目。

樂善録二卷。稗海刊本。

宋李昌齡撰。入存目。

叔苴子内篇六卷外篇二卷。粤雅堂刊本。

明莊元臣撰。

金罍子上篇十二卷下篇十二卷。萬曆丙午刊本。

明陳絳撰。入存目。

竇子紀聞類編四卷。萬曆庚辰刊本。

明竇文照撰。入存目。

不得已二卷。舊抄本。

國朝楊光先撰。極論天主教之謬，且糾西法推步之失。此其略本也。

野獲二卷。刊本。

載楊光先二疏爲一卷，其正陽忠告爲一卷。

植物學八卷。咸豐戊午刊本。

國朝李善蘭譯泰西人書。驗植物生長之變，爲圖説以明之。

文學正路上中下三卷。日本刊本。

嘉慶六年日本豐幹撰。論讀經及諸子。

右雜家類雜學之屬

雜考之屬

白虎通義四卷。古今逸史刊本，二卷。又漢魏叢書刊本。

漢班固撰。

獨斷二卷。古今逸史刊本。又漢魏叢書刊本。

漢蔡邕撰。

古今注三卷附中華古今注三卷。古今逸史刊本。又文房小説刊本，僅古今註。又漢魏叢書刊本。

古今注，晉崔豹撰；中華古今注，五代馬縞撰。

資暇集三卷。舊抄本，有「顧嗣立」、「秀野草堂」、「顧氏藏書」諸印。又文房小説刊本。

唐李匡乂撰。

刊誤二卷。古今逸史刊本。

唐李涪撰。

蘇氏演義二卷。函海刊本。

唐蘇鶚撰。

東觀餘論二卷。津逮祕書刊本。

宋黄伯思撰。

猗覺寮雜記二卷。聚珍板本。

宋朱翌撰。

能改齋漫録十八卷。聚珍板本。又舊鈔本，校勘甚精。

宋吴曾撰。

雲谷雜記四卷。聚珍板本。又一部。

宋張淏撰。

西溪叢語三卷。津逮祕書刊本。又稗海刊本，止二卷。

宋姚寬撰。

學林十卷。聚珍板本。

宋王觀國撰。

容齋隨筆十六卷續筆十六卷三筆十六卷四筆十六卷五筆十卷。刊本。

宋洪邁撰。

考古編十卷。函海刊本。

宋程大昌撰。

演繁露十六卷續演繁露六卷。明萬曆丁巳刊本。

宋程大昌撰。

甕牖閑評八卷。聚珍板本。

宋袁文撰。

芥隱筆記一卷。津逮祕書刊本。

宋龔頤正撰。

野客叢書三十卷附野老記聞一卷。稗海刊本。

宋王楙撰。

考古質疑六卷。聚珍板本。

宋葉大慶撰。

經外雜鈔三卷。舊鈔本，甚善。季振宜、毛晉均藏，有「滄葦」、「子晉」諸印。

宋魏了翁撰。

賓退録十卷。刊本。

宋趙與旹撰。

學齋佔畢四卷。稗海刊本。

宋史繩祖撰。

朝野類要五卷。聚珍板本。又舊抄本，有「朱高濬字麗中一字桐廬」印。

宋趙昇撰。

搜采異聞集三卷。稗海刊本。

宋宋永亨撰。入存目。

丹鉛餘録十七卷續録十二卷摘録十三卷總録二十七卷。明嘉靖甲寅刊本，藍印。有「慶善淑美」、「尚友齋」諸印。

明楊慎撰。三録皆所自編;總録,則其門人梁佐編也。

丹鉛雜録十卷。函海刊本。

明楊慎撰。

譚苑醍醐九卷。函海刊本,八卷。

明楊慎撰。

兩山墨談十八卷。嘉靖乙亥刊本。

明陳霆撰。

通雅五十二卷。刊本。

明方以智撰。

日知録三十二卷。康熙乙亥刊本。

國朝顧炎武撰。

日知録之餘四卷。舊抄本,梁蕉林藏。

國朝顧炎武撰。

日知録集釋三十二卷。道光甲午刊本。

國朝嘉定黄汝成撰。

授書隨筆十七卷。舊鈔本。

國朝黄宗羲撰。

藝林彙考二十四卷。康熙癸卯刊本。

國朝沈自南撰。

松崖筆記三卷。道光壬午刊本。

國朝惠棟撰。

蛾術編八十二卷。道光辛丑刊本。

國朝王鳴盛撰。

緒言三卷。粤雅堂刊本。

國朝戴震撰。

識小編二卷。刊本。

國朝董豐垣撰。

十駕齋養新録二十卷餘録三卷。刊本。

國朝錢大昕撰。

潛亭述古録二卷。嘉慶三年刊本。

國朝錢塘撰。

庭立紀聞四卷。刊本。

國朝梁學昌記其父玉繩之語。

右雜家類雜考之屬

雜説之屬

論衡三十卷。漢魏叢書刊本。

漢王充撰。

風俗通義十卷附録一卷。古今逸史刊本。又漢魏叢書刊本。

漢應劭撰。

封氏聞見記十卷。乾隆十五年秦贊刊本。又雅雨堂刊本。

唐封演撰。

東原録一卷。函海刊本。

宋龔鼎臣撰。

王氏談録一卷。依閣本鈔。

宋王欽臣撰。

夢溪筆談二十六卷補筆談二卷續筆談一卷。津逮祕書刊本。又一單刊本。又稗海刊本。

宋沈括撰。

仇池筆記二卷。閣本依鈔。

舊本題『宋蘇軾撰』。

東坡志林五卷。稗海刊本，十二卷。盧抱經謂其差善。

舊本題『宋蘇軾撰』。

冷齋夜話十卷。稗海刊本。又津逮祕書刊本。

宋釋惠洪撰。

曲洧舊聞十卷。刊本。顧廣圻所藏，以惠棟校勘録入。有『顧千里印』。

宋朱弁撰。

蒙齋筆談二卷。稗海刊本。

宋鄭景望撰。入存目。

捫蝨新話十五卷。津逮祕書刊本。

宋陳善撰。入存目。

嬾真子五卷。稗海刊本。

宋馬永卿撰。

春渚紀聞十卷。津逮祕書刊本。

宋何薳撰。

石林燕語十卷考異一卷。稗海刊本。

石林燕語，宋葉夢得撰；考異，宇文紹奕撰。

避暑録話二卷。稗海刊本。又津逮祕書刊本。又道光乙巳葉鍾刊本。

宋葉夢得撰。

巖下放言三卷。舊鈔本。

宋葉夢得撰。

却掃編三卷。津逮祕書刊本。

宋徐度撰。

紫微雜説一卷。閣本依鈔。

宋吕本中撰。

辨言一卷。閣本依鈔。

宋員興宗撰。

墨莊漫録十卷。稗海刊本。

宋張邦基撰。

東園叢説三卷。舊鈔本，有『秦恩復』、『石硯齋』、『秦氏藏書』諸印。

舊本題『宋李如篪撰』。

螢雪叢説二卷。稗海刊本。

宋俞成撰。入存目。

宜齋野乘一卷。文房小説刊本。

宋吴枋撰。入存目。

鶴山筆録一卷。函海刊本。

宋魏了翁撰。入存目。

常談一卷。函海刊本。

宋吴箕撰。

雲麓漫鈔十五卷。函海刊本，十卷。

宋趙彦衛撰。

游宦紀聞十卷。稗海刊本。

宋張世南撰。

澗泉日記三卷。聚珍板本。

宋韓淲撰。

老學庵筆記十卷續筆記二卷。稗海刊本。又津逮祕書刊本。

宋陸游撰。

祛疑説一卷。稗海刊本。

宋儲泳撰。

鶴林玉露十六卷。明單刊本。又稗海刊本。

宋羅大經撰。

貴耳集一卷二集一卷三集一卷。津逮祕書刊本。

宋張端義撰。

藏一話腴四卷。閣本依鈔。

宋陳郁撰。

佩韋齋輯聞四卷。錢竹汀所手鈔。

宋俞德鄰撰。

書齋夜話四卷。閣本依鈔。

宋俞琰撰。

齊東野語二十卷。稗海刊本。又津逮祕書刊本。又照曠閣刊本。

宋周密撰。

志雅堂雜鈔一卷。粤雅堂刊本。

宋周密撰。入存目。

敬齋古今黈八卷。聚珍板本。

元李治撰。

日聞録一卷。函海刊本。

元李翀撰。

閑居録一卷。閣本依鈔。

元吾丘衍撰。

雪履齋筆記一卷。函海刊本。

元郭翼撰。

蠡海集一卷。稗海刊本，題宋人。

明王逵撰。

餘冬序録六十五卷。明刊本。又精鈔本。

明何孟春撰。入存目。

留青日札三十九卷。萬曆元年刊本。

明田藝蘅撰。入存目。

湧幢小品三十二卷。明刊本。

明朱國楨撰。入存目。

焦氏筆乘六卷續八卷。粤雅堂刊本。又明刊本，陳鱣藏。

明焦竑撰。入存目，僅八卷。

戒庵老人漫筆八卷。萬曆丁酉刊本。

明李詡撰。入存目。

六研齋筆記四卷二筆四卷三筆四卷。明刊本。

明李日華撰。

紫桃軒雜綴三卷又綴三卷墨君題語一卷。刊本。

明李日華撰。入存目，無題語。

閑閑堂會心録十六卷。抄本。

明倪涷撰。涷爲元璐之父，此其稿本。

陶庵夢憶八卷。粤雅堂刊本。

明張岱撰。

天香閣隨筆二卷。粤雅堂刊本。

明李介撰。

説略一卷。項氏古香書屋舊鈔本。

明黄尊素撰。

物理小識十二卷。康熙甲辰刊本。

明方以智撰。

春明夢餘録七十卷。舊鈔本，甚精善。又一部，亦抄本，與前本幾異十之二三，似係當時稿本。

國朝孫承澤撰。

俟解一卷噩夢一卷黄書一卷識小録一卷。湘鄉刊本。

國朝王夫之撰。

棗林外索二卷。舊抄本。陳鱣藏。

國朝談遷撰。

居易録三十四卷。刊本。

國朝王士禎撰。

蒿庵閑話二卷。粤雅堂刊本。

國朝張爾岐撰。

交翠軒筆記四卷。道光十六年刊本。

國朝嘉興沈濤撰。

右雜家類雜説之屬

雜品之屬

東坡先生物類相感志十八卷。陳鱣依知不足齋藏嘉靖姚氏本過鈔。有「海寧陳鱣觀」、「仲魚」諸印。

宋初僧贊寧撰。仲魚跋云：「此書因有『東坡』二字，世多以爲僞。然安知贊寧不一號東坡乎」等語，似亦近理。惟其書疏證詳明，有條不紊，誠有可取。明眉公祕笈止刊其半，此足本也。晁氏讀書志、馬氏通考皆載之。入存目。

雲煙過眼録四卷續録一卷。元人舊鈔本，有「玉磬山房」、「衡山」兩印。

雲煙過眼録，宋周密撰；續録，湯允謨撰。

七頌堂識小録一卷。潄六編刊本。

國朝劉體仁撰。

右雜家類雜品之屬

雜纂之屬

意林五卷。聚珍板本。

唐馬總撰。

臥游録一卷。文房小説刊本。

宋呂祖謙撰。入存目。

類説六十卷。舊抄本，類説五十卷，子卷十三卷，分前後二集。

未著撰人，疑即宋曾慥編。

仕學規範四十卷。舊抄本。錢曾、汪士鐘均藏。卷末有萬曆丁未清常道人手跋，并『虞山錢遵王藏書』印。

宋張鎡編。

自警編九卷。宋刊本。所引書名猶存，可以校補時本，毛子晉藏。有「毛晉」、「子晉」諸印。

宋趙善璙編。

誠齋雜記二卷。津逮祕書刊本。

元林坤撰。入存目。

嫏環記三卷。津逮祕書刊本。

元伊世珍撰。入存目。

説郛一百二十卷。刊本。

明陶宗儀編。

續説郛四十六卷。

國朝陶珽編。入存目。

歷代小史一百五卷。刊本。

題『明侍御李栻①編』。入存目。

敬由編十卷。刊本。

明合肥竇子稱編。録唐、虞至明善政可法者。

心賞編一卷。刊本。

明王象晉撰。四庫存目有清寤齋欣賞編一卷，未知即此否。

堯山堂外紀一百卷。萬曆丙午刊本。

明蔣一葵撰。入存目。

勝飲編十八卷。粤雅堂刊本。

國朝郎廷極撰。入存目。

幼學日記三册。舊抄本。自序後有『嚴我斯』、『存庵』諸印，當係其底稿。

國朝嚴我斯撰。康熙庚午自序。

① 栻，原目缺，據持静齋藏書記要卷上補。中國叢書綜録亦作『李栻』。

古今治平彙要□□①卷。雍正七年刊本。

國朝楊朝觀撰。

一斑録五卷附編一卷雜述八卷。道光癸卯刊本。

國朝鄭光祖撰。

子史粹言二卷。道光丙午刊本。

國朝丁晏撰。

琳瑯冰鑑五十四卷。乾隆甲午刊本。

國朝董餘峰編。

右雜家類雜纂之屬

① 原目卷數缺。清華大學圖書館藏清雍正七年文聚樓刻本爲十四卷，署「清楊潮觀撰」。

雜編之屬

鹽邑志林六十二卷。刊本。

明樊維城編。入存目。

呂公實政録七卷。刊本。即附呂子遺書内。

明呂坤撰。入存目。

少室山房筆叢正集三十二卷續集十六卷。萬曆丙午刊本。

明胡應麟編。

閑署日鈔二十二卷。刊本。天啓壬戌自序。

明舒榮都輯。

鈍吟雜録十卷。刊本。

國朝馮班撰。

劉端臨先生遺書八卷。刊本。

國朝劉台拱撰。

汪子遺書六卷。嘉慶十年刊本。
國朝汪縉文撰。

右雜家類雜編之屬

附録

漢魏叢書一百一十四種。刊本。
明程榮、何鏜編。
稗海七十種。刊本。
明商濬編。
古今逸史五十五種。刊本。
明吴琯編。
顧氏文房四十家小説。刊本。
明顧元慶編。

呂子遺書八種。刊本。
明呂坤撰。
歸雲別集八種。刊本。
明陳士元撰。
津逮祕書十五集一百四十六種。刊本。又一部，何義門手自批校者。
明毛晉編。入存目。
顧亭林十書。刊本。
國朝顧炎武撰。
李安溪全書。刊本。
國朝李光地撰。
毛西河合集□□卷①。刊本。
國朝毛奇齡撰。

① 原目卷數缺。本書目著録叢書多不題卷數，疑此處衍「卷」字。

王船山遺書二百八十八卷。同治四年湘鄉刊本。
國朝王夫之撰。
閶邱辨囿十五種。刊本。
國朝顧嗣立編。
戴氏遺書二十四種。刊本。
國朝戴震輯。
平津館叢書四十二種。刊本。
國朝孫星衍校古籍並所著書。中闕續古文苑。
潛研堂叢書二百五十五種。刊本。
國朝錢大昕撰。
佚存叢書六帙十六種。刊本。
嘉慶時日本天瀑山人活字印。
十子全書。刊本。
嘉慶間吴門坊本。

經均樓七種十二卷。刊本。

國朝段玉裁撰。附東原二種。

拜經堂叢書十種。刊本。

國朝臧鏞堂校刻古籍並所自著。

求是堂全書七種。刊本。

國朝胡承珙撰。

洪北江集十種。刊本。

國朝洪亮吉撰。

函海一百五十五種四十函。刊本。

國朝李調元編。

經訓堂叢書二十四種。刊本。

國朝畢沅校刊古籍並所著書。

涇川叢書五十六種。刊本。

國朝趙紹祖編。皆涇縣人明以來小著。

續涇川叢書七種。刊本。

國朝趙紹祖編。

别下齋叢書二十五種。刊本。

國朝蔣生沐編。

當歸草堂八種。刊本①。

傳望樓金帚編六種。刊本②。

粤雅堂叢書一百二十二種。刊本。

咸豐三年南海伍崇曜校刊。

長恩書室叢書十八種十卷。刊本。

咸豐時江西坊刊。

① 原目此後空一行，未題著者。中國叢書綜録作「清丁丙編」。

② 原目此後空一行，未題著者。鄭偉章文獻家通考記清張海鵬有金帚編，其家刻書之所則名傳望樓，疑此書爲張海鵬編。

子部十一　類書類

古今同姓名録二卷。函海刊本。又鈔本，吴翌鳳藏。

梁孝元皇帝撰，唐陸善經續，元葉森補。

聖賢群輔録二卷。漢魏叢書刊本。

晉陶淵明撰。入存目。

錦帶一卷。津逮祕書刊本。

梁昭明太子撰。入存目。

大唐類要一百六十卷。藝海樓抄本，一名北堂書抄。

唐虞世南撰。世所傳陳禹謨刻本，於文義難通處輒行删改，或别引他書羼入，凡唐以前亡逸之書藉此流傳者，抹殺不知凡幾。如百三十九『車總載』篇及末三卷『穴』、『泥』、『沙』、『石』四篇，皆隨條大書不立題分注者，陳刻已改成一例，而删棄至十六七。其餘攙亂顛倒，更爲指不勝屈，所謂『刻一書而其書轉亡』者也。故此抄雖多誤字，猶是虞氏原書，考證家終以此種爲貴。國初時，錢遵王、朱竹垞已極言此書之難得，至今日幾成斷種。

聞莫子偲近得一抄本，未知比此何如也。

龍筋鳳髓判四卷。舊抄本。晁公武讀書志載此書十卷，凡百首，今止二卷七十八首。而其中又有一題二首、三首者，知殘闕久矣。有「古歡堂」、「吴枚庵校定本」、「湘舟鑑賞」諸印。

唐張鷟撰。

元和姓纂十八卷。嘉慶七年洪氏刊本。

唐林寶撰。

小名録二卷。稗海刊本。

唐陸龜蒙撰。

歲華記麗四卷。汲古閣刊本，後附玉藻辨證。又津逮祕書刊本。

唐韓鄂撰。入存目。

古本蒙求三卷。日本佚存叢書刊本。

後晉李瀚撰並注。

蒙求集注二卷。

晉李瀚撰。

太平御覽一千卷。嘉慶十二年揚州鮑氏刊本。

宋太平興國二年李昉等奉敕撰。

册府元龜一千卷。崇禎壬午刊本。

宋景德二年王欽若等奉敕撰。

春秋經傳類對賦一卷。通志堂刊本。

宋徐晉卿撰。

春秋左氏傳摘奇十二卷。抄本，闕。

宋胡元質撰。

職官分紀五十卷。玉玲瓏閣鈔本。朱彝尊舊藏，錢大昕手校甚詳。有「竹垞」、「秀水朱氏」、「潛采堂圖書」、「曾在汪閬原處」諸印。

宋孫逢吉撰。後有跋云：「此朱竹垞先生家藏本，今歸周君漪塘。所恨譌踳甚多，别無他本參校。第三十八卷錯卷，以意改正，幾於天衣無縫，不覺拊手稱快。辛亥十月，竹汀居士錢大昕識。七月借校，九十日而畢。」

錦繡萬花谷前集四十卷後集四十卷續集四十卷。淳熙十五年序刊本。

不著撰人名氏。

補侍兒小名録一卷。稗海刊本。

宋王銍撰。入存目。

侍兒小名録拾遺一卷。稗海刊本。

宋張邦畿撰。入存目。

續補侍兒小名録一卷。稗海刊本。

宋温豫撰。入存目。

姬侍類偶二卷。舊抄本，顧沅藏。

宋周守中撰。入存目。

敘古千文一卷。粤雅堂刊本。

宋胡寅撰，黄灝注。

群書事林廣記前集卷之一後集卷之二。宋刊本。有『陶九成』、『宋景濂藏書』諸印。

題『陳元靚編』。考明史藝文志稿補，宋有陳元靚事林廣記十卷，蓋即其殘帙。然陶、宋二公藏書，至今尚存，吉光片羽，固不得以尋常殘牘視之矣。

群書會元截江網三十五卷。藝海樓依閣本鈔。又續得元刊本。

不著撰人名氏。

小字録一卷。閣本依鈔。

宋陳思撰。

古今合璧事類備要前集六十九卷後集八十一卷續集五十六卷别集九十四卷外集六十六卷。元刊本，初印，精善。有『錢牧齋』、『季振宜藏書』諸印。又明嘉靖丙辰錫山秦氏刊本。

宋謝維新撰。

玉海二百卷附詞學指南四卷。元刊精印本，首尾一律趙體書。刊於至元四年，又於至正十一年補正漏誤六萬字。此猶元時紙墨，真奇寶也。有『文淵閣印』，想係明時内府舊藏。又有『田耕堂』、錢氏味夢軒、胡惠孚笛江、郁氏泰峰諸印。

宋王應麟撰。

小學紺珠十卷。元大德刊本，明印。又津逮祕書刊本。又附玉海刊本。

宋王應麟撰。

姓氏急就篇二卷。附玉海刊本。

宋王應麟撰。

韻府群玉二十卷。元延祐甲寅刊，尚屬初印善本，有「傳經堂印」。又明萬曆庚寅刊本。

元陰時夫撰。

左氏蒙求一卷。嘉慶辛酉日本印入佚存叢書。

元吴化龍撰。

名疑四卷。歸雲別集刊本。

明陳士元撰。

姓滙四卷姓觿十卷。歸雲別集刊本。

明陳士元撰。入存目。

太學增修聲律資用太平總類殘本二十卷。舊鈔本。有「牧齋」、「錢謙益」、「絳雲樓」諸印。

未詳編人。起卷之十八，至二十四止，存威斷、師古、符命、福禄、功德、休美、治道、政事八門，引事至通鑑而止，每卷首格右並有嘉靖十五年某人寫一行。

萬姓統譜一百四十六卷附氏族博考十四卷。萬曆己卯刊本。

明凌迪知撰。

文選錦字二十一卷。萬曆丁丑刊本。

明凌迪知撰。入存目。

楚騷綺語六卷。萬曆丙子刊本。

明張之象撰。入存目。

喻林一百二十卷。萬曆中刊本。

明徐元太撰。

謝華啓秀八卷均藻四卷哲匠金桴五卷。函海刊本。

明楊慎撰。入存目。

古人别號録一卷。舊抄本。升庵集有名賓異號録補序一首，未知即此否。

明楊慎撰。

群書麗句十卷。舊鈔本。與『藝術類』墨池璅録共一本。

明楊慎撰。

續文獻通考二百五十四卷。刊本。

明王圻撰。入存目。

三才圖會一百六卷。刊本。

明王圻撰。入存目。

經濟類編一百卷。萬曆甲辰刊本。

明馮琦撰。

古儁考略□□①卷。刊本。

明顧充撰。入存目。

同姓名録十二卷録補一卷。萬曆丁巳刊本。有『水繪軒』、『湘舟』諸印。

明徐寅撰，周應賓補。

潛確類書一百二十卷。刊本。

明陳仁錫纂。

山堂肆考二百二十八卷補遺十二卷。刊本。

明彭大翼撰。

唐類函二百卷。萬曆癸卯刊本。

① 原目卷數缺，四庫全書總目作「六卷」。

明俞安期编。入存目。

卓氏藻林八卷。萬曆庚辰刊本。

明卓明卿撰。入存目。

五侯鯖十二卷。刊本。

明彭儼撰。入存目。

廣博物志五十卷。萬曆丁未刊本。

明董斯張撰。

策問摘要一册。舊抄本。後載防海、驛傳、河運諸條，有爲明史志所不及采者，姑節取之。

未詳編人。當係明末人所述，皆明代典制也。

御定淵鑑類函四百五十卷。内府刊本。

康熙四十九年奉敕撰。

御定駢字類編二百四十卷。内府刊本，初印。

康熙五十八年奉敕撰，雍正四年告成。

御定分類字錦六十四卷。内府刊本。

康熙六十年奉敕撰。

御定子史精華一百六十卷。内府初印本。又坊刻本。

康熙六十年奉敕撰。

御定佩文韻府四百四十四卷。内府刊本。又粤東潘氏刊本。又拾遺一百二十卷，二部。

康熙四十三年奉敕撰。

省軒考古類編十二卷。刊本。

國朝柴紹炳撰。入存目。

三才藻異三十三卷。康熙乙巳刊本。

國朝屠粹忠撰。入存目。

五經類編二十八卷。刊本。

國朝周大章編。入存目。

春秋經傳類聯三十三卷。刊本。

國朝王繩曾撰，屈作梅補註。入存目。

廿一史四譜五十四卷。刊本。

國朝沈炳震撰。分紀元、封爵、宰執、謚法四門。

廿二史言行略二十四卷。嘉慶五年刊本。

國朝長洲過元收輯。

疑年録四卷。舊抄本。陳鱣藏，添補甚多，皆刻本所無。又粤雅堂刊本。

國朝錢大昕編。述古來及今名人生卒年歲。

續疑年録四卷。貝氏友漢居精抄本。每條皆考其出，實爲刻本所無。有『貝香居士』、『平江貝氏文苑』諸印。

又粤雅堂刊本。

國朝吴修編。

增定金壺字考十九卷二集二十卷。刊本。

國朝田朝恒增定宋僧適①之書，又編二集以續之。

史姓韻編六十四卷。刊本。

國朝汪輝祖撰。

① 適，原目誤作『釋』，據該書卷端署名改。

九史同名姓録七十二卷遼史同名録五卷金史同名録十卷元史同名録二十卷總録二卷附録二卷敘録一卷。嘉慶戊午刊本。

國朝汪輝祖撰。

右類書類

子部十二　小説家類

雜事之屬

燕丹子三卷。平津館刊本。

不著撰人。入存目。

漢雜事祕辛一卷。漢魏叢書刊本。又津逮祕書刊本。

不著撰人。入存目。

飛燕外傳一卷。文房小説刊本。又古今逸史刊本。又漢魏叢書刊本。

舊本題『漢伶玄撰』。入存目。

西京雜記六卷。稗海刊本。又古今逸史刊本。又津逮祕書刊本。又漢魏叢書刊本。

梁吴均撰。

海山記一卷迷樓記一卷開河記一卷。古今逸史刊本。

不著撰人。入存目。

牛羊日曆一卷。顧嗣立藏舊抄本。有『秀野草堂顧氏藏書印』。與南窗紀談同一册。

唐劉軻撰。

國史補三卷。津逮祕書刊本。

唐李肇撰。

大唐新語十三卷。稗海刊本。

唐劉肅撰。

次柳氏舊聞一卷。文房小説刊本。

唐李德裕撰。一名桯史。

劉賓客嘉話録一卷。文房小説刊本。

唐韋絢撰。

因話録六卷。稗海刊本。

唐趙璘撰。

兩京新記一卷。原本五卷,僅存第三卷。嘉慶己未日本人以活字印入佚存叢書中。又粤雅堂刊本。

唐韋述撰。

教坊記一卷。古今逸史刊本。又鈔本,有古歡堂藏書印。

唐崔令欽撰。

孫内翰北里志一卷。舊抄本,有『樸學齋』、『半查』、『石君』諸印。

題『唐翰林學士孫棨撰』。直齋、公武皆著録。

幽閑鼓吹一卷。文房小説刊本。

唐張固撰。

松窗雜録一卷。文房小説刊本。

唐李濬撰。

雲溪友議三卷。稗海本十二卷，猶不及此三卷本之足。

唐范攄撰。

玉泉子一卷。稗海刊本。

不著撰人名氏。

唐摭言十五卷。稗海刊本，一卷。

五代王定保撰。

金華子二卷。函海刊本。

南唐劉崇遠撰。

開元天寶遺事四卷。文房小説刊本二卷。

五代王仁裕撰。

南唐近事一卷。舊鈔本。有「金俊明」、「孝章」、「臣褎①」、「不寐道人」、「長樂」、「彭城傖父」、「馮舒」諸印。

宋鄭文寶撰。

① 褎，疑當作「袞」。金俊明，初名袞。

北夢瑣言二十卷。稗海本，不足。

宋孫光憲撰。

南部新書十卷。粤雅堂刊本。

宋錢易撰。

儒林公議二卷。稗海刊本。

宋田況撰。

涑水紀聞十六卷。聚珍板本。又一部。

宋司馬光撰。

魏公談訓十卷。刊本。

宋蘇象先編。述其祖丞相頌遺訓，分二十六類，三百餘事。

澠水燕談録十卷。稗海刊本。

宋王闢之撰。

歸田録二卷。稗海刊本。

宋歐陽修撰。

嘉祐雜志一卷。稗海刊本，題「江鄰幾雜志」。

宋江休復撰。

醴泉筆録二卷。舊抄本。四庫録其嘉祐雜志，而此未收。

宋江休復撰。

青箱雜記十卷。稗海刊本。

宋吴處厚撰。

龍川略志十卷别志八卷。稗海刊本，别志二卷。

宋蘇轍撰。

孫公談圃三卷。稗海刊本。又道光丙午高郵刊本。又一本。

宋劉延世撰。

續世説十二卷。舊影宋抄本。目録後有「臨安府陳道人刊行」八字二行木記。又，後有刷印紙墨工食錢文，亦足以資考證。紹興丁丑秦果序。

宋孔平仲撰。

畫墁録一卷。稗海刊本。

宋張舜民撰。

湘山野録三卷續録一卷。津逮祕書刊本。

宋釋文瑩撰。

侯鯖録八卷。稗海刊本。

宋趙令畤撰。

東軒筆録十五卷。稗海刊本。

宋魏泰撰。

泊宅編三卷。稗海刊本。

宋方勺撰。

珍席放談二卷。函海刊本。

宋高晦叟撰。

墨客揮犀十卷。稗海刊本。

宋彭乘撰。

續墨客揮犀十卷。舊鈔本，精善，紅豆山房藏。四庫提要疑其已逸。有「惠棟」、「定宇」諸印。

宋彭乘撰。

唐語林八卷。聚珍板本。

宋王讜撰。

楓窗小牘二卷。稗海刊本。

不著撰人名氏。

南窗記談一卷。秀埜草堂藏舊鈔本，與牛羊日曆同册。

不著撰人名氏。

過庭録一卷。稗海刊本。

宋范公偁撰。

揮麈前録四卷後録十一卷第三録三卷餘話二卷。津逮祕書刊本。又單一部。

宋王明清撰。

玉照新志六卷。明刊本。

宋王明清撰。

投轄録一卷。閣本依鈔。

宋王明清撰。

緑珠傳一卷李師師外傳一卷。并霜猨集、梅花字字香共一册。琳琅祕室活字本。

並失撰人。

張氏可書一卷。函海刊本。

宋張知甫撰。

聞見前録二十卷。津逮祕書刊本。

宋邵伯温撰。

清波雜志十二卷别志三卷。稗海刊本。

宋周煇撰。

雞肋編三卷。胡珽琳琅祕室活字印本。

宋莊季裕撰。

聞見後録三十卷。津逮祕書刊本。

宋邵博撰。

北窗炙輠録一卷。吴翌鳳枚庵鈔本，校勘甚精。

宋施德操撰。德操殁後，學者私謚爲持正先生。

桯史十五卷。稗海刊本。又津逮祕書刊本。又單一部。

宋岳珂撰。

癸辛雜識前集一卷後集一卷續集二卷别集二卷。稗海刊本。又津逮祕書刊本。

宋周密撰。

隨隱漫録五卷。稗海刊本。

宋陳世崇撰。

歸潛志十四卷。聚珍板本。

元劉祁撰。

山房隨筆一卷。稗海刊本。

元蔣子正撰。

遂昌雜録一卷。稗海刊本。

元鄭元祐撰。

樂郊私語一卷。依閣鈔本。

元姚桐壽撰。

輟耕録三十卷。津逮祕書刊本。又一部，明刊本。

明陶宗儀撰。

稗官記五卷。舊鈔本。有『當湖小重山館』、『湘舟』諸印。

明馬俞撰。正統時人。

水東日記三十八卷。明刊本。

明葉盛撰。

偶記十卷。刊本。

明鄭仲夔撰，朱謀𪩘序。

隆平紀事二卷。抄本。

明史册撰。紀元末明初蘇、湖間事。

説鈴二卷。乾隆十三年劉堅刊本。附漁洋書跋，見史『目録』後。

國朝汪琬撰。

玉堂薈記四卷。舊抄本。有『楝亭曹氏』、『聽雨樓查氏有圻』、『長白敷槎氏堇齋昌齡』諸印。

國朝楊士聰撰。入存目。

今世説八卷。粤雅堂刊本。

國朝王晫撰。入存目。

人海記二卷。舊抄本。

國朝查慎行撰。皆歸田後録其在京師時見聞編之。

右小説家類雜事之屬

異聞之屬

山海經十八卷。古今逸史刊本。又玉淵堂刊本。

舊題『夏禹撰』。

山海經廣註十八卷。刊本，有圖四卷。

國朝吴任臣撰。

山海經注十八卷。經訓堂刊本。

國朝畢沅撰。

穆天子傳六卷。古今逸史刊本。又平津館刊本。又漢魏叢書刊本。

汲冢古本，晉郭璞註。

神異經一卷。漢魏叢書刊本。

舊本題『漢東方朔撰，晉張華註』。

海内十洲記一卷。古今逸史刊本。又文房小説刊本。又漢魏叢書刊本。

舊本題『漢東方朔撰』。

漢武故事一卷。古今逸史刊本。

舊本題『漢班固撰』。或以爲齊王儉作。

漢武帝内傳一卷。舊鈔本，附漢武帝外傳一卷，陳鱣藏。又漢魏叢書刊本。

舊本題『漢班固撰』。

漢武帝洞冥記四卷。古今逸史刊本。又文房小説刊本。又漢魏叢書刊本。

舊本題『漢郭憲撰』。

拾遺記十卷。稗海刊本。又古今逸史刊本。又漢魏叢書刊本。又單刊本。

秦王嘉撰。

玄中記一卷。道光丙戌高郵茆泮林輯刊。

晉郭璞撰。多記異聞。

搜神記二十卷。津逮祕書刊本。又稗海刊本，僅八卷。又漢魏叢書刊本。又一部，單本，與述異記同一册。

舊本題『晉干寶撰』。

搜神後記十卷。津逮祕書刊本。

舊本題『晉陶潛撰』。

幽明録一卷。琳琅祕室活字本。

宋劉義慶撰。

異苑十卷。津逮祕書刊本。

宋劉敬叔撰。

續齊諧記一卷。文房小説刊本。又古今逸史刊本。

梁吴均撰。

龍城録二卷。稗海刊本。

唐柳宗元撰。入存目。

獨異志三卷。稗海刊本。

唐李冗撰。入存目。

劍俠傳四卷。古今逸史刊本。

唐人撰，失姓名。入存目。

集異記一卷。古今逸史刊本。又文房小説刊本。

唐薛用弱撰。

博異記一卷。古今逸史刊本。又文房小説刊本，題『博異志』。

舊本題『唐谷神子撰』。或云馮廓，或云鄭還古。

杜陽雜編三卷。稗海刊本。

唐蘇鶚撰。

劇談録二卷。明刊本。又津逮祕書刊本。

唐康駢撰。

宣室志十卷補遺一卷。稗海刊本。

唐張讀撰。

唐闕史二卷。閭邱辨囿刊本。

五代高彦休撰。

甘澤謡一卷。津逮祕書刊本。

唐袁郊撰。

録異記八卷。津逮祕書刊本。

蜀杜光庭撰。入存目。

稽神録六卷。津逮祕書刊本，多拾遺一卷。

宋徐鉉撰。

江淮異人録二卷。函海刊本。

宋吴淑撰。

茅亭客話十卷。津逮祕書刊本。又咸豐三年琳琅祕室活字本。

宋黄休復撰。

括異志十卷。舊鈔本。有「曹楝亭」、「聽雨樓查氏」、「長白敷槎氏」諸印。

宋張師正撰。入存目。

五色綫二卷。津逮祕書刊本。

不著撰人。入存目。

閑窗括異一卷。稗海刊本。

宋魯應龍撰。入存目。

睽車志六卷。稗海刊本。

宋郭彖撰。

異聞總録四卷。稗海刊本。

不著撰人。入存目。

問奇類林三十五卷。萬曆己酉刊本。

明郭良翰編。

右小説家類異聞之屬

瑣記之屬

博物志十卷。稗海刊本。又古今逸史刊本。又漢魏叢書刊本。

舊本題『晉張華撰』。

述異記二卷。稗海刊本。又漢魏叢書刊本。

舊本題『梁任昉撰』。

酉陽雜俎二十卷續集十卷。津逮祕書刊本。又稗海刊本，無續集。

唐段成式撰。

清異録二卷。刊本。陳鱣手校，有『仲魚』、『二樹藏本』諸印。又一部，明姚咨舊鈔，即錢曾敏求記所載之本，雖未甚精，然海鹽陳氏刊者多妄行删削，此猶存其本真。卷後有嘉靖壬子姚咨手跋，記抄書原委。又有『茶夢散人』、『太白山人』、『水西樓』、『潛坤』、『吴越王孫』、『杖庵』、『士禮居』諸印。

宋陶穀撰。

續博物志十卷。稗海刊本。又古今逸史刊本。

宋李石撰。

續板橋雜記一卷。舊鈔本，附雪鴻小紀。有古歡堂藏書印。

題『琳泉居士』，甲辰仲秋序。

右小説家類瑣記之屬

子部十三 釋家類

佛説四十二章經一卷。津逮祕書刊本。

沙門守遂註。

華嚴經音義四卷。粤雅堂刊本。又拜經堂刊本。

唐釋慧苑撰。

一切經音義二十五卷。乾隆五十一年莊氏刊本。是書與華嚴經音義皆多引古籍，足資考證。

唐釋玄應撰。

神僧傳九卷。古今逸史刊本。

不著撰人。入存目。

右釋家類

子部十四　道家類

陰符經解一卷。漢魏叢書刊本，張良注。

舊本題『黄帝撰』。

黄帝五書六卷。刊本。

國朝孫星衍依道藏本校。五書者，古文龍首經二卷、金匱玉衡經一卷、授三子玄女經一卷、廣本行記一卷、軒轅黄帝傳一卷。

老子註二卷。十子全書刊本。

舊本題『河上公撰』。

道德指歸論六卷。津逮祕書刊本。

舊本題『漢嚴遵撰』。

老子道德註二卷。聚珍板本。又一部。

魏王弼撰。

御注道德經四卷。舊鈔本。

唐玄宗御製。

道德真經注疏八卷。依道藏本過録，丁氏遲雲樓寫本。

題『吴徵士顧歡述』。歡，齊時人。隋志載其老子義綱一卷，老子義疏一卷，書名、卷數與此不合。且不應齊時人而先引陶隱居、成玄英。惟晁氏志及玉海所載，有岷山道士張君相三十家道德經集解，列名二十九，蓋君相自爲一家，併數之，頗與是書相契。孳經室外集載此書，改題爲『君相撰』，是也。所引六朝及唐人遺説，今多無傳，亦道家古笈之僅存者矣。

道德經解二卷。舊鈔本。有『徐康』、『集祥里人』、『横秋館』諸印。

宋蘇轍撰。

道德真經註四卷。粤雅堂刊本。

元吴澄撰。

道德會元二卷。明弘治丁巳刊本。

元李道純元素撰。

老子翼三卷考異一卷。萬曆戊子刊本。

明焦竑撰。

老子衍一卷。湘鄉刊本。

國朝王夫之撰。

道德經考異二卷。經訓堂刊本。

國朝畢沅撰。

列子八卷。十子全書刊本。

舊本題『周列禦寇撰』。晉張湛注。

莊子註十卷。明慎德書院本，無注。又十子全書刊本。

晉郭象撰。

莊子翼八卷莊子闕誤一卷附録一卷。萬曆戊子刊本。

明焦竑撰。

莊義要删十卷。萬曆庚辰滇中刊本。綿紙精印，四端俱寬，甚爲精善。

明孫應鼇撰。

朱批解莊三卷。明刊朱套印本。

明陶望齡解，郭明龍評。入存目。

莊子解三十三卷莊子通一卷。湘鄉刊本。

國朝王夫之撰。

文子纘義十二卷。聚珍板本。

宋杜道堅撰。

列仙傳二卷。古今逸史刊本。

舊本題『漢劉向撰』。

周易參同契通真義三卷。漢魏叢書刊本，無注。

參同契，漢魏伯陽撰；通真義者，後蜀彭曉所註也。

周易參同契解三卷。刊本，題『抱一子參同契解』。

宋陳顯微撰。

周易參同契發揮三卷釋疑一卷。明宣德三年刊本，善。

宋俞琰撰。

古文參同契集解三卷。津逮祕書刊本。

明蔣一彪撰。

參同契章句二卷。刊本。

國朝李光地撰。入存目。

抱朴子内外篇八卷。平津館叢書刊本，分七十卷。又漢魏叢書刊本。

晉葛洪撰。

神仙傳十卷。漢魏叢書刊本。

晉葛洪撰。

枕中書一卷。漢魏叢書刊本。

晉葛洪撰。入存目。

太上感應篇注二卷。粤雅堂刊本。

國朝惠棟注。

真靈位業圖一卷。津逮祕書刊本。
梁陶弘景撰。入存目。

冥通記四卷。津逮祕書刊本。
舊題『梁周子良撰』。

天隱子一卷。抄本。
題『司馬承禎撰』。

胎息經一卷。津逮祕書刊本。
舊本題『幻真先生註』。入存目。

悟真刊僞集三卷。
張伯端撰，薛道光、陳致虛刊誤。

席上腐談二卷。舊鈔本。
宋俞琰撰。

鳴鶴餘音一厚册。舊鈔本。又函海刊本。
元人編道家詩詞。

沖用編一厚册。舊鈔本。有贊襄典學江南、曹子峨嵋氏、興來不暇嬾諸印。曹禾，號峨嵋，江陰人。康熙中曾疏請封禪，與湯潛庵、徐健庵諸人同爲講官。以諸印文義推之，此書當係其底稿。

國朝曹禾編輯。

正一天壇玉格譜序源流一厚册。鈔本。録九天生神玉章經至黄庭外景玉經，共十二篇。

譜序張天師傳授符録之事。

右道家類

持静齋書目卷四

集部一　楚詞類

楚詞章句十七卷。坊刻。

漢王逸撰。

楚詞集註八卷辨證二卷後語六卷。正德己卯沈圻刊本，善。

宋朱子撰。

楚詞通釋十四卷。湘鄉刊本。

國朝王夫之撰。

右楚詞類

集部二　別集類一 漢至五代

蔡中郎集六卷。明嘉靖戊申刊本。述古堂所藏。首卷橋太尉碑移在卷五，又無薦董卓表。明人腹笥空疏，而又往往喜竄亂舊本，不特此書受累也。又一部，康熙年間陳留覆刊歐静本，即顧廣圻所稱之十卷本，錯誤亦多，未審顧氏何以盛稱之。有紅筆校勘，甚精備。

漢蔡邕撰。

孔北海集一卷附録一卷。閣本依鈔。

漢孔融撰。

曹子建集十卷。明汪士賢刊本，有「丁元增」、「鉏經主人」諸印。

魏曹植撰。

嵇中散集十卷。明汪士賢刊本。康、雍間前輩以吴匏庵手抄本詳校，後經藏汪伯子、張燕昌、鮑渌飲、黄蕘圃、顧湘舟諸家。

魏嵇康撰。

陶淵明集八卷。坊本。

晉陶潛撰。

陶集校註十卷。抄本。改竄甚密，蓋乾、嘉老輩手稿。

未著撰者姓名。

支道林集二卷。嘉慶乙丑僧寒石刊明支硎山本。有顧沅湘舟印。

支遁撰。

鮑參軍集十卷。明汪士賢刊本。卷末題「嘉慶十七年壬申立冬後一日，照影宋本校畢，仲漣記，時年七十有一」云云。顧沅藏。

宋鮑照撰。

謝宣城集五卷。明萬曆己卯宣城重刊本。有「東墅」、「吴氏收藏」、「旦雲」諸印。

齊謝朓撰。

江文通集四卷。宋刊本。述古堂舊藏。汪士賢、張溥二本所闕詩及表皆有之，可以証二本之譌者甚多。有錢曾遵王諸印。

梁江淹撰。

何水部集一卷。明洪瞻祖刊本。並陰鏗詩一卷。

梁何遜撰。

陶貞白集二卷。舊鈔本。

梁陶弘景撰，明黄省曾編。

劉孝威詩集一卷。舊鈔本，有校勘。與張正見詩共一册。何焯藏。

梁劉孝威撰。

張正見詩一卷。舊鈔本，有校勘。與劉孝威詩共一册。何焯藏。

陳張正見撰。

王子深集一卷。舊抄本，有校勘。與薛道衡詩共一册。何焯藏。

北周王褒撰。

庾子山集註十六卷。刊本。

國朝倪璠註周庾信集。

徐孝穆集箋註六卷。刊本。

國朝吴兆宜註陳徐陵集。

薛元卿集一卷。舊鈔本。與王褒詩共一册。何焯藏，卷末有義門手跋。

隋薛道衡撰。

唐太宗文皇帝集一卷。舊鈔本。中有春臺望，乃明皇詩，餞中書侍郎來濟，乃宋之問詩，想是後人所羼入者。

明館閣書目有文皇詩六十九首，即此本也。

寒山子詩集一卷附豐干拾得詩一卷。明永樂丙申重刊宋淳熙己酉沙門志南編本，題『天台三聖詩』。

寒山子、豐干、拾得，皆貞觀中台州僧。

駱丞集十卷。嘉慶丙子秦恩復仿宋刊本。

唐駱賓王撰，明顔文撰註。

陳拾遺集十卷。鈔本，題『陳伯玉集』。

唐陳子昂撰。

李嶠雜咏二卷。日本佚存叢書活字本，較全唐詩所收爲足。

唐李嶠撰。

張燕公集二十五卷。聚珍板本。秦恩復、吴翌鳳、張金吾均藏。又二部。又舊鈔本。

唐張説撰。

曲江集十二卷。明萬曆甲申刊本，有附録一卷。

唐張九齡撰。

分類補註李太白集三十卷。明許自昌刊本。

宋楊齊賢集註。

九家集註杜詩三十六卷。刊本。

唐杜甫撰，宋郭知達集註。九家者，王洙、宋祁、王安石、黄庭堅、薛夢符、杜田、鮑彪、師尹、趙彦材也。

集千家註杜詩二十卷。元刊本。清朗悦目，有紅筆校勘。

元高楚芳編。

杜律虞註二卷。明刊本。字體略參隸法，極爲精善。又一部，稍劣。

元虞集撰。

杜詩錢箋二十卷。刊本。

國朝錢謙益撰。

杜集五家評本二十卷。道光甲午刊本，五色套印。

合王世貞、王慎中、王士禎、邵長蘅、宋犖爲五家。

王右丞集註二十八卷附録二本。坊本。又明套印王摩詰詩七卷，劉會孟評點。

國朝趙殿成註唐王维集。

孟浩然集四卷。汲古閣刊本，三卷。又明套印劉會孟評點本，一卷。

唐孟浩然撰。

顔魯公集十五卷補遺一卷年譜一卷附録一卷。聚珍板本。又舊抄本。又明嘉靖二年錫山安氏刊本，精善。有『大河王氏』、『十泉書屋』諸印。

唐顔真卿撰。

杼山集十卷。汲古閣刊本。

唐釋皎然撰。

劉隨州集十一卷。薛一瓢手寫定本，二册。筆筆秀健，到底不懈，古人用心之勤如此，今人束書不讀者，對此可愧也。後有黄丕烈手跋。

唐劉長卿撰。

韋蘇州集十卷。宋刊本，多拾遺一卷。

唐韋應物撰。

毘陵集二十卷。舊鈔本。卷末有道光乙未嘉興錢天樹跋，極言此舊本之難得云云，有夢廬印。

唐獨孤及撰，其門人梁肅編。

郎君胄詩集六卷。明正德戊寅劉成德刊本。有「廬江王文房」、「魚麥堂」、「吴越王孫」、「榮光樓藏書」、「湘舟過目」諸印。

唐郎士元撰。

耿文明詩集六卷。元刊本。有「商丘宋筠蘭暉氏」、「己丑進士」、「太史圖書」、「魚麥堂」諸印。

唐河中耿緯撰。

韓君平集三卷。元刊本。

唐韓竑撰。

韓昌黎集四十卷外集十卷遺文一卷附集傳一卷。宋廖瑩中世綵堂精刊本。世所傳東雅堂即據此覆刊者，亦屬善本，對此便奄奄無生氣。每卷尾皆有「世綵堂廖氏刊梓家塾」①篆書木記。徐氏翻板時，始改爲「東雅堂」，蓋鄙廖瑩中之爲人也。然廖雖賈似道門客，而嗜好書籍，廣刊經史，亦微可節取。相傳其刊書時，用墨皆雜泥金、香麝爲之。此本爲當時初印，字一律皆虞、歐體，紙寶墨光，醉心悦目。况藏經六七百年，而展卷如新，手若未觸，真天壤間第一秘寶也。項篤壽、汪士鐘、郁松年均藏。有「項氏萬卷樓」、「田耕堂」、「閬原」、「泰峰」諸印。

唐韓愈撰。陳少章作韓集點勘，以糾廖註，固有精確之處。然如鄖城聯句之「庾嗷」，乃徐本訛「庾」作「諛」，而咎及於廖，未免過苛。進學解之「荀卿守正」，廖註明言新史之易「守」爲「宗」，乃仍重引新唐書以糾之。諸如此類，均屬近於吹毛。蓋陳氏意不滿朱子之考異，而震於其名，不敢置喙。廖註則專宗朱子，其人既爲世所不齒，其書遂爲衆惡所歸。然平心而論，廖氏所刊書，當日推爲精善，今存於海内者，僅此一種，讀者不以人廢言可也。

韓昌黎集註四十卷外集十卷。明嘉靖丙辰刊無註本。又永懷堂葛氏刊本，亦無註。

唐韓愈撰。嘉靖本爲游居敬、莫如士刊，即韓、柳合刻之本。

韓昌黎詩集註十一卷年譜一卷。康熙己卯刊本，甚善。卷中紅筆、黄筆批校圈點，俱精核可味。有「徐

① 原書牌記作「世綵廖氏刻梓家塾」。

天麟」、「申涵光」、「陳邦彦」、「萊孝」諸印。其批點不知究出誰手也。又一部，初印本，亦紅、墨筆批校，似不如前本之精。

國朝顧嗣立撰。

韓筆酌蠡三十卷。刊本。

國朝盧軒編。

韓昌黎詩集無註本。刊本。

國朝潘錦編。顧沅以紅筆録汪鈍翁、墨筆録何義門兩家評點。

韓子粹言一册。刊本。

國朝李光地選。

京本校正音釋唐柳先生集四十三卷別集一卷外集一卷。元刊本。有「瀧西世家」、「觀瀾道人」諸印。

唐柳宗元撰。不著註書者姓名，而註中所引童云、張云、潘云，則宋童宗説註釋、張敦頤音辯、潘緯音義之本也。惟謁字泉湧，恨無先我而校者，不得以元本而恕之。

濟美堂柳河東集四十五卷外集二卷龍城録二卷附録二卷集傳一卷後序一卷。明吴郡郭雲鵬刊本。有『虞山景氏家藏』、『淮海世家』諸印。又一部，校勘甚精。

宋人以韓醇音註合童、張、潘諸家音註編輯之本。世以配東雅堂韓文，或謂其本亦出於宋之世綵堂，莫能質也。

無註柳文四十三卷別集二卷外集二卷附録一卷。明刊本。有吳郡瞿城、『上谷侯氏』、『明月堂書畫』、『韜園讀』諸印。又一部，即韓、柳合刻之本。

題『明巡按直隸監察御史新會莫如士重校』。

劉賓客文集三十卷外集十卷。元、明間精刊本，甚佳。吳翌鳳藏。又藝海樓鈔本外集十卷。又雍正元年趙駿烈刊中山詩集九卷，均善。

唐劉禹錫撰。

吕衡州集十卷。道光丁亥秦恩復仿宋刊本，精善。又粤雅堂刊本。又吕和叔文集五卷，由錢叔寶手抄本過鈔。

唐吕温撰。

皇甫持正集六卷。汲古閣刊本。

唐皇甫湜撰。

李文公集十八卷。明成化乙未馮師虞刊本，精善，足校汲古閣之訛。有『秦恩復伯敦父』、『石研齋』諸印。

唐李翱撰。

李元賓文編三卷外編一卷。嘉慶戊寅秦恩復刊文集六卷。又粤雅堂刊本。又舊鈔文集五卷。

唐李觀撰。文編，陸希聲所輯；外編，趙昂所輯。

孟東野集十卷。明嘉靖丙辰武陵楊鶴校，無錫秦禾刊本。有「辛齋」、「蔣重光」、「樂意軒吴氏」、「顧沅」諸印。又嘉靖己未商州刊本，有高照印。又汲古閣刊本。

唐孟郊撰。

昌谷集四卷外集一卷。明徐渭、董懋策批注本，五卷。又康熙間姚文燮經三注刊本，四卷。

唐李賀撰。

沈下賢集十二卷。舊鈔本，顧沅校。

唐沈亞之撰。

追昔遊集三卷。汲古閣刊本。

唐李紳撰。

李衛公文集十八卷外集四卷别集十卷。明陳子龍刊本。

唐李德裕撰。

白香山詩集四十卷附録年譜二卷。康熙癸未刊本。

國朝汪立名編。

樊川文集二十卷外集一卷别集一卷。宋刊本。首尾録裴延翰、田概二序。有「武陵懷古書屋收藏」、「秘香閣收藏」、「顧沅湘舟氏」諸印。

唐杜牧撰。

杜樊川詩註四卷别集一卷外集一卷。嘉慶三年刊本。

國朝馮集梧編輯。

李義山詩集三卷。舊鈔本，諸錦手批。有「髯公徐廣庵」、「諸錦」諸印。

唐李商隱撰。

李義山文集箋註十卷。康熙戊子刊本。

國朝徐樹穀箋，徐炯註。

温飛卿集箋註八卷。汲古閣刊金荃集七卷别集一卷無注本。

唐温庭筠撰。

文泉子集一卷。明天啓甲子吴馡編刊劉復愚集六卷本。又依閣鈔本，顧沅校。

唐劉蜕撰。

孫可之集十卷。明正德丁丑王鏊刊，初印本。自序云『依内閣秘本抄録』者，極精善。後來毛子晉仿刊，便多訛錯。又汲古閣刊本。

唐孫樵撰。王鏊論文，推挹可之，以爲遞傳真訣於昌黎者。今觀鏊全集，良然，但比可之略少真氣爾。

曹祠部集二卷附曹唐詩一卷。閣本依鈔。

唐曹鄴撰。

麟角集一卷。咸豐癸丑刊本。

唐王棨撰。

皮子文藪十卷。正德庚辰袁邦正刊本。今時刻及傳抄本譌誤特甚，安得有力者將此本重刊，使可衣被後學耶。

唐皮日休撰。

笠澤叢書四卷補遺一卷。雍正辛亥江都陸鍾輝覆元至元庚辰陸悳本。又碧筠草堂覆元陸悳本。俱初印，精善。

唐陸龜蒙撰。

甫里集十九卷附録一卷。明萬曆癸卯重刊成化丁未本，精善。

唐陸龜蒙撰，宋葉茵編。

詠史詩二卷。坊本。

唐胡曾撰。

司空表聖文集十卷。舊鈔一鳴集十卷，趙襄玉以知不足齋校宋本校過，有乾隆丙午手記。又有湘溪水雲堂、「古香樓」、「休寧汪季青」、「趙味辛」、「宮保世家」諸印。

唐司空圖撰。即唐志所載一鳴集也。趙校甚精，並據宋本補入連珠八首。

韓内翰別集二卷。明刊本，内翰詩二卷，香奩集一卷。又汲古閣刊香奩集一卷本。

唐韓偓撰。

張賓詩一卷林寬詩一卷許棠詩一卷。均舊鈔本，合爲一册。有崇禎四年辛未十月葉奕手跋。後有「林宗一印」。又前後有「義門小史」、「樸學齋」、「樹蓮居士」、善畊、「顧氏」諸印。

均唐人。中興館閣書目云：「許棠，登咸通十二年進士，宣州人。有文化集。」又，摭言載：「許棠久困名場，咸通末馬戴佐大同軍，棠往謁之，如舊相識。留連數月，未嘗問所欲。忽大會賓客，以家書授之。棠驚，莫知所自來。啓緘，始知戴已潛遣一介䘏其家矣。」餘二人未詳。

桂苑筆耕録二十卷。舊抄本。集中討黄巢一檄最爲傑出，餘亦嫺雅可觀。據其奏狀，則十二歲入中國，又六年取進士。調溧水尉，旋爲幕僚。此本蓋據高麗活字本過録者，失抄洪秩周、徐有榘二序。有「二槎秘笈」、「馬氏吟春仙館收藏」諸印。

唐高麗人崔①致遠撰。致遠爲高駢淮南從事，見唐志、宋志，文獻通考亦録其書。張敦頤六朝事迹則載其乾符中尉溧水，爲詩弔雙女墳事。然全唐詩、文並未收録，元、明以來書目亦無載之者。今雖番禺刊行，而此帙固昔所稀覯也。有榘序稱其「字海夫，號孤雲，東歸後仍仕本國翰林學士、兵部侍郎，且盛推爲彼國人文鼻祖」云云。

徐正字文集十卷。舊抄本，題「徐寅釣磯文集」。後有顧沅手跋云：「是爲山陰沈霞西精抄本，善價得之，咸豐改元五月，訪書紹郡，獲此，如得奇珍」等語。有湘舟印。

唐徐寅撰。愛日精廬張氏所藏十卷，世所稱爲足本者，比此尚短數篇。是則無怪顧湘舟之贊頌無已也。

黄御史集十卷附録一卷。咸豐癸丑刊本。

唐黄滔撰。

白蓮集十卷。汲古閣刊本。有「蓉峰」、「傳經後人」、「曾在東山劉惺常處」、「湘舟過眼」諸印。

---

① 崔，原目誤作「雀」，據新唐書藝文志、宋史藝文志改。唐志作「崔致遠四六一卷，又桂苑筆耕二十卷」，宋志作「崔致遠筆耕集二十卷」。

後唐釋齊己撰。

右別集類漢至五代

集部三　別集類二北宋建隆至靖康

騎省集三十卷。毛晉舊抄精校足本。有『虞山汲古閣字子晉圖書』、『藝海樓』、『顧沅收藏』諸印。

宋徐鉉撰，其婿吴淑編。

河東集十五卷附録一卷。舊鈔本。

宋柳開撰，其門人張景編。

咸平集三十卷。閣本依鈔。

宋田錫撰。

小畜集三十卷外集七卷。明初刊本，無外集。此集世所罕覯，雖間有訛謬，然勝趙氏本也。

宋王禹偁撰。

南陽集六卷。聚珍板本。

宋趙湘撰。

穆參軍集三卷附録遺事一卷。舊抄。猶是祖無擇所編舊本也。謹遵提要，删去亳州曹操帳廟記一篇。有『海虞吴氏攤書樓』、『竹橋太史氏』諸印。

宋穆修撰。

晏元獻遺文一卷。閣本依鈔。

宋晏殊撰。

春卿遺稿一卷。閣本依鈔。

宋蔣堂撰。

東觀集十卷。季振宜藏元人舊鈔本。比時本多别陳太保一首、聯句一首。有『振宜藏書』、『日藻』、『張氏翼庭』、『慶善字淑美』諸印。

宋魏野撰。

宋元憲集四十卷。聚珍板本。

宋宋庠撰。

宋景文集六十二卷補遺二卷附録一卷。聚珍板本。又日本佚存叢書有宋景文公集殘本三十三卷，頗多聚珍本未録之篇。

宋宋祁撰。

文恭集五十卷補遺一卷。聚珍板本。

宋胡宿撰。

范文正集二十卷别集四卷補編五卷。元刊初印本。後附奏議、尺牘等，共十三種。卷首蘇序後有木記，篆書三行，題「天曆戊辰改元褒賢世家重刻於家塾歲寒堂」云云。按，康熙丁亥，范能濬重刻是集時已云「舊本歲久漫漶」，不意閲百餘年而天曆初印本復見人世，不可謂無神靈呵護也。乾隆乙卯復經盧抱經依宋本手校，愈足寶重。後附忠宣集，並九種，均完善。又范能濬重刻二范集一部、范文正集一部。

宋范仲淹撰。

徂徠集二十卷。舊鈔本。有「黄丕烈」、「顧沅收藏」諸印。

宋石介撰。

祠部集三十六卷。聚珍板本。

宋強至撰。

華陽集六十卷附録十卷。聚珍板本。

宋王珪撰。

古靈集二十五卷。明人依宋刊鈔本。首卷冠以紹興元年求賢手詔，爲他本所無。集終附行狀、誌銘、年譜諸種，是爲最足之本，世間不易覯也。

宋陳襄撰，其子紹夫編。

傳家集八十卷。崇禎刊康熙戊子補修本，八十二卷。

宋司馬光撰。

金氏文集二卷。閣本依鈔。

宋金君卿撰。

公是集五十四卷。聚珍板本。

宋劉敞撰。

彭城集四十卷。聚珍板本。

宋劉攽撰。

丹淵集十二卷拾遺二卷年譜一卷附録二卷。舊鈔本，題「陳眉公訂」。顧沅藏。

宋文同撰。

西溪集十卷。舊鈔本，題『沈氏三先生文集』之一，雲巢集、長興集均附。

宋沈遘撰。

鄖溪集三十卷。閣本依鈔，二十八卷。

宋鄭獬撰。

净德集三十八卷。聚珍板本。又一部。

宋吕陶撰。

馮安岳集十二卷。閣本依鈔。

宋馮山撰。

元豐類稿五十卷。明成化庚寅刊本。

宋曾鞏撰。

忠肅集二十卷。聚珍板本。

宋劉摯撰。

曲阜集四卷。舊鈔本，曾文昭公曲阜集二卷遺録二卷補録一卷，蓋據萬曆間刻本過録，猶比康熙間其裔孫儼刻本爲足。有『宋臨安三志人家』、『白堤錢聽默經眼』、『二槎藝文』、『馬氏收藏』、『陳鱣觀』諸印。

宋曾肇撰。

周元公集九卷。明濂溪書院刊本，三卷，甚舊，有『蘇州袁氏五硯樓收藏』印。又明嘉靖乙酉刊周元公集十七卷，其遺書僅二卷，餘皆附抄，未免末大於本。

宋周敦頤撰。

文忠集一百五十三卷附録五卷。萬曆壬子刊本。

宋歐陽修撰。

文忠集五十卷。宋刊本。僅有蘇軾序，而無周必大序，較時本卷數少三之二，而詩文却不少。每卷前刊有『臨江後學曾魯得之考異』一條，每卷後刊有『熙寧五年秋七月男發等編定』一條，又偶有『紹熙二年三月郡人孫謙益校正』一條，惟無丁朝佐、羅泌、王伯芻之名，與陳振孫所言微有不同。其第三卷汝瘦詩『平地猶确礐』後註云：『衢本作「确犖」，吉本作「磽礐」，建本作「确礐」，蜀本、羅氏本作「磽确」。丁氏按：字書「磽」通作「墝」、「确」通作「埆」。犖，駁牛也；礐，石相叩聲，字各不同，今從蜀本作「磽确」』云云。然則所謂丁氏者，當即丁朝佐矣，蓋當時刻本盛行，未能衷諸一是。然如此宋刻巨編，至今日尚無絲毫殘闕，亦無一二頁修補者，錢牧齋於所藏宋本漢書贊爲『寶玉大弓』，此豈不可援其例乎？首卷目録下題『嘉靖庚寅收』，可見在明中葉時此書已屬難得。有『鶴山之章』、『東始魏氏珍藏』、『雪筠』、『曾在雲間嘯園沈氏』、『沈慈』『十峰』、『醉李高承埏①字八遐』、『許希周』諸印。

宋歐陽修撰。

歐陽文粹二十卷。萬曆丁未郭雲鵬刊本。有老輩朱筆點抹，評亦可味。

宋陳亮撰。

范忠宣文集二十卷奏議二卷遺文一卷附録一卷補編一卷。元天曆歲寒堂刊初印本，與范文正公集共一編。又明刊本二范集，亦與范文正公共爲一編者。有朗清汲古所及、三間草堂諸印。

宋范純仁撰。

石學士詩集一卷附録一卷。道光癸巳刊本。

宋石延年撰。

臨川集一百卷。元末危素刊本明修者。撫刊即翻此本。又明嘉靖三十九年撫州何氏刊廿四行本。有『傳經堂』、『樸學齋』、『華步寒碧莊』、仙桂堂、『劉惺常』、『葉樹廉』、『石君』、『臣恕』、『蓉峰』諸印。

宋王安石撰。

① 承，原目誤作『拯』，即明末嘉興藏書家高承埏，字八遐。

王荆公詩註五十卷。乾隆辛酉張宗松仿宋刊本。

宋李壁撰。

東坡集四十卷後集二十卷奏議集十五卷内制集十卷樂語一卷外制集三卷應詔集十卷續集十二卷。宋刊本。遇宋諱均缺筆，遇『朝廷』等字空一格，遇『祖宗』等字空二格。奏議皆附録貼黄，如今時疏題之類，亦足以考故事。詩文皆偶附東坡自註，而無他人註，他本所載葉嘉傳、睡鄉、醉鄉等記，此皆無之，可見猶是當日舊本。字體渾穆秀厚，與歐陽文忠兩巨編，皆可稱爲魯靈光、唐顯慶矣。陳鱣手自點勘，亦復矜慎不苟。有『濟之』、『雲間陸耳山珍藏』、『建安楊氏傳家圖書』、『陳鱣觀』諸印。

宋蘇軾撰。

東坡集四十卷。嘉靖十三年江西布政司刊七集之一集。

宋蘇軾撰。

蘇詩補註八卷。粤雅堂刊本。

國朝翁方綱補查氏録施注之遺。

山谷刀筆二十卷。元刊本。密行小字，頗古雅。有『芷齋圖籍』、『古鹽張氏』、『松下藏書』、『張載華』諸印。

宋黄庭堅撰。入存目。

山谷内集註二十卷外集註十七卷別集註二卷。聚珍板本。又乾隆五十三年謝啓昆刊本，附外集補四卷別集補一卷年譜十四卷。

山谷内集註，宋任淵撰；外集註，宋史容撰；別集註，容之孫季温補撰。

後山詩註十二卷。聚珍板本。

宋任淵撰。

宛丘集七十六卷。聚珍板本，題『柯山集』，僅五十卷。

宋張耒撰。

青山集六卷。舊鈔本。四庫所載三十卷，此僅六卷，殆即王士禎所見之本。有『寶硯主人』、『雲卿』、『嚴蔚』諸印。

宋郭祥正撰。

陶山集十四卷。聚珍板本。

宋陸佃撰。

長興集十九卷。舊鈔本。卷十三至三十二，中缺第三十一之一卷。沈氏三先生文集之二也。

宋沈括撰。

雲巢編十卷。舊鈔本。沈氏三先生文集之三。

宋沈遼撰。

景迂生集二十卷。閣本依鈔。

宋晁説之撰。

雞肋集七十卷。明人依宋本鈔。張敦仁經藏，有「陽城張氏省訓堂經籍」、「廣圻審定」諸印。後有跋云：「此集已有刻本，予嘗收而裝潢之。蜀歸以易□□。此本乃張□石太守以□□□□新安之行□舟不可攜，留以詒我，凡再閲之，哂而識其後。時壬寅陽月上浣芥庵記」云云，下署「世禎徐印」，不知爲何人也。有數字不可識，姑闕之。又刊本。

宋晁補之撰，其弟謙之編。

晁具茨詩集一册。明嘉靖甲寅刊本。有「虞山錢曾遵王藏書」、「二槎藏本」、「永年伯章」、「王棟之章」、「海寧陳鱣觀」諸印。又緑筠堂覆刊本二部。又抄本一部。

宋晁冲之叔用撰。

樂圃餘稿十卷附録一卷。刊本。

宋朱長文撰。

龍雲集三十二卷。舊鈔本，龍雲先生文集二十四卷。

宋劉弇撰。

姑溪居士前集五十卷後集二十卷。舊鈔本。

宋李之儀撰。

學易集八卷。聚珍板本。又一部。

宋劉跂撰。

道鄉集四十卷。道光辛卯裔孫禾刊本。有補遺一卷附録一卷。

宋鄒浩撰，其子柄、栩同編。

西臺集二十卷。聚珍板本。

宋畢仲游撰。

樂静集三十卷。舊鈔本。有『海鹽張氏研古樓藏書』、『芷齋圖籍』、『曉堂』諸印。

宋李昭玘撰。

日涉園集十卷。閣本依鈔。

宋李彭撰。

東堂集十卷。閣本依鈔。

宋毛滂撰。

浮沚集八卷。聚珍板本。

宋周行己撰。

劉給事集五卷。舊鈔本。同治庚午四月孫琴西衣言以所藏新舊抄本校過，可感也。

宋劉安上撰。

唐子西集二十四卷。汪亮采刊本。

宋唐庚撰。

洪龜父集二卷。閣本依鈔。

宋洪朋撰。

右別集類北宋建隆至靖康

集部四　别集類三 南宋建炎至德祐

龜山集四十二卷。刊本，闕後十卷。

宋楊時撰。

西渡集二卷補遺一卷。舊鈔本，一卷。有「清森閣書畫」、「秦恩復伯敦父」諸印。

宋洪炎撰。

老圃集二卷。閣本依鈔。

宋洪芻撰。

毘陵集十五卷。聚珍板本。

宋張守撰。

浮溪集三十六卷。聚珍板本。

宋汪藻撰。

浮溪文粹十五卷。研經樓精鈔本，甚善。

宋汪藻撰，明胡堯臣編。

石林居士建康集八卷。舊抄本，李兆洛手校。有『燕庭藏書』、『張氏家藏』諸印。

宋葉夢得撰。

簡齋集十六卷。聚珍板本。

宋陳與義撰。

苕溪集五十五卷。舊鈔本。

宋劉一止撰。

三餘集四卷。閣本依鈔。

宋黄彦平撰。

龜溪集十二卷。舊鈔本。有乾隆庚午岩門山樵查政昌跋云：『此本係先太史抄自秀水潛采翁家』等語，則是書亦出自竹垞手也。

宋沈與求撰。

鄱陽集四卷。閣本依鈔。

宋洪皓撰。

李延平集四卷。正誼堂刊本。

宋李侗撰。入存目。

盧溪集五十卷。舊鈔本，依嘉靖五年刻本。

宋王庭珪撰。

北海集四十六卷附録三卷。閣本依鈔。

宋綦崇禮撰。

鴻慶居士集四十二卷。舊鈔本。有『御兒』、『吕氏』、『講習堂』印。

宋孫覿撰。

和靖集十卷。嘉靖庚寅刊本。有『碧梧』、紅藥山房『自求不負名教中人』印。又隆慶己巳刊本，四卷。

宋尹焞撰。

雙溪集十五卷。粤雅堂刊本。

宋蘇籀撰。

少陽集十卷。舊抄本，題『陳少陽先生盡忠録』，遺文亦在其中。

宋陳東撰。

岳武穆文集十卷。岳武穆文集十卷，具在宋刊金陀稡編中，見史部『傳記』。提要所載佚篇皆存，真可寶貴。

宋岳飛撰。

茶山集八卷。聚珍板本。

宋曾幾撰。

雪溪集五卷。舊鈔本，題『潁①人王銍』。

宋王銍撰。

五峰集五卷。依紹定戊子宋刻過鈔，甚備。

宋胡宏撰，其子大時編。

北山集三十卷。舊鈔本，僅十三卷。

宋鄭剛中撰。

文定集二十四卷。聚珍板本。

宋汪應辰撰。

---

① 潁，原目誤作『穎』。王銍爲汝陰人，即古潁州。

緗雲文集四卷。紅藥山房精抄本，依明嘉靖癸巳刊本過録者，并附録一卷。有『小山堂書畫』印。

宋馮時行撰。

默堂集二十二卷。舊鈔本。

宋陳淵撰。

莆陽知稼翁集十二卷。舊抄本。有陳俊卿、洪邁二序。第一卷爲賦，二、三、四、五、六、七卷爲詩，八卷爲奏議、書、表、致語，九、十、十一卷爲啓，十二卷爲記、序、跋、行狀、青詞、祝祭文，每卷末有『孫迪功郎新泉州惠安縣主簿處權校勘』，可知此本猶是據宋本過抄者，與天啓乙丑其裔孫崇翰所刻幾增十分之七。四庫所録，有佚詞一首。今第十二卷共詞十五首，兼有蘇、柳二家豪邁婉麗之致。舉世皆無完書，此獨全本具在，亦清淑之氣閟久而不能終閟者矣。

宋黄公度撰。

漢濱集十六卷。閣本依鈔。

宋王之望撰。

歸愚集十卷。舊鈔本。顧沅藏，程慶餘以影宋抄本校過，甚精備。程跋云：『宋本自卷五至卷十三，共九卷，無樂府。今世所傳抄本皆有樂府，蓋後人從他本補入，以足十卷之數』云云。

宋葛立方撰。

鄭忠肅奏議遺集二卷。抄本。

宋鄭興裔撰。

拙齋文集二十卷。舊鈔本。

宋林之奇撰。

夾漈遺稿三卷。函海刊本。

宋鄭樵撰。

竹洲集二十卷附棣華雜著一卷。萬曆甲辰刊本。

宋吴儆撰。

鄂州小集六卷附録一卷。明初刊本。有洪武二年宋景濂序，乙巳趙壎序。按，乙巳爲至正二十五年，越二年丁未，明太祖始改元洪武，似有訛誤。紅筆校勘，甚精核，惜不著名。有「寶研居士」、「湘舟過眼」諸印。又粤雅堂刊本。

宋羅願撰。

艾軒集十卷。舊鈔本。園雲軒由宋本過録者，精善。有「金元功藏書記」、「金氏南樓書籍」諸印。

宋林光朝撰。

晦庵先生朱文公文集一百卷續集十一卷别集十卷。宋刊本。正集闕序，惟續集有淳祐五年王遂序，别集有咸淳元年黄鏞序。按，嘉靖壬辰刻本有潘潢跋，稱文集百卷續集五卷别集七卷，與此稍異。朱玉朱子大全類編稱：朱子之季子在所編文集實八十八卷，合續集、别集乃成百卷，與此尤爲不符。惟康熙戊辰蔡方炳於所刊本跋稱：原集百卷，續集十卷，别集十一卷，與此略合，但誤以續集卷數爲别集卷數耳。大約宋本已經久湮，而潘、朱、蔡諸人僅耳聞而未目覩，是以傳聞異詞耳。此本以一百二十一卷巨編，經傳六七百年之久，猶復神明焕然，寶光奪目，蓋文公在天之靈默爲維持呵護於其間也。有『錢謙益』、『牧齋』、『陸氏春雨堂』諸印。

宋朱子撰。

朱子感興詩註一卷附武夷櫂歌註一卷。日本佚存叢書活字印本。

宋朱子撰。門人蔡模註感興詩，陳普尚德註櫂歌。

崔舍人玉堂類稿二十卷西園類稿二卷玉堂附録一卷。嘉慶丁卯日本人以活字印入佚存叢書，揚州阮氏據以進呈。

宋崔敦詩撰。皆孝宗時制誥、口宣。宋志誤以爲周必大撰，而其文皆必大集所無。諸家書目唯明葉氏菉竹堂有之，後則無聞矣。

雪山集十六卷。聚珍板本。

宋王質撰。

東萊集四十卷。宋刊本。古氣盎然，洵足珍貴。計文集十五卷，外集并拾遺六卷，別集十六卷，附録拾遺三卷。又一部，僅別集十六卷，外集、附録五卷，亦宋刊本，間雜元印，有「曾在東山劉惺常家」印。又一部，舊抄本，文集四十卷，附麗澤論説十卷，有「樂意軒吴氏藏書」印。又一部，雍正間刊本，文集二十卷。

宋吕祖謙撰。其弟祖儉、姪喬年同編。

止齋文集五十一卷附録一卷。宋刊本。愛日精廬舊藏。

宋陳傅良撰。

格齋四六一卷。舊鈔本。程慶餘校勘，有「慶餘」、「心齋」諸印。

宋王子俊撰。

倪石陵書一卷。閣本依鈔。

宋倪朴撰，明毛鳳韶編。

定庵類稿四卷。閣本依鈔。

宋衛博撰。

攻媿集一百一十二卷。聚珍板本。

宋樓鑰撰。

義豐集一卷。宋刊初印。此集世本罕傳，況其爲宋刊乎！古色古香，流溢簡外。一臠已足，正不必以多爲貴也。

然比抄本亦多詩十餘首。前有淳祐戊申趙希𢓱序，後有淳祐癸卯吴愈序。有『黄丕烈』、『汪士鐘』諸印。

宋王阮撰。

乾道稿一卷淳熙稿二十卷章泉稿五卷。聚珍板本。

宋趙蕃撰。

止堂集二十卷。聚珍板本。

宋彭龜年撰。

絜齋集二十四卷。聚珍板本。

宋袁燮撰。

雙峰舒先生文集九卷。舊鈔本。吴翌鳳藏。

宋舒邦佐撰。入存目。

雲莊集十二卷。鈔本，題『雲莊劉文簡公文集』。

宋劉爚撰。

誠齋詩集十六卷。刊本。

宋楊萬里撰。

南澗甲乙稿二十二卷。聚珍板本。

宋韓元吉撰。

石屏續集四卷。舊鈔本。此亦人世罕有之秘笈也。

宋戴復古撰。

江湖長翁集四十卷。萬曆戊午刊本。又一部。

宋陳造撰。

北溪大全集五十卷外集一卷。舊鈔本。

宋陳淳撰。

竹齋詩集三卷附録一卷。鈔本，四卷，前附高選江邨遺稿一卷，遁翁詩一卷，高似孫疏寮小集一卷。

信天巢遺稿一卷附林湖遺稿一卷江村遺稿一卷疏寮小集一卷。舊鈔本。又一鈔本，疏寮小集一卷附江村三高詩一卷，無信天巢。

宋裘萬頃撰。

信天巢遺稿，宋高翥撰；後附林湖遺稿，爲翥姪鵬飛之詩；江村遺稿爲翥父選、叔邁之詩；又最後疏寮小集乃高似孫詩也。

棣華館小集一卷。抄本。與瑞州小集、華谷集、四明吟稿共一册。

宋楊甲撰。

瑞州小集一卷。抄本。

宋東甌陳□□①撰。

華谷集一卷。抄本。

宋嚴粲撰。

四明吟稿一卷。抄本。

宋宣城吴潛撰。

龍洲集十四卷附録二卷。舊鈔龍洲道人集十五卷，係據宋本過録者。又函海本，僅十卷。

宋劉過撰。

---

① 原目著者名缺。東甌詩存卷八有陳則翁，傳曰：「陳則翁字仁翁，號瑞州，里安人。寶祐間舉博宏科，官廣東副使。」疑即此人。

鶴山集一百九卷。舊鈔本，一百十卷。是集明有二刻，一爲邛州本，一爲錫山安國本。此由安國本過抄者，比邛州本較少訛錯。今傳者日稀，即抄本亦屬寥寥矣。

宋魏了翁撰。

西山文集五十五卷。康熙四年刊本。

宋真德秀撰。

平齋文集三十二卷。抄本。

宋洪咨夔撰。

蒙齋集十八卷。聚珍板本。

宋袁甫撰。

方是閑居士小稿二卷。丁氏遲雲樓舊抄本。

宋劉學箕撰。

翠微南征録十一卷。閣本依鈔。

宋華岳撰。

鐵庵集六卷。萬曆八年李時成選刊本。

宋方大琮撰。

履齋遺集四卷。舊抄本。

宋吴潛撰。

清正存稿六卷附録一卷。影鈔明萬曆甲寅刊本，後附徐文惠存稿五卷附録一卷。有錫山蕉緑草堂印。

宋徐鹿卿撰。清正，其謚也。

滄浪集二卷。明正德丁丑李堅刊滄浪先生吟卷三卷。有『璜川吴氏收藏圖書』印。

宋嚴羽撰。

後村集一百九十六卷。賜硯堂舊抄本。一卷至四十八卷詩，四十九卷賦，五十卷油幕牋奏，五十一、二卷奏議，五十三卷至五十九卷内制，六十卷至七十五卷外制，七十六卷至七十九卷奏申狀，八十卷、八十一卷掖垣繳駁，八十二卷、八十三卷玉牒初草，八十四卷、八十五卷諸經講義，八十六卷、八十七卷進故事，八十八卷至九十八卷雜著，九十九卷至一百十二卷題跋，一百十三卷至一百十五卷表牋，一百十六卷至一百二十六卷啓，一百二十七卷上梁文、樂語，一百二十八卷至一百三十四卷書，一百三十五卷祝文，一百三十六卷至一百四十卷祭文，一百四十一卷至一百四十七卷神道碑，一百四十八卷至一百六十五卷墓誌銘，一百六十六卷至七十卷行狀，一百七十一卷疏，一百七十二卷青詞，一百七十三至一百八十六卷詩話，一百八十七卷至一百九十一卷長短句，一百九十二卷、一百九十三卷書判，一百九十四、五、六卷，則後人附録後村之行述、墓誌銘、謚議等文也。

此據宋刻過鈔，爲後村集最足之本，宋以後未有刊刻，即抄者亦僅五十卷而已，真可寶貴。又經鉏堂抄本一部，六十卷。又經鉏堂抄本一部，五十卷。

宋劉克莊撰。

矩山存稿五卷。影抄明萬曆刊本。徐文惠公存稿四卷，附徐清正存稿後。

宋徐經孫撰。

文溪存稿二十卷。康熙戊申刊本，題『文溪集』。有曹氏巢南是爽樓藏書印。

宋李昴英撰。

玉楮集八卷。明刊本，題『玉楮詩稿』。有蔣長泰孝山氏①、平陽季子、元龍、春雨所藏諸印。

宋岳珂撰。

恥堂存稿八卷。聚珍板本。

宋高斯得撰。

蒙川遺稿四卷。閣本依鈔。

① 傅增湘明本人物志跋（藏園群書題記卷七）著録藏印「蔣長泰學山氏收藏記」，疑此處「孝」爲「學」之誤。

宋劉黼撰，其弟應奎編。

雪磯叢稿五卷。康熙丁亥華山馬素邨抄本。有『古鹽官州馬素邨書畫印』。

宋樂雷發撰。

文山集十六卷。嘉靖庚申刊本。又雍正三年刊本，亦十六卷，而次序不同。

宋文天祥撰。

疊山集五卷。明刊本。又附録一卷。

宋謝枋得撰。

魯齋集二十卷。崇禎壬申刊本。又乾隆十年刊本。

宋王柏撰。

葦航漫游稿四卷。閣本依鈔。

宋胡仲弓撰。

西臺慟哭記註一卷。舊鈔本。張孟兼註。

宋謝翱撰。

四如集五卷。舊鈔本，足。

宋黄仲元撰。

佩韋齋文集二十卷。舊抄本，佩韋齋文集十六卷輯聞四卷，合二十卷。有『玉磬山房』、『小山堂書畫』諸印。

宋俞德鄰撰。

西湖百詠二卷。舊抄本。

宋董嗣杲撰。

富山嬾稿十九卷。舊抄本。夔從孫方宗大編嬾稿本三十卷。此抄蓋缺十一卷，然猶是據宋刻過録之本也。

宋方夔撰。

吾汶稿十卷。舊鈔本二部，一依元刻抄，足。

宋王炎午撰。

九華詩集一卷。舊鈔本。

宋陳巖撰。

寧極齋稿一卷附慎獨叟遺稿一卷。舊抄本。有『尚友齋』、『慶餘叔美①』二印。

① 本書目子部丹鉛餘録及集部東觀集下著録藏印有『慶善淑美』，疑與此印同。

寧極齋稿，舊本題『宋陳深撰』；慎獨叟遺稿，其子植撰。

釣磯詩集四卷。舊抄本。密行小字，詩甚雅古。按，葵，福建同安人，宋亡避居海嶼，不求人知，於五經皆有解説。

宋末丘葵吉甫撰。

右別集類南宋建炎至德祐

集部五　別集類四金元

王氏拙軒集六卷。聚珍板本。

金王寂撰。

滏水集二十卷。舊鈔本，又附録一卷。此本比朱竹垞、毛子晉所藏爲精，蓋閑閑公舊本也。周錫瓚手録何義門批校。有『璜川吴氏收藏』印。

金趙秉文撰。

遺山集四十卷附録一卷。康熙四十六年華希閔刊本，初印，精善。又道光丁未刊本。

金元好問撰。

元遺山詩箋註十四卷年譜一卷附録二卷。道光二年刊本。

國朝施國祁撰。

藏春集六卷。舊抄本。

元劉秉忠撰。

陵川集三十九卷附録一卷。乾隆戊午刊本，初印，頗善。

元郝經撰。

月屋漫稿二卷。舊抄本，有詩無文。顧沅藏。

元黄庚撰。

剡源文集三十卷。宜稼堂刊本，附札記。又康熙戊辰金侃手鈔剡源詩文一册。有「金侃」、「金仲子」、「秀水朱彝尊收藏」、「陸漻」諸印。

元戴表元撰。

剩語二卷。閣本依鈔。

元艾性夫撰。

養蒙集十卷。閣本依鈔。

元張伯淳撰。

竹素山房詩集三卷。閣本依鈔。

元吾丘衍撰。

金淵集六卷。聚珍板本。又一部。

元仇遠撰。

牧潛集七卷。汲古閣刊本。

元釋圓至撰。

小亨集三卷。舊鈔本。

元楊弘道撰。

靜修集三十卷。元刊本，二十二卷。甚雅善。今闕。

元劉因撰。

白雲集四卷。舊鈔本，足。

元許謙撰。

牧庵文集三十六卷。聚珍板本。

元姚燧撰。

玉井樵唱三卷。舊抄本，正、續合一册。

元尹廷高撰。

清容居士集五十卷。舊抄本，劉憙海①藏。又宜稼堂刊，附札記。

元袁桷撰。

此山集八卷。舊鈔本，比諸本爲足。石藴玉藏，有手跋云『此山，不知爲何許人』等語。可謂株守講章，然猶勝於杜撰一流矣。有『石氏藴玉』、『翰林修撰』諸印。

元周權撰。

蒲室集十五卷。舊抄本，曹溶藏。有『檇李曹氏藏書印』。

元釋大訢撰。

梅花字字香前集一卷後集一卷。鈔本。又琳琅秘室活字印本。

① 憙，疑當作『喜』，即清晚期山東諸城藏書家劉喜海。

元郭豫亨撰。

勤齋集八卷。閣本依鈔。

元蕭𣂏撰。

道園學古録五十卷。元至正元年刊本，精雅可尚。有「季振宜」、「滄葦」、「御史之章」等印。又乾隆丙申刊本。

元虞集撰。

文安集十四卷。抄本，十卷。又粤雅堂刊揭文安文粹二卷。

元揭傒斯撰。

所安遺集一卷。據成化丁未刊本過鈔。

元陳泰撰。

至正集二十三卷。鈔本，闕。

元許有壬撰。

禮部集二十卷附録一卷。依宋鈔本，足。

元吴師道撰。

雁門集十四卷附録一卷别録一卷。嘉慶十二年其裔孫龍光註刊本。

元薩都拉撰。

俟庵集三十卷。舊鈔本，題『番陽李仲公集三十卷』。

元李存撰。

滋溪文稿三十卷。抄本。

元蘇天爵撰。

近光集三卷扈從詩一卷。舊抄本，題『周翰林近光集』，比時本多補編一卷。

元周伯琦撰。

栲栳山人集三卷。嘉慶辛未刊本。又抄本一部，多遺落，不如刻本之善。

元岑安卿撰。

友石山人遺稿一卷。抄本。翰曾爲潮州路總管，集中潮州事實頗多。元亡，浮海之閩，居永福山。明太祖下詔徵之，遂引決。今潮州府志缺載，可謂憾事。他日修志當采之，以表忠義。

元王翰撰。

玉笥集十卷。粤雅堂刊本。

元張憲撰。

丁鶴年集一卷。琳琅秘室活字本，四卷。

元丁鶴年撰。

龜巢集十册。舊抄本，三十四卷，比刻本足。

元謝應芳撰。

山窗餘稿一卷。閣本依鈔。

元甘復撰。

九靈山房集三十卷補編二卷。刊本。

元戴良撰。

玉山璞稿一卷。舊鈔本，一册。又汲古閣刊玉山草堂集二卷補遺一卷。

元顧瑛撰。

益齋先生亂稿十卷。抄本。世鮮傳者，可寶也。

元高麗李齊賢仲愚撰。至正二十七年卒，葬牛峰縣。

來鶴亭詩八卷補遺一卷。舊抄本。吕誠樂志園詩集八卷補遺一卷，未知即此來鶴亭本否？

元吕誠撰。

滎祭酒遺文一卷。别下齋刊本。

元滎肇撰。

可閑老人集二卷。題『張光弼詩集』。光弼，昱字也。有『毛子晉』、『吴翌鳳』諸印。此即金侃據抄之本，可寶。

元張昱撰。

南海百詠一卷。刊本。

元方信孺孚若撰。

丹崖集八卷附録一卷。依洪武八年刊本過鈔。

元唐肅撰。

右别集類金至元

集部六　别集類五明洪武至崇禎

宋景濂未刻集二卷。刊本。段玉裁手校。

明宋濂撰。

誠意伯文集二十卷。嘉靖間刊本，缺後七卷。

明劉基撰。

陶學士集二十卷。明刊本。

明陶安撰。

危太僕雲林集詩一卷文一卷。舊抄本。有金星軺藏書印。

明危素撰。

槎翁詩文集十八卷。明刊本，足。汪士鐘藏。

明劉崧撰。

西齋净土詩三卷。咸豐三年刊本。

明初四明釋梵琦撰。

花谿集三卷。舊鈔本。有『璜川吴氏收藏』印。

明初吴興沈夢麟撰。

侯助教詩文集七卷。

明侯□□撰。永樂九年楊靚序。

鄭君舉詩集一卷。舊鈔本。有「秦恩復」、「石研齋」諸印。

明鄭□□①撰。

白雲稿五卷。舊抄本，校勘甚精。

明朱右撰。

滄螺集六卷。汲古閣刊本，甚雅。

明孫作撰。

劉彦昺集九卷。舊抄本，猶誤題元人。有吴翌鳳收藏諸印。

明劉炳撰。

蚓竅集十卷。舊抄本。有「楝亭曹氏」、「長白敷槎氏藏書」諸印。

明管時敏撰。

---

① 原目著者名缺。鄭洪，字君舉，號素軒，永嘉人。有詩素軒集一卷。大雅集收録其詩，御選四朝詩御選元詩録其詩二十九首，東甌詩存録其詩十一首，元詩選二集收録其詩五十五首。生平事迹參見静志居詩話、温州經籍志。陳基有文送鄭君舉游金陵序（夷白齋稿（外集）卷下）。顧瑛有詩鄭君舉府掾分幕西關次韻以寄（玉山璞稿卷二）。疑即此人，而書目誤作明人。

檮庵類稿二卷。閣本依鈔。

明鄭潛撰。

梁園寓稿九卷。閣本依鈔。

明王翰撰。

東里全集九十七卷別集四卷。刊本，東里文集二十五卷。

明楊士奇撰。

曹月川集一卷。鳴野山房抄本。

明曹端撰。

穀庵集選十卷附録二卷又附東齋稿略一卷。嘉靖時刊本。閔年登藏。

明姚綬撰。英宗時人。東齋稿，綬孫惟芹撰。

重編瓊臺會稿二十四卷。康熙戊子刊本，丘文莊公集十卷。

明丘濬撰。

懷麓堂集一百卷。坊本。又擬古樂府二卷，陳建注，康熙五十七年刊本。

明李東陽撰。

震澤集三十六卷。明董其昌刊本，題『王文恪集』，附王禹聲鵑音一卷。刊刻精善。

明王鏊撰。

方簡肅文集十卷。明刊本。

明方良永撰。

懷星堂集三十卷。明刊本，題『祝氏集』，略可。

明祝允明撰。

王文成全書三十八卷。坊本。又居夷集三卷，惠棟藏，有『紅豆山房所收善本』印。又陽明集要三編，分理學集四卷、經濟集七卷、文章集四卷，附年譜一卷，明刊本。

明王守仁撰。

顧文康公文草十卷詩草六卷續稿五卷三集五卷疏草二卷。明刊本。

明顧鼎臣撰。存目有鼎臣未齋集二十二卷，而不及此。

羅川翦雪詩一卷。刊本。

明弘治庚戌陝真寧學官强晟詠雪中故事。

周恭肅集十六卷。明嘉靖刊本。

明周用撰。入存目。

莊渠遺書十二卷。刊本，十六卷。

明魏校撰。

太白山人漫稿八卷。刊本。

明孫一元撰。

峰溪集五卷外集一卷附録一卷。鈔本。

明孫璽撰。入存目。

桂洲集十八卷附録一卷。刊本。

明夏言撰。入存目。

張文忠文稿六卷奏疏八卷詩稿五卷。萬曆乙卯刊本。

明張孚敬撰。入存目，題文集十九卷。

雅宜山人集十卷。嘉靖丙申刊本。

明王寵撰。入存目。

袁禮部詩二卷。嘉靖刊本。有「曹溶」、「潔躬」諸印。

明袁衮撰。

考功集十卷。明刊本,可。

明薛惠撰。

甫田别集四卷。抄本。

明文徵明撰。

遵巖集二十五卷。刊本。

明王慎中撰。

松溪集十卷。隆慶元年刊本。

明程文德撰。入存目。

董中峰文集十卷。刊本。

明董玘撰。唐順之選。

荆川集十二卷。刊本。

明唐順之撰。

祐山文集十卷。刊本。

明馮汝弼撰。入存目。

趙文肅公集選四卷。刊本。

明趙貞吉撰。

楊忠愍集三卷附録一卷。坊本。又一部。

明楊繼盛撰。

弇州山人續稿二百七卷。刊本。

明王世貞撰。

馮北海集四十六卷。明刊本。

明馮琦撰。

去僞齋文集十卷。吕子遺書刊本。

明吕坤撰。入存目。

金粟齋文集十一卷。萬曆丙辰刊本。

明金瑶撰。入存目。

來禽館集二十九卷。萬曆戊午刊本。

明邢侗撰。入存目。

震川文集三十卷別集十卷。刊本，缺後八卷。

明歸有光撰。

歸季思陶庵遺稿二卷續稿二卷札記二卷拾遺一卷。舊抄本。

明歸子慕撰。詩學陶，得其淡永；文亦具有家法。子慕，有光子也。

天全堂集四卷。乾隆間刊本。

明安希範撰。

突星閣詩鈔五卷。刊本。

明王戩孟穀撰。

蟻蠓集五卷。刊本。

明盧柟撰。

左忠毅公集五卷附録一卷。湘鄉左氏刊本。

明左光斗撰。

趙忠毅公集二十四卷。崇禎戊寅刊本。

明趙南星撰。

願學集八卷。明刊本，善。

明鄒元標撰。

劉蕺山集二十四卷。刊本。

明劉宗周撰。

秋園雜佩一卷。粵雅堂刊本，十九集。

明陳貞慧撰。

考槃集六卷。刊本。

明趙宧光之妻陸卿子詩也。

絡緯吟十二卷。萬曆癸丑刊本。

明東海徐媛小淑氏撰。吴范允臨長倩之室也。

循滄集二卷。刊本。

明姚希孟撰。文震孟序。

節必居稿一册。抄本。

明長洲劉曙公旦撰。

劉文烈公集一册。舊鈔本。

明劉理順撰。

黄九烟遺集四卷。抄本。

明黄周星撰。此集有道光末左仁刊本，此其底稿也。

孫文正公續集二卷。刊本。

明孫承宗撰。

大愚老人集二卷附小遊仙詩一卷。鈔本。

明江陰黄毓祺介子撰。

七録齋文集六卷詩集三卷。刊本。

明張溥撰。

穀園集三卷。念昔居抄本。

明末虞山楊彝子常撰。非明初餘姚楊彝也。

沈君庸集二卷。舊抄本。

明吴江沈自徵撰。

與古人書二卷。舊抄本。

明張自烈撰。設爲書，與古人議論。

浪齋新舊詩一卷。刊本。

明徐波撰。

忠肅集三卷。刊本，題『盧忠烈集』。

明盧象昇撰。

倪鴻寶應集十七卷。明刊本，古雅。

明倪元璐撰。

葛瞿庵遺集四卷。刊本。

明葛麟撰。字蒼公死事。

賜誠堂文集十六卷。刊本。

明管紹寧撰。

樓山堂集二十七卷。粵雅堂刊本。

明吴應箕撰。

吴節愍遺集二卷。道光癸巳刊本。

明吴易星撰。

張別山遺稿一卷。道光癸卯刊本。

明張同敞遺詩。

陳忠裕公全集三十卷。王昶校刊本。

明陳子龍撰。

申忠愍詩集六卷。閣本依鈔。

明申佳胤撰。

嶠雅一册。明鄺湛若手稿。後有全祖望跋。

明鄺露撰。

右別集類明洪武至崇禎

集部七　别集類六

御製詩文十全集五十四卷。
乾隆五十九年大功十次告成，彭元瑞等編輯十次中御製詩文，以聚珍板印行。

梅村集二十卷。刊本，太倉顧湄、許旭原編。又，黎城靳榮藩輯注，刊本。
國朝吴偉業撰。

亭林文集六卷詩集五卷。亭林十書刊本。
國朝顧炎武撰。

薑齋文詩各集合三十三卷。湘鄉刊船山遺書本。
國朝王夫之撰。

南雷文定前集十一卷後集四卷三集三卷詩歷四卷。粤雅堂刊本。
國朝黄宗羲撰。入存目。

學餘堂文集二十八卷詩集五十卷外集二卷。刊本，附蠖齋詩話二卷矩齋雜記五卷年譜一卷。又，附其子隨村遺詩六卷。

國朝施閏章撰。

林蕙堂文集十二卷。刊本。

國朝吴綺撰。

精華録十卷。精華録箋註十二卷補注一卷年譜一卷，乾隆初金榮刊本。

國朝王士禎撰。題曰『曹禾、盛符升同編』，實士禎所自定也。

鈍翁前後類稿一百十八卷附其父膺寸碧堂稿二卷。刊本。

國朝汪琬撰。入存目。

曝書亭集八十卷附録一卷。刊本，附其子昆田笛漁小稿十卷。

國朝朱彝尊撰。

于清端政書八卷。刊本。又一部。

國朝于成龍撰。

西河文集一百七十九卷。西河合集刊本。

國朝毛奇齡撰。

陳檢討四六二十卷。刊本。又一部。

國朝陳維崧撰。

榕村集四十卷。刊本。又，附别集五卷。

國朝李光地撰。

三魚堂文集十二卷外集六卷附録二卷。舊抄本。又刊本。

國朝陸隴其撰。

敬業堂集五十卷。刊本，詩集四十八卷續集六卷。

國朝查慎行撰。

鹿洲初集二十卷。刊本。

國朝藍鼎元撰。

樊榭山房集十卷續集十卷。刊本。又潄六編刊其游仙詩三卷。

國朝厲鶚撰。

果堂集十二卷。刊本。

國朝沈彤撰。

右別集類

附録

宫詞紀事二卷。刊本。

題『東吴鶴樵錢位坤撰』。上卷北都五十首，下卷南都五十首，序署乙酉嘉平，則順治二年也。

霜猨集一卷。琳琅秘室活字印本。

題『海虞周同谷翰西氏鶴臞著』。紀魏忠賢用事至明亡事，凡七绝若干首。

一老庵遺稿四卷。陳鱣抄本。又康熙間刊本。

國朝徐柯貫時撰。明諸生，其詩序有『世廟庚辰迄今一百六十餘年』語。

聰山集八卷。康熙癸卯刊本。

國朝申涵光撰。入存目。

鈍吟文稿一卷遊仙詩二卷。

國朝馮班撰。其定遠集入存目，十一卷。此其零卷也。

秋笳集八卷。粵雅堂刊本。

國朝吳兆騫撰。入存目。

使粵集一卷附贈言一卷。康熙二十年刊本。

國朝喬萊撰。

澄江集七卷北墅緒言五卷。刊本。

國朝陸次雲撰。入存目。

飲水詩集二卷詞集二卷。粵雅堂刊本。

國朝納喇性德撰。存目載通志堂集中之四卷。

西堂雜俎二十四卷西堂剩稿二卷秋夢録一卷西堂各集詩二十一卷百末詞六卷附詞餘六種。刊本。

國朝尤侗撰。附湯傳楹卿謀湘中草六卷。

徐都講詩一卷。附西河合集刊。

國朝徐昭華撰。入存目。

正誼堂文集十二卷。刊本。

國朝張伯行撰。入存目。

出塞詩一卷塞上集唐六歌一卷。鈔本。

國朝徐蘭撰。萬斯同序。

藥圃詩五卷。康熙戊辰刊本。

國朝興化李柟撰。

杕左堂詩集六卷詞四卷續集三卷。乾隆元年刊本。

國朝孫致彌撰。入存目。

問山堂詩集十卷文集八卷紫雲詞一卷。刊本。

國朝丁煒撰。入存目。

甌香館集十二卷。別下齋刊本。

國朝惲格壽平撰。

居易堂集二十卷。刊本。

國朝徐枋撰。

在陸草堂集六卷。刊本。

國朝儲欣撰。

百一詩一卷。刊本。

國朝汪琦撰。

山聞詩一卷。

國朝汪楫撰。

朱文端公文集四卷。刊本。

國朝朱軾撰。

南莊類稿八卷。刊本。

國朝黄永年撰。存目題『黄静山集』。

西澗草堂集四卷。刊本。

國朝閻循觀撰。入存目。

橘巢小稿四卷。乾隆戊寅刊本。

國朝王世琛撰。

小蓬萊閣賸稿二卷。漱六編刊本。

國朝黄易撰。

裘文達公文集六卷奏議一卷詩集十二卷。刊本。

國朝裘曰修撰。

蓮塘詩鈔四卷。刊本。

國朝山陰陳世熙賡颺撰。

袁文箋正十六卷。刊本。

國朝袁枚撰。駢體文，石韞玉爲之箋。

潛研堂文集五十卷詩集十卷續詩十卷。刊本。

國朝錢大昕撰。

戴東原集十二卷附年譜一卷。經韻樓刊本。又微波榭刊本，附原善三卷水地記一卷。

國朝戴震撰。

儀鄭堂文集二卷。琅嬛仙館刊本。

國朝孔廣森撰。

述學二卷。琅嬛仙館刊本。

國朝汪中撰。

淵雅堂詩集二十卷惕甫文未定稿二十六卷詩文續集二卷詩文外集六卷。刊本，附其繼室曹貞秀寫韻軒小稿二卷。

國朝王芑孫撰。

卷施閣文甲集十卷乙集八卷卷施閣詩二十卷更生齋文甲集四卷乙集四卷更生齋詩八卷附鮚軒詩八卷更生齋詩餘二卷附年譜一卷。刊本。

國朝洪亮吉撰。

芳茂山人詩録八卷。平津館刊本，附其室王長離閣集一卷。

國朝孫星衍撰。

鶴半巢詩存十卷。嘉慶三年刊本。

國朝馮培撰。

揖山樓詩集十二卷。嘉慶丙子刊本。

國朝畢憲曾撰。

冬花盦燼餘稿三卷。刊本。

國朝奚岡鉠生撰。

汪子文録十卷遺書一卷。嘉慶間刊本。

國朝汪縉撰。

甓舟園初稿一卷次稿一卷。道光甲午刊本。

國朝王瑬撰。

椶亭文鈔十八卷詞鈔七卷。道光丙申刊本。

國朝全椒金兆燕撰。

玉鎮山房近體剩稿□①卷。道光戊子刊本。

國朝吴一嵩撰。

經韻樓集十二卷。刊本。

國朝段玉裁撰。

角山樓詩鈔十五卷。道光中刊本。

① 原目卷數缺，清人别集總目作「一卷」。

國朝趙克宜撰。

餘波遺稿一卷首簡一卷附録二卷。刊本。

國朝吕堰驛巡檢王翼孫撰。罵賊被害。

沙河逸老小稿六卷嶰谷詞一卷。粤雅堂刊本。

國朝馬曰琯撰。

南齋集六卷詞二卷。粤雅堂刊本。

國朝馬曰璐撰。

隸經文四卷。粤雅堂刊本。

國朝江藩撰。

求是堂文集九卷詩集二十二卷詩餘一卷。刊本。

國朝胡承珙撰。

童山詩集二十卷文集二十卷蠢翁詞二卷。函海刊本。

國朝李調元撰。

燕石吟三十五卷。抄本。

國朝聞人煜炳南撰。始乾隆，至道光辛巳止。蓋其手寫定本也。

孳經室一集十四卷二集八卷三集五卷四集十一卷續集十一卷外集五卷。粤雅堂刊本。

國朝阮元撰。又孳經室詩録五卷。

吴吟小草三十卷。抄本。

國朝長洲顧志冲撰。詠吴中古迹土風、物産，類編之中有删改，蓋其稿本。

程侍郎遺集十卷。粤雅堂刊本。

國朝程恩澤撰。

漱芳閣集十卷。咸豐二年刊本。

國朝平湖徐士芬惺庵撰。

古微堂外集一卷。刊本。

國朝魏源撰。

子良詩録二卷。同治二年刊本。

國朝馮詢撰。

理瀹駢文一厚册。刊本。

國朝吴師機撰。

通隱堂詩存四卷。咸豐八年刊本。

國朝張京度撰。

存吾春齋詩鈔十卷。刊本。

國朝劉繹撰。

邵蕙西遺文一卷。同治四年刊本。

國朝邵懿辰撰。

胡文忠遺集十卷。刊本。

國朝胡林翼撰。並巡撫湖北以後奏牘、書札、條教，言吏治、兵事者。

馬徵君遺集六卷。刊本。

國朝桐城馬三俊撰。

集部八　總集類

文選註六十卷。汲古閣刊本。紅筆録何焯評點。

梁昭明太子蕭統編，唐李善註。

六臣註文選六十卷。宋茶陵本。

不知編輯者名氏。

文選旁證四十六卷。道光甲午刊本。

國朝梁章鉅撰。

選學膠言一卷補遺一卷。道光辛卯刊本。

國朝錢塘張雲璈仲雅撰。

玉臺新詠十卷。宋刊本。半頁十五行，行三十字。古雅可寶。

陳徐陵編。

文館詞林殘本四卷。日本佚存叢書刊本。又粤雅堂刊本。

唐許敬宗等奉敕編。原一千卷，今唯日本存此殘帙。其載唐以前文，即多爲類書、總集所未録。

高氏三宴詩集三卷附香山九老詩一卷。舊鈔本。

唐高正臣編。

篋中集一卷。汲古閣刊唐人選唐詩本。

唐元結編。

河岳英靈集三卷。汲古閣刊本。

唐殷璠編。

國秀集三卷。汲古閣刊本。

唐芮挺章編。

御覽詩一卷。汲古閣刊本。

唐令狐楚撰。

中興間氣集二卷。汲古閣刊本。

唐高仲武編。

極玄集二卷。汲古閣刊本。

唐姚合編。

才調集十卷。汲古閣刊本。

蜀韋縠編。

搜玉小集一卷。汲古閣刊本。

不著編輯者名氏。

古文苑注二十一卷。元明間刊本。又孫星衍重刊宋淳熙本，九卷，無注。

不著編輯者名氏。

文苑英華一千卷。明刊本。

宋太平興國七年李昉等奉敕編。

文苑英華辨證十卷。聚珍板本。

宋彭叔夏撰。

西崑酬唱集二卷。粤雅堂刊本。

宋楊億編。

唐百家詩選二十卷。刊本。初印，精善。

宋王安石編。

二程文集十三卷附録二卷。寶誥堂刊二程全書本。

宋胡安國編。

三蘇文粹。宋刊本。刻畫分明，紙墨俱古，洵可寶也。有『白門居士』印。

宋人編。此書七十卷，未詳編者名氏。是本僅存後半，自三十四卷至七十，闕前三十三卷。

五百家播芳大全文粹一百十卷。閣本依鈔。

宋魏齊賢、葉芬①同編。

崇古文訣三十五卷。舊刊本。王世貞經藏。

宋樓昉編。

妙絶古今四卷。宋刊本。周春舊藏，有『松靄』、『周春』諸印。

宋湯漢編。

唐僧弘秀集十卷。舊鈔本。有『聽雨樓查氏』印。

① 芬，持静齋藏書記要卷下同，四庫全書總目作『棻』。

宋李龏編。

江湖小集九十五卷。刊本。即宋九僧詩。

舊本題「宋陳起編」。按，陳起江湖小集内，有高僧前、後、續四卷，其前集即九僧詩，詩數、行款悉同。

吴都文粹十卷。舊钞本，十卷。有雍正三年王聞遠手跋，極言「此書難得善本，此爲故友馬君寒中舊物，手自校削，譌謬已去十之七八」等語。後有孝慈堂、王蓮涇、聞遠、「贝墉」、趙光照諸印。

宋鄭虎臣編。

文章軌範七卷。康熙戊戌刊本。

宋謝枋得編。

月泉吟社詩一卷。粤雅堂刊本。

宋吴渭編。

中州集十卷附中州樂府一卷。刊本，初印。又一部，亦初印。

金元好問編。

谷音二卷。粤雅堂刊本。

元杜本編。

河汾諸老詩集八卷。粵雅堂刊本。
元房祺編。
瀛奎律髓四十九卷。刊本。
元方回編。
古賦辨體八卷外集二卷。明成化丙戌刊本，甚舊。
元祝堯編。
忠義集七卷。汲古閣刊本。
元趙景良編。
元文類七十卷目録三卷。明萬曆中刊本，初印，精善。
元蘇天爵編。
金蘭集三卷附録一卷。萬斯同手鈔本。
明徐達左良輔編。有至正二十二年楊基序、二十五年道衍序，則編於元時也。入存目。
唐詩品彙九十卷拾遺十卷。刊本。
明高棅撰。

滄海遺珠集八卷。舊鈔本，田氏古歡堂舊藏。

未詳編輯人。按，此書題與四庫著録者同，而卷增其半。庫本録謫戍雲南人詩，亦始邾經①、方行二人，而無沈周下三人。

春秋詞命三卷。正德丙子刊本。

明王鏊撰。入存目。

文翰類選大成一百六十三卷。明成化壬辰刊本。

明李伯璵、馮原同編。入存目。

新安文獻志一百卷。明刊本。

明程敏政編。

半山集一卷。明弘治元年刊本。

明盧江丁繼仁編。於所居銅山結亭曰「半山」，集名人賦詠而編之。

金石古文十四卷古雋八卷風雅逸篇十卷。函海刊本。

① 邾，四庫全書總目作「朱」。

明楊慎撰。入存目。

古今韻語一卷古今風謡一卷古今諺一卷附俗言一卷麗情集一卷附戚集一卷。函海刊本。

明楊慎撰。

三蘇文範十八卷。刊本。

題「楊慎編」。入存目。

文編六十四卷。明天啓中刊本。

明唐順之編。

名世文宗十六卷。

明王世貞編，陳繼儒註。

古今詩删三十四卷。明刊本。

明李攀龍編。

中原文獻集二十四卷。刊本。

明焦竑編。入存目。

師子林紀勝二卷附拙政園題詠一卷七姬冢誌詠一卷。舊鈔本，共爲一册。有嘉慶甲戌黄丕烈手跋。

紀勝，明釋道恂撰。入存目。拙政園題詠，文徵明撰。

吴都文粹續集五十六卷補遺上下二卷。舊抄本。黄丕烈手校。

古樂苑五十二卷。明刊本。

明錢穀編。

漢魏六朝一百三家集一百十八卷。明刊本。

明梅鼎祚編。

瓊花集五卷。别下齋刊本。

明張溥編。

兩漢書疏十三卷。刊本。

明曹璿撰。

古文品外集録二十四卷。刊本。

明豐城李瑄輯。

明陳繼儒撰。入存目。

東漢文二十卷。刊本。

明張采受先輯。

刪定唐詩解二十四卷。康熙乙巳刊本。

明唐汝恂撰。入存目。

御選古文淵鑑六十四卷。内府刊本。又一部。

康熙二十四年聖祖仁皇帝御選，内閣學士徐乾學等奉敕編註。

御定全金詩七十四卷。内府刊本。

康熙五十年奉敕編。

御選唐宋詩醇四十七卷。刊本。

乾隆十五年御定。

欽定全唐文一千卷目録三卷檢人目一卷。揚州刊本。

嘉慶十九年董誥等奉敕編。

榕村講授三卷古文精藻二卷。安溪全書刊本。

國朝李光地編。

明文拾遺一册。鈔本。

雜録葉伯巨、劉球至曹學佺、堵胤錫之文。蓋隨手鈔存，未編成之本。

遜國忠記一册。鈔本。

載明殉國姜曰廣等十餘人之文。非『遜』國人也，且失其記。

辟疆園宋文選三十卷。刊本。又一部。

國朝順治辛丑梁谿顧震修遠選。

唐詩英華二十四卷。刊本。

國朝吴江顧有孝編。

宋四名家詩二十七卷。刊本。

國朝周之麟、柴升同編。入存目。

姑蘇楊柳枝詞一卷。刊本。

國朝汪琬編。入存目。

臥遊詩選三十厚册。舊抄本。有『華素安齋菊吟氏記』、『臥雲外史』諸印。

未詳編人。録前人詠山川、古迹之詩，分省編之，至明末而止，則國初人也。始北直河間府，終雲南銅仁府。

大約前輩輯而未刻之書。

本事詩十二卷。乾隆丙子重刊本。

國朝徐釚電發選輯。

舊雨集二卷。精抄本。有『霞客』、『長洲嚴氏耀曾』諸印。

國朝周準編。準，雍正間吴人，號欽萊。此卷皆集其親故所作詩，有自序。

古詩源十四卷。康熙乙亥初刊本。

國朝沈德潛選編。

南宋雜事詩七卷。刊本。

國朝沈嘉轍、吴焯、陳芝光、符曾、趙昱、厲鶚、趙信同撰。

右總集類

附録

林屋唱酬録一卷焦山紀遊集一卷。粤雅堂刊本。

並馬曰琯等紀遊之詩。

宋金元詩删三卷。吴翌鳳枚庵手稿。塗抹、添註甚多，亦足見前輩著書之不敢掉以輕心也。有『枚庵』、『漫士』印。

樂游聯唱集二卷。經訓堂刊本。

國朝吴翌鳳撰。自序題乾隆四十四年。

全唐詩逸三卷。鈔本。有『老屋三間賜書萬卷』、『鮑氏知不足齋藏書』諸印。

國朝畢沅編。撫陝時與幕下士聯句詠古之篇。

皇朝經世文編一百二十卷總目二卷。刊本。又一部。

題『日本上毛河世寧編輯』。欽定全唐詩遺收之篇。

日下題襟集六卷。鈔本。

國朝賀長齡輯，魏源編。

國朝嚴可均等與朝鮮使臣李烜等贈答之詩。乾隆辛亥十二月朱文藻序。

卜硯集二卷。刊本。

國朝查禮撰。獲宋謝文節公橋亭卜卦硯，因集題詠編之。

百研銘一卷。刊本，失首頁。

未知撰編何人。

寶印集六卷。刊本。

國朝王之佐編。乾隆時，湖、湘漁人得宋岳忠武名印，流轉至江左，歸震澤王之佐，因集同人題詠編之。

泛槎圖題詠一卷。刊本。

國朝張寶編。嘉慶間白下張寶仙槎自爲圖，徵名人題詠。

唐宋四家詩鈔十七卷。刊本。

國朝張懷溥選鈔。

玉山草堂續集六卷。粤雅堂刊本。

國朝錢林撰。

金文雅十六卷。道光辛丑活字本。

國朝秀水莊仲芳編。

全五代詩四函。函海刊本。

國朝李調元編。

粤風四卷蜀雅二十卷。函海刊本。

國朝李調元編。

小石帆亭五言詩續鈔八卷。粤雅堂刊本。

國朝翁方綱撰。

吴下尋山記一卷。顧沅、黄安濤稿本。有『霽青』、『湘舟』諸印。以霽青曾守吾潮，故存之。

國朝黄安濤、顧沅編。

右總集類

集部九　詩文評類

文心雕龍十卷。漢魏叢書刊本。
梁劉勰撰。
詩品三卷。漢魏叢書刊本。又文房小説刊本。又津逮祕書刊本。
梁鍾嶸撰。
本事詩一卷。文房小説刊本。又古今逸史刊本。又津逮祕書刊本。
唐孟棨撰。
詩品一卷。津逮祕書刊本。
唐司空圖撰。
樂府古題要解二卷。津逮祕書刊本。
唐吴兢撰。入存目。
風騷旨格一卷。津逮祕書刊本。
唐釋齊己撰。
六一詩話一卷。津逮祕書刊本。
宋歐陽修撰。

續詩話一卷。津逮祕書刊本。

宋司馬光撰。

中山詩話一卷。津逮祕書刊本。

宋劉攽撰。

後山詩話一卷。稗海刊本。又津逮祕書刊本。

舊本題『宋陳師道撰』。

彦周詩話一卷。稗海刊本。又津逮祕書刊本。

宋許顗撰。

紫微詩話一卷。津逮祕書刊本。

宋吕本中撰。

四六餘話一卷。傳望樓刊本。

宋楊囦道撰。

珊瑚鉤詩話三卷。舊鈔本。有曝書亭藏書印。

宋張表臣撰。

全唐詩話六卷。津逮祕書刊本。
宋尤袤撰。入存目。
石林詩話一卷。舊鈔本,有『莒上丁世楠珍藏』印。又津逮祕書刊本。
宋葉夢得撰。
藏海詩話一卷。函海刊本。
宋吴可撰。
歲寒堂詩話二卷。聚珍板本。
宋張戒撰。
碧溪詩話十卷。聚珍板本。
宋黄徹撰。
竹坡詩話一卷。津逮祕書刊本。
宋周紫芝撰。
苕溪漁隱叢話前集六十卷後集四十卷。耘經樓重刊宋本。又一部。
宋胡仔撰。

詩家鼎臠二卷。舊鈔本。
宋戴復古撰。
二老堂詩話一卷。津逮祕書刊本。
宋周必大撰。
滄浪詩話一卷。津逮祕書刊本。
宋嚴羽撰。
荆溪林下偶談四卷。閣本依鈔。
宋吴子良撰。
草堂詩話二卷。閣本依鈔。
宋蔡夢弼撰。
浩然齋雅談三卷。聚珍板本。又一部。
宋周密撰。
文説一卷。鈔本。
元陳繹曾撰。

修詞鑑衡二卷。閣本依鈔。

元王構編。

金石例十卷。舊鈔，巾箱本，甚精。又雅雨堂鈔本。

元潘昂霄撰。

作義要訣一卷。閣本依鈔。

元倪士毅撰。

墓銘舉例四卷。雅雨堂鈔本。與前金石例、後金石要例並其付刊底本。

明王行撰。

頤山詩話二卷。閣本依鈔。

明安磐撰。

詩話補遺三卷。淡生堂舊鈔本。有『二樹書畫』印。又函海刊升庵詩話十二卷詩話補遺二卷。

明楊慎撰。

四溟詩話四卷。刊本。

明謝榛撰。存目中有榛詩家直説二卷，而無此。

金石要例一卷。雅雨堂鈔本。與前墓銘舉例共三册。
國朝黄宗羲撰。

西河詩話八卷。全集刊本。
國朝毛奇齡撰。入存目。

九諧堂説今詩一卷。刊本。
國朝康熙間徐增撰。

聲調譜一卷。刊本。
國朝趙執信撰。

談龍録一卷。刊本。
國朝趙執信撰。

五代詩話十卷。粤雅堂刊本。
國朝鄭方坤撰。

通韻譜説一卷。刊本。
國朝宋弼蒙泉撰。乾隆丁丑自序。

聲調譜說一卷。刊本。

國朝吴紹澯蘇泉撰。嘉慶二年自序，與通韻譜同册。

石洲詩話八卷。粤雅堂刊本。

國朝翁方綱撰。

北江詩話六卷。粤雅堂刊本。

國朝洪亮吉撰。

文史通義八卷校讎通義①四卷②。粤雅堂刊本。

國朝章③學誠撰。

始可與言八卷。抄本。

題『無髮居士』序，未詳其人。引古語、歌謡、樂府、唐詩而論之。

漢魏六朝墓銘纂例四卷。别下齋刊本。

① 義，原目均作『議』，據該書刻本卷端題名改。

② 粤雅堂叢書本校讎通義爲三卷。

③ 章，原目作『張』，據該書刻本卷端署名改。

國朝李富孫撰。

古文緒論一卷。別下齋刊本。

國朝吴德旋撰。

右詩文評類

集部十　詞曲類

詞集之屬

山谷詞一卷。舊鈔本。

宋黄庭堅撰。

石林詞一卷。舊鈔本。有『丁世楠珍藏』印。

宋葉夢得撰。

得全居士詞一卷。別下齋刊本。

宋趙鼎撰。

澹庵長短句一卷。別下齋刊本。

宋胡銓撰。

龍川詞一卷補遺一卷。刊本。

宋陳亮撰。

簫臺公餘詞一卷。傳望樓刊本。

宋姚述堯撰。

日湖漁唱一卷補遺一卷續補遺一卷。嘉慶庚午秦恩復刊詞學叢書本。又粤雅堂刊本。

宋陳允平撰。

省齋詩餘一卷。毛扆手校舊鈔本。

宋廖行之天民撰。

養拙堂詞一卷。毛扆手校舊鈔本。後有黄丕烈跋。

宋管鑑撰。

茗齋詩餘二卷。别下齋刊本。

明彭孫貽撰。

眉匠詞一卷。舊抄本。

國朝朱彝尊手稿。猶未編江湖載酒集時之本。

澹齋詞二卷。刊本。

國朝王璐撰。乾隆間人。

右詞曲類詞集之屬

詞選之屬

樂府雅詞三卷補遺一卷。詞學叢書刊本。又粤雅堂刊本。

宋曾慥撰。

陽春白雪八卷外集一卷。詞學叢書刊本。又粤雅堂刊本。

宋趙聞禮編。

樂府補題一卷。漱六編刊本。

不著編輯者名氏。

元草堂詩餘三卷。詞學叢書刊本。又粤雅堂重刊本。

編人未詳。

林下詞選十四卷。康熙辛亥刊本。

國朝周銘撰。入存目。

右詞曲類詞選之屬

詞話詞譜之屬

詞源二卷。詞學叢書刊本。又粤雅堂刊本。

宋張炎撰。

詞林韻釋一卷。秦氏詞學叢書刊本。又粤雅堂刊本。

元斐菉軒本①。

升庵詞品六卷拾遺一卷。函海刊本。

明楊慎撰。

擊筑餘音一卷。舊鈔本。

明熊開元詞餘。

七頌堂詞繹一卷。別下齋刊本。

國朝劉體仁撰。

金粟詞話一卷。別下齋刊本。

國朝彭孫遹撰。

西河詞話二卷。西河合集刊本。

國朝毛奇齡撰。

右詞曲類詞話詞譜之屬

① 該書粤雅堂叢書本卷端題「宋菉斐軒刊本」。

持静齋續增書目卷五

經部

易類

周易本義十二卷。明官刊本，字大豁目。

宋朱子撰。

周易傳義大全二十四卷。明初刊本。又一部。

明永樂中翰林院學士胡廣等奉敕撰。

周易粹義五卷。舊抄本。有沈德潛序，間有删改，蓋其稿本。

國朝薛雪撰。

讀易偶存五卷。抄本。

國朝華學泉撰。

詩類

詩異文補四卷。舊抄本。有『登府馮氏』、『雲伯①審定』諸印，蓋其稿本。取材雖廣，而遺誤處亦多。

國朝馮登府輯。嘉興人。

周禮類

考工記上下二卷。刊本。

唐杜牧注。

① 雲，原目誤作「震」。按，馮登府，字雲伯。

儀禮類

儀禮識誤三卷。聚珍板本。前目有。

宋張淳撰。

儀禮集説十七卷。明初刊本。前目有。

元敖繼公撰。

春秋類

春秋辨疑四卷。聚珍板本。前目有。

宋蕭楚撰。

春秋傳註三十六卷。刊本。

明嚴啓隆著。入存目。

春秋經傳集解三十卷。刊本，附考證、音義、名號歸一圖各卷。

晉杜預撰，近人合編。

五經總義類

葛本十三經古注六函四十八册。刊本。

明金蟠校。

鄭志三卷。刊本。

漢鄭康成撰。

小學類

千字文注一册。明人精抄大字本，與胡曾詠史詩共一函①。

縮本説文解字韻譜十卷。刊本。

國朝馮桂芬摹徐鉉原本。

佩觿三卷。宋刊本。原目有。

① 原目此後空一行，未題著者。

宋郭忠恕撰。

六書統二十卷。元至大改元刊本。季振宜曾藏。

元楊桓撰。

從古正文五卷。明刊本，闕。

明黄諫撰。

回溪史韻□□①卷。舊抄本，闕。汪士鐘曾藏。

宋錢諷編。

附録

海篇直音四卷。元明間刊本②。

正字玉篇大全一厚册。日本天保十四年刊本。

---

① 原目卷數缺，中國叢書綜録作「四十九」。

② 原目此後空一行，未題著者。

日本甘泉堂梓。

詩韻輯編五卷。明刊本。王士禎曾藏。

不著撰者姓名。

切韻考五卷。

國朝陳澧撰。

史部

正史類

史記索隱三十卷。汲古閣毛氏覆刊宋單行本。

唐司馬貞撰。

新唐書二百二十五卷。明南監刊本。原目有。

宋歐陽修、宋祁同撰。

舊五代史考異五卷。抄本。

國朝邵晉涵撰。

遼史拾遺二十四卷補編三卷。抄本。

國朝楊復吉輯。蓋因厲鶚拾遺尚有未備，而采舊五代史、契丹國志、宋元通鑑諸書以附益之。

編年類

續資治通鑑長編十八卷。舊抄本。始太祖建隆元年，終欽宗靖康二年。卷末有「常熟瞿氏鑒藏」、「恬裕齋」諸印。原目有此書，而繁簡不同。

宋李燾撰。乾道四年所進。

人代紀要三十卷。明刊本。有「韓村古雅堂書籍」、「筠甫藏書諸印。

明顧應群撰。入存目。

憲章録四十七卷。明刊本。起洪武，迄正德。蓋用編年之例，以續所作宋元通鑑者。

明薛應旂撰。入存目。

欽定五朝實録。抄本，不全。

太祖高皇帝本紀三卷。

太宗文皇帝本紀四卷。

世祖章皇帝本紀八卷。存二卷。

乾坤正氣集内諸賢小傳一卷。陳彬華手稿。始周屈大夫，終明江天一，蓋從正氣集節采者。

國朝陳彬華撰。

紀事本末類

通鑑紀事本末補後編五十卷。舊抄本。自序題「康熙庚午」，蓋其手稿。

國朝張星曜撰。星曜，字紫臣，仁和人。

別史類

皇宋中興兩朝聖政六十三卷。宋刊巾箱本。汪士鐘、黄丕烈均藏。闕。

宋留正等編。

李氏藏書世紀六十八卷。明刊本。原目有。

明李贄撰。入存目。

歷代二十四史統紀表十三卷歷代沿革表上中下三卷歷代疆域表上中下三卷。嘉慶丁丑刊本。

國朝段長基輯。

雜史類

史纂通要後集宋二卷金一卷。元刊本，精善。宋末胡一桂著史纂通要，起三皇，迄五代。此書以宋、遼、金三史仿其體例續之。璜川吴氏、閬原汪氏曾藏。

元董鼎撰。鼎，番陽人，號季亭。一桂，新安人，號雙湖。

先撥志始二卷。刊本。

明文秉蓀撰。入存目。

詔令類

聖訓三百卷。内府刊本。

高宗純皇帝御製。

傳記類

元名臣事略十五卷。元刊本,卷首有『元統乙亥余志安刊於勤有書堂』一條。與抄本頗有異同。有『安樂堂藏書記』、『汪士鐘讀書』諸印。又舊抄本,邵䏁仙以淡生堂抄本校過。

元蘇天爵撰。

明名臣琬琰録二十四卷續録二十二卷。藝海樓依閣抄本。

明徐紘編。

續名賢小記二卷。嘉慶乙亥吴枚庵手抄本。大概録勝國諸老遺事。枚庵抄此時,年已七十四歲,用心可謂勤矣。

國朝徐晟撰。晟,字禎起,一字損之。活埋庵主人樹丕子。樹丕,字武子。工八分書,著識小録四卷,頗多遺聞軼事。

雷塘庵主弟子記八卷。刊本。原目有。

國朝張鑑編。紀故大學士阮元事迹,略如年譜。

潘文恭年譜一卷。刊本。
國朝大學士潘世恩自訂。
小浮山人年譜一卷。刊本。
國朝潘曾沂自訂。即潘文恭公之長子。
歷代傳國世次一卷。舊抄本。有『璜川吴氏探梅山房』印。
吴静軒編。不著名。先述正統世次、年號，次及僭竊。
江蘇昭忠録十六卷。刊本。
蘇州忠義局輯。

載記類

安南紀略上下二卷。舊抄本。
國朝任棟撰。

總志類

方輿勝略十八卷。明刊本。

明程百二輯。

方輿類纂二十八卷。刊本。

不著姓名，但書『文畬堂校梓』。

都會類

滇繫四十册。刊本。即雲南通志。

國朝師範輯。

廣東全省輿圖十二卷。刊本。

國朝吴興祚撰。

郡縣類

天順襄陽志四卷。明刊本。

明襄陽張恒編。

永昌府志二十六卷。乾隆五十年刊本。

國朝宣世濤修。

河間府志二十八卷。嘉靖間刊本。

明樊深撰。

河南府志一百十五卷。乾隆四十四年刊本。

國朝施誠修。

南安府志三十二卷。同治七年刊本。

國朝黄鳴珂修。

鄖陽府志三十卷。萬曆間刊本。

明徐學謨撰。

韶州府志十八卷。康熙三十六年刊本。

國朝唐宗堯修。

武岡州志三十卷。嘉慶二十二年刊本。

國朝許紹宗修。

潮州府志四十二卷。刊本。

國朝周碩勳輯。

豐順縣志八卷。刊本。

國朝葛曙輯。

常州府志三十八卷。康熙甲戌年刊本。

國朝于琨修。

長洲縣志三十四卷。乾隆十八年抄本。

國朝莊有恭輯。

江都縣志三十二卷。乾隆八年刊本。

國朝高士鑰輯。

豐縣志十六卷。乾隆二十四年刊本。

國朝盧世昌輯。

安東縣志十七卷。雍正五年重修，抄本。

國朝余光祖輯。

溧陽縣志十六卷。嘉慶十八年刊本。

國朝陳鴻壽修。

川沙廳志十二卷。道光十六年刊本。

國朝何士祁修。

武進縣志三十六卷。道光二十三年刊本。

國朝楊承湛修。

桃源縣志十卷。抄本，缺。

國朝蕭文蔚輯。

蘭谿縣志十八卷。嘉慶五年刊本。

國朝嚴榮輯。

吴江縣志五十八卷。乾隆丁卯刊本。

國朝陳莫纕輯。

崇明縣志二十卷。雍正五年刊本。

國朝張文英修。

靖江縣志十八卷。康熙十一年刊本。

國朝鄭重輯。

濟源縣志十六卷。乾隆二十六年刊本。

國朝蕭應植修。

金壇縣志十二卷。乾隆十五年新抄本。

國朝楊景曾修。

無錫金匱縣合志四十卷。嘉慶十八年刊本。

國朝秦瀛輯。

華亭縣志十六卷。乾隆五十六年刊本。

國朝程明愫輯。

婁縣志三十卷。乾隆五十三年刊本。

國朝謝庭薰修。

江陰縣志二十四卷。乾隆甲子刊本。

國朝蔡澍輯。

南滙縣志十五卷。乾隆五十八年刊本。

國朝胡志熊輯。

甘泉縣志二十卷。乾隆七年刊本。

國朝張弘運輯。

新修宜興縣舊志十卷。同治八年刊本。

國朝陸鴻逵修。

宜興縣志四卷。刊本。

國朝阮升基輯。

增修荆溪縣志四卷。刊本。

國朝唐仲冕輯。

續宜興荆溪縣志十四卷。刊本。

國朝龔潤森輯。

丹陽縣志二十二卷。乾隆十五年刊本。

國朝鄒廷模輯。

清河縣志二十四卷。咸豐四年刊本。

國朝吴棠修。

上海縣志二十卷。嘉慶十九年刊本。

國朝葉機輯。

奉賢縣志十卷。乾隆十九年刊本。

國朝李治灝輯。

震澤縣志三十八卷。乾隆十一年刊本。

國朝陳和志輯。

常熟縣志二十六卷。康熙丁卯刊本。

國朝楊振藻輯。

昭文縣志十卷。雍正九年刊本。
國朝勞必達輯。
沛縣志十卷。乾隆五年刊本。
國朝李棠輯。
金山縣志二十卷。乾隆十六年刊本。
國朝常琬輯。
嘉定縣志十二卷。乾隆七年刊本。
國朝程國棟修。
睢寧縣志十二卷。康熙五十七年刊本。
國朝劉如晏修。
青浦縣志四十卷。康熙八年刊本。
國朝楊卓修。
崑新縣合志四十一卷。道光五年刊本。
國朝張鴻修。

句容縣志六卷。抄本。

明王僖等同修。

銅山縣志二十四卷。道光十年刊本。

國朝崔志元修。

寶山縣志十卷。乾隆十年刊本。

國朝趙酉輯。

河渠類

具區志十六卷。刊本。

國朝吴縣翁澍輯。

邊防類

兵垣四編附九邊圖論一卷函海圖編一卷。明套板。

明唐順之編。

山水類

柳元山水譜二册。刊本。古雅。

國朝黄中通編。

西湖志彙抄二卷。刊本。

國朝俞思冲撰。

外紀類

西藏志四卷。舊抄本。卷末有道光壬午仁和龔自珍手跋。

不著作者姓名。

日本外史三十二卷。東洋文政十二年刊本。

日本布衣賴襄輯。

職官類

元秘書監志十一卷。舊抄本。嘉慶中吴騫手校。

元王士點、商企翁同撰。

御史題名録一册。刊本。

國朝黄玉圃編輯。

官箴類

三事忠告三卷。刊本。

元張養浩撰。

安民實政十一卷。舊抄本。

明吕坤撰。

欽定訓飭州縣規條一卷。刊本。

雍正八年河東總督田文鏡奉敕條列。

蒞政摘要二卷。刊本。

國朝陸隴其撰。

儀制類

政和五禮精義注十卷。舊抄本。

題『宋韋彤編』。其書雜録經記，而不及宋事，全與題不相契，稍暇當考其顛末。且韋彤，唐人，有五禮精義，見馬氏通考。此題爲宋，亦作僞之顯然可考者也。

宋政和冠婚喪祭禮十七卷。舊抄本。

題『宋南康黄灝商伯撮撰』。核其書，與題不相應。乃以儀禮十七篇分節略注，明晰簡當，似乾嘉老輩言禮家著述。

大清通禮五十卷。刊本。

乾隆元年奉敕纂。

邦計類

錢幣考一卷。抄本。有『海寧陳鱣觀』印。

此書即在皇朝文獻通考中摘抄者。

錢幣芻言一卷續一卷。刊本。

國朝王瑬撰。

目録類

欽定圖書集成目録二十卷。刊本。

康熙□①年奉敕編。

浙江採集遺書總録十二卷。刊本。

---

① 原目年份缺。按，欽定古今圖書集成的編纂始於康熙四十年，印製完成於雍正六年。

國朝閩浙總督鍾①音等輯。

百宋一廛賦一卷。抄本。原目有。

國朝顧廣圻撰，黄丕烈註。

儀顧堂書目一册。抄本。

國朝陸心源編。

金石類

金薤琳琅二十卷。明刊本，善。

明都穆撰。

金石萃編一卷。抄本。

國朝顧沅編。

鐘鼎彝器四册。阮氏刊本，善。

① 鍾，原目誤作「鐘」，據清代職官年表改。

國朝阮元編。

史評類

漢書評林一百卷。明刊本。
明凌稚隆輯。

諸史拾遺五卷。刊本。
國朝錢大昕編。

子部

儒家類

楊子法言十卷。元刊本。
漢楊雄撰，宋司馬光註。

呂氏鄉約一卷。宋刊本。有安樂堂藏書印。誤入。

宋呂大忠撰。

四如講義六卷。明刊本。誤入。

宋黄仲元撰。

庭訓格言一卷。刊本。

雍正八年世宗憲皇帝御纂。

北學編三卷。刊本。誤入。

國朝魏一鰲撰。

曾子注釋四卷。揚州阮氏刊本。

國朝阮元註。

兵家類

戰守全書十八卷。明刊本。

明范景文撰。

則克録三卷。丁拱辰刊本。原目有。

泰西湯若望授，明焦勗述。俱言火器之法，演砲以算法通者始此。

治平勝算十九卷。抄本。闕首卷，言水陸戰守之事甚備。

題『雙峰年羹堯輯』。

武備彙編即數理全書四十八卷。抄本。有吴晉德印。

國朝福康安輯潘元焯手稿。吴晉德序。

演砲圖説四卷後編二卷。刊本。原目有。

國朝丁拱辰撰。

法家類

棠陰比事一卷附録一卷。刊本。

宋桂萬榮撰。

農家類

豐豫莊課農法一卷。刊本。

國朝潘曾沂撰。

醫家類

重修證類本草三十卷。金泰和甲子刊本。平陽張存惠因解人龐氏本，附以寇氏衍義，訂輯重刊，較嘉祐補註多增藥品六百二十八種，圖亦分晰無含混者，較之元刊爲更上一層。如此巨編，歷六七百年，尚覺神明焕然，無絲毫污損，真醫家之秘笈也。季振宜、顧嗣立、吴翌鳳曾藏。

宋唐慎微撰。

三因極一病證方論十八卷。宋刊本。分病爲三因：一内因、一外因、一内外因也。

宋陳言撰。

保命集三卷。刊本。

金劉守真撰。

丹溪心法附餘二十四卷。明嘉靖十五年刊本。

元朱震亨撰。明方廣類編。

東醫寶鑑二十三卷目録二卷。東洋刊本。綿紙初印，甚善。

明朝鮮許浚奉教撰。

理瀹騈文一卷。刊本。專言膏藥之法，原目誤入集部。

國朝吴師機撰。

天文算法推步類

天元曆理十卷。坊刊本。

國朝徐發撰。

回回曆法天符曆法十册。舊鈔本。顧澗薲藏。推步精確，時有特見。

不著撰人名氏。有吴伯宗序，疑是明初之書。

術數類

參籌秘書十卷。明刊本。采禽遁奇門諸書，以備兵家之用。行軍若專信其言，必爲所誤也。

明汪三益撰。入存目。

太乙統宗寶鑑二十卷。舊抄本。

舊題『元曉山老人撰』。入存目。

算學類

衡齋遺書三卷。刊本。

國朝汪萊撰。

藝術類

山谷題跋六卷。明刊本，善。

宋黄庭堅撰。

集古印正五册。刊本。

明甘暘編。

印譜日課編四卷。刊本。以正月初一日起，至十二月三十日止，凡遇古人書籍事實有關涉者，撰爲印章，考證頗博。

國朝盧登焯編。

印典八卷。刊本，善。

國朝朱象賢輯。

雜技類

泰西奇器圖説四卷。舊抄本。

西士鄧若函授，明王徵述。

雜家類

筆記三卷。明刊本。在宋人八種中。

宋宋祁撰。

東原録一卷。小山堂抄本。

宋龔鼎臣撰。

五總志一卷。小山堂抄本。陳鱣藏。

宋吴炯撰。

寓簡十卷。舊抄本。

宋沈作喆撰。

袪疑説一卷。明刊本。在宋人八種中。

宋儲泳撰。

經鉏堂雜志八卷。精抄本。顧沅藏。

宋倪思撰。

厚德録四卷。明刊本，在宋人八種中。

宋李元綱撰。入存目。

螢雪叢話二卷。明刊本。在宋人八種中。

宋俞成撰。

讀書隨記續記二卷。宋元間刊本。

不著撰者名氏。

筆塵十八卷。明刊本。

明于慎行撰。入存目。

星溪集略六册。舊抄本。

明汪佑手稿。

廣莊一卷。舊抄本。

明袁宏道撰。

觴政一卷。舊抄本。

明袁宏道撰。

瓶史一卷。舊抄本。又附華嵩遊草一卷。

明袁宏道撰。

雜録十册。舊抄本。

不著撰者姓名。

地學淺釋十三卷。上海製造局刊本。

國朝華蘅芳筆述。

製藥三卷。上海製造局刊本。

國朝丁樹棠筆述。

開煤要法十二卷。上海製造局刊本。

國朝王德均筆述。

化學鑑原五卷。上海製造局抄本。

英國韋而司撰。

汽機信度一册。上海製造局抄本①。

① 原目此後空一行，未題著者。

類書類

蒙求集註二卷。明人大字精抄本。與千字文、咏史詩同函。

蒙求，晉李瀚撰；集註，宋徐子光撰。

海録碎事二十二卷。明刊本。

宋葉廷珪撰。

古今源流至論前集十卷後集十卷續集十卷別集十卷。宋刊本。郁泰峰曾藏。

前、後、續三集，宋林駉撰；別集，宋黄履翁撰。

春秋左傳摘奇十二卷。影宋抄本。顧嗣立、何元錫均藏。闕。

宋胡元質撰。

新編事文類聚前集六十卷、後集五十卷續集二十八卷別集三十二卷新集三十六卷外集十五卷遺集十五卷。元刊本，精善。

前、後、續、別四集，宋祝穆撰；新集、外集，元富大用撰；遺集，元祝淵撰。

古儷府十二卷。舊抄本。陳鱣曾藏。

明王志慶編。入存目。

古今類傳四卷。刊本。分春、夏、秋、冬四令。

國朝董穀士編。

齊名紀數十二卷。嘉慶間刊本。

國朝王承烈撰。

閭邱辨囿十種共二册。刊本。

國朝顧嗣立編。

瓣香寸玉五册。舊抄本。分三十四類①。

桐窗説餘十卷。明人抄本。分二十五類，戴光曾藏②。

---

① 原目此後空一行，未題著者。

② 原目此後空一行，未題著者。

小説家類

大唐世説新語十三卷。明刊本。

唐劉肅撰。

王文正筆録一卷。明刊本。在宋人八種中。

宋王曾撰。

陶朱新録一卷。舊抄本。

宋馬純撰。

丁晉公談録一卷。明刊本。在宋人八種中。

不著撰人名氏①。

東洲几上語一卷枕上語一卷。舊抄本。

宋施清臣撰。

---

①中國叢書綜録作『宋丁謂撰』。

萬曆野獲編三十卷。舊抄本。

明沈德符撰。

古今風謠二卷。明刊本。

明楊慎撰。入存目。

三岡識略十卷。舊抄本。始甲申，終丁丑，述明末之事居多。

國朝董含撰。

施氏家風述略一卷。刊本。

國朝施閏章撰。附有愚山手開藥方在内。

詒安録二卷。刊本。

國朝沈湛撰。

釋家類

景德傳燈録三十卷。舊抄本。

宋沙門道原撰。

釋氏稽古略續集三卷。明刊本。

明釋幻輪編。此所以續元覺岸之稽古略也。始元世祖甲子，終明熹宗丁卯，計三百六十四年，凡僧四百三十餘人。

附録：明世學山四十一種。俱舊抄本。中有與前目複見者數家，不復註明。其有爲提要所已採者，因繁簡不同，亦復概低一格。

郁離子一卷。

明劉基撰。

潛溪邃言一卷。

明宋濂撰。

文原一卷。

明宋濂撰。

華川卮辭一卷。

明王禕撰。

青巖叢録一卷。
明王禕撰。
侯城雜誡一卷。
明方孝孺撰。
薛子道論一卷。
明薛瑄撰。
白沙語要一卷。
明陳獻章撰。
海樵子一卷。
明王崇慶撰。
黎子雜釋一卷。
明黎久之撰。
海涵萬象一卷。
明黄潤玉撰。

蜩笑偶言一卷。

明鄭瑗撰。

類博雜言一卷。

明岳正撰。

談藝録一卷。

明徐禎卿撰。

錢子測語一卷。

明錢琦撰。

詩談一卷。

明徐泰撰。

甘泉新論一卷。

明湛若水撰。

凝[1]齋筆語一卷。

明王鴻儒撰。

傳習則言一卷。

明王守仁撰。

經世要談一卷。

明鄭善夫撰。

心齋約言一卷。

明王艮撰。

陰陽管見一卷。

明何瑭[2]撰。

空同子一卷。

① 凝，原目誤作「疑」。王鴻儒號凝齋。

② 瑭，原目作「塘」，據中國國家圖書館藏該書抄本署名改。

明李夢陽撰。

方山紀述一卷。

明薛應旂撰。

桑子庸言一卷。

明桑悦撰。

后渠庸言一卷。

明崔銑[①]撰。

升庵瑣語一卷。

明楊慎撰。

詩評一卷。

明王世貞撰。

文評一卷。

① 銑，原目缺，據中國國家圖書館藏該書抄本署名補。

明王世貞撰。
藝圃擷餘一卷。
明王世懋撰。
近峰記略一卷。
明皇甫庸撰。
學古瑣言一卷。
明鄭曉撰。
廉矩一卷。
明王文禄撰。
海沂子一卷。
明王文禄撰。
文脉一卷。
明王文禄撰。
二谷讀書記一卷。

明侯一元撰。

客問一卷。

明黄省曾撰。

擬詩外傳一卷。

明黄省曾撰。

澹齋内言一卷。

明楊繼益撰。

清暑筆談一卷。

明陸樹聲撰。

儼山外纂一卷。以上四十一種，俱在明世學山書中。

明陸深撰。

附録：廣百川學海一百三十七種①。俱明刊本。凡例與學山同。

聖學範圍圖。

明岳元聲撰。

立春考。

明邢雲路撰。

正朔考。

宋魏了翁撰。

龍興慈記。

明王文禄撰。

在田録。

明張定撰。

肇基録。

① 核以子目，實爲一百二十七種，疑「三」爲「二」字之誤。

明夏原①吉撰。

初政記。明沈文撰。

逐鹿記。明王禕撰。

東朝記。明王泌撰。

壟起雜事。明楊儀撰。

椒宫舊事。明王達撰。

造邦賢勳録。

① 原，原目誤作「元」，據中國國家圖書館藏廣百川學海明刻本卷端署名改。

明王禕撰。

掾[①]曹名臣録。

明王凝齋撰。

明良録略。

明沈士謙撰。

從政録。

明薛瑄撰。

致身録。

明史仲彬撰。

殉身録。

失名[②]。

---

① 掾，原目誤作「椽」，據中國國家圖書館藏廣百川學海明刻本卷端題名改。

② 東北地區古籍綫裝書聯合目録、中國叢書綜録作「明裘玉撰」。

備遺録。
明張芹撰。
平夏録。
明黄標撰。
復辟録。
失名①。
夷俗記。
明蕭②大亨撰。
北征録。
明金幼孜撰。
北征後録。

① 東北地區古籍綫裝書聯合目録、中國叢書綜録作『明楊瑄撰』。
② 蕭，原目誤作『葉』，據中國國家圖書館藏廣百川學海明刻本卷端署名改。

明金幼孜撰。

北征記。

明楊榮撰。

使高麗録。

宋徐兢撰。

玉堂漫筆。

明陸深撰。

金臺紀聞。

明陸深撰。

制府雜録。

明楊一清撰。

北虜紀略。

明汪道昆撰。

翦勝野聞。

明徐禎卿撰。

觚不觚録。

明王世貞撰。

溪山餘話。

明陸深撰。

清暑筆談。

明陸樹聲撰。

吴中故語。

明楊循吉撰。

甲乙剩言。

明胡應麟撰。

三朝野史。

元吴萊撰。

熙朝樂事。

明田汝成撰。

委巷叢談。

明田汝成撰。

蜩笑偶言。

明鄭瑗撰。

玉笑零音。

明田藝蘅撰。

春雨襍述。

明解縉撰。

病榻寤言。

明陸樹聲撰。

褚氏遺書。

南齊①褚澄撰。

瀟湘録。唐李隱撰。

清尊録。宋廉布②撰。

昨夢録。宋康與③之撰。

就日録。元虞集撰。

驚聽録。

---

① 南齊，原目誤作「明」，據中國國家圖書館藏廣百川學海明刻本卷端題署改。
② 布，原目誤作「宣」，據中國叢書綜録改。按，廉布，字宣仲。原目或脱一「仲」字。
③ 與，原目誤作「譽」，據中國叢書綜録改。

宋皇甫枝①撰。

劇談録。

宋鄭景璧撰。

解醒②語。

元李材撰。

耳目記。

唐張鷟撰。

括異志。

宋魯應龍撰。

枕譚。

明陳繼儒撰。

---

① 枝，東北地區古籍綫裝書聯合目録、中國叢書綜録作「枚」。

② 醒，原目誤作「醒」，據中國國家圖書館藏廣百川學海明刻本卷端題名改。

猥譚。

明祝允明撰。

語怪。

明祝允明撰。

異林。

明徐禎卿撰。

群碎録。

明陳繼儒撰。

位業圖。

梁陶弘景撰。

空同子。

明李夢陽撰。

冥寥子遊。

明屠隆撰。

廣莊。

明袁宏道撰。

貧士傳。

明黄姬水撰。

長者言。

明陳繼儒撰。

香案牘。

明陳繼儒撰。

娑蘿館清言。

明屠隆撰。

續清言。

明屠隆撰。

歸有園①麈譚。

明徐太室撰。

偶譚。

明李鼎撰。

冗譚。

明彭汝讓撰。

金石契。

明祝肇撰。

考槃餘事。

明屠隆撰。

岩栖幽事。

明陳繼儒撰。

① 園，原目缺，據中國國家圖書館藏廣百川學海明刻本卷端題名補。

友論。
泰西利瑪竇撰。
農説。
明馬一龍撰。
山栖志。
明慎蒙撰。
林水録。
明彭年撰。
吴社編。
明王穉登撰。
客越志。
明王穉登撰。
雨航記。
明王穉登撰。

荆溪疏。明王穉登撰。

大嶽志。明方升撰。

蜀都褋抄。明陸深撰。

金山褋志。明楊君謙撰。

泉南雜志。明陳懋仁撰。

武夷雜記。明吴拭①撰。

① 拭,原目作「栻」,據中國國家圖書館藏廣百川學海明刻本卷端署名改。

海槎餘録。明顧岕撰。

瀛涯勝覽。明馬觀撰。

滇載記。明楊慎撰。

閩部疏。明王世懋撰。

吴中勝紀。明華鑰撰。

田家五行。明婁元禮撰。

明月編①。

明王穉登撰。

丹青志。

明王穉登撰。

書畫史。

明陳繼儒撰。

畫説。

明莫是龍撰。

畫麈。

明沈顥②撰。

畫禪。

① 編,原目作『篇』,據中國國家圖書館藏廣百川學海明刻本卷端題名改。

② 顥,原目作『灝』,據中國國家圖書館藏廣百川學海明刻本卷端署名改。

明釋蓮儒撰。
竹派。
明釋蓮儒撰。
詞旨。
元陸輔之撰。
詞評。
明王世貞撰。
曲藻。
明王世貞撰。
曲豔品。
明潘之恒撰。
樂府指迷。
明張玉田撰。
陽關圖譜。

明田藝蘅撰。

藝圃擷餘。

明王世懋撰。

學古編①。

明吾丘衍撰。

古今印史。

明徐官撰。

古奇器録。

明陸深撰。

硯譜。

明沈仕撰。

奕律。

① 編，原目作「篇」，據中國國家圖書館藏廣百川學海明刻本卷端題名改。

明王思任撰。

葉子譜。

明潘之恒撰。

茶疏。

明許次紓①撰。

岕茶箋。

明馮可賓②撰。

觴政。

明袁宏道撰。

瓶史。

明袁宏道撰。

① 紓，原目誤作「舒」，據中國國家圖書館藏廣百川學海明刻本卷端署名改。

② 賓，原目誤作「璸」，據中國國家圖書館藏廣百川學海明刻本卷端署名改。

瓶花譜。明張謙德撰。

藝花譜。明高濂撰。

藝菊譜。明黄省曾撰。

藝蘭譜。明高濂撰。

種樹書。明俞宗本撰。

學圃襍疏。明王世懋撰。

野蔌[1]品。

明高濂撰。

稻品。

明黄省曾撰。

蠶經。

明黄省曾撰。

魚經。

明黄省曾撰。

獸經。

明黄省曾撰。

虎苑。

明王穉登撰。

① 蔌，原目誤作『簌』，據中國國家圖書館藏廣百川學海明刻本卷端題名改。

集部

别集類漢至宋

諸葛丞相全集四卷。刊本。康熙間朱璘所編，附益後人題咏之文，未免末大於本。

蜀漢諸葛亮撰。

讀杜愚得十八卷。明洪武間刊本，佳。

明單復註。

五家評本杜工部集二十卷。五色套印本。

王世貞、王慎中、王士禎、邵長蘅、宋犖評點。

權載之文集五十卷。刊本。四庫所收僅十卷，此五十卷。蓋從王漁洋所見本覆刊也。

唐權德輿撰。

咏史詩二卷。明人大字精抄本。與千字文、蒙求註同册。

唐胡曾撰。

和靖詩集四卷。舊抄本。

宋林逋撰。

韓魏公集二十卷。康熙間張伯行刊本。

宋韓琦撰。

王魏公集上下二卷。明人抄本。

宋王安禮撰。

松鄉別集上下二卷。明人抄本。曹溶藏。

宋任士林撰。

參寥子集十二卷。明人抄本。毛晉、張月霄曾藏。

宋釋道潛撰。

擊壤集二十卷。明刊本。

宋邵雍撰。

斜川集十卷。元刊初印本，精善。

宋蘇過撰。

唐眉山集二十卷。舊抄本，此猶是據宋本過抄者，故與汪刊卷數不同。又一部，十卷，汪亮采刊本，缺詩。

宋唐庚撰。

梁谿集一百八十卷。舊抄本。

宋李綱撰。

鄱陽集四卷。金陵刊本，即據本齋依閣抄本付刻者也。又二部。

宋洪皓撰。

岳忠武遺集八卷。刊本。比明徐階所編者爲多。

宋岳飛撰。

周益公全集二百卷。精抄本。

宋周必大撰。

附録：明抄宋人小集一函三十七種計三十九集。凡例與子部學山同。

太玉山人佩韋齋集七卷。

宋俞德鄰①撰。

倚松老人集二卷。

宋饒節撰。

何潛齋集四卷。

宋何夢桂撰②。

傅忠肅公集一卷。

宋傅察撰。

具茨集一卷。

宋晁冲之撰。

幼槃集七卷。

宋謝薖撰。

① 鄰，原目誤作「麟」，據中國叢書綜録改。按，俞德鄰字宗大，號太玉山人，原目書名「太」作「大」，亦改。

② 原目未題著者名，據中國叢書綜録補。

汪浮溪集一卷。
宋汪藻撰。
高東溪詩一卷。
宋高登撰。
白石詩三卷。
宋姜夔撰。
薛瓜廬集一卷。
宋薛師石撰。
雪巖吟草一卷。
宋宋伯仁撰。
雪磯叢稿五卷。
宋樂雷發撰。
疏寮小集一卷。
宋高似孫撰。

雪林删餘一卷。

宋張至龍撰。

癖齋小集一卷。

宋杜旃撰。

秋江烟草一卷。

宋張弋撰。

靖逸小草一卷。

宋葉紹翁撰。

心遊摘稿一卷。

宋劉翼撰。

竹溪十一稿一卷。

宋林希逸撰。

臞翁詩集二卷。

宋敖陶孫撰。

静佳龍尋稿一卷。

宋朱繼芳撰。

静佳乙稿一卷。

宋朱繼芳撰。

端隱吟稿一卷。

宋林尚仁撰。

山居存稿一卷。

宋陳必復撰。

雲泉詩一卷。

宋薛嵎撰。

漁溪詩稿二卷。

宋俞桂撰。

漁溪乙稿一卷。

宋俞桂撰。

無懷小集一卷。

宋葛天民撰。

雪篷稿一卷。

宋姚鏞撰。

芸影倦遊稿一卷。

宋施樞撰。

芸影横舟稿一卷。

宋施樞撰。

吾竹小稿一卷。

宋毛珝撰。

皇荂曲一卷。

宋鄧林撰。

竹莊小稿一卷。

宋胡仲參撰。

東齋小集一卷。宋陳鑒撰。

竹所吟稿一卷。宋徐集孫撰。

西麓稿一卷。宋陳允平撰。

陵陽先生集三卷。宋韓駒撰。

寇忠愍集二卷。宋寇凖撰。

龍洲道人集十五卷。宋劉過撰。

别集類 元

草廬文粹五卷。明宣德九年刊本。季振宜藏。

元吴澄撰。

石田集十五卷。舊抄本。孫星衍藏。

元馬祖常撰。

至正集八十一卷。藝海樓抄本，闕。

元許有壬撰。

貢禮部集八卷。舊抄本。

元貢師泰撰。

貞居先生集六卷附録一卷。精抄本。計曦伯藏。

元張雨撰。

天隱禪師集六卷。明刊本。

元釋圓至撰。

樵雲獨唱四卷。抄本。

元葉顒撰。

東山存稿七卷附録一卷。明刊本。

元趙汸撰。

楊鐵崖文集五卷。明刊本。

元楊維楨撰。

玉山草堂集二卷。明刊本。

元①顧德輝撰。

九龍山人稿一卷。精抄本。

元□□□撰。

附録：金侃手抄元人詩一函計六種。凡例與子部學山同。金侃，吴人，明諸生。入國朝，隱居不

① 元，原目作『明』，據本書目體例改。

仕，傭書自給。此六種并下十三種，皆其六十歲後所手抄也，人品與翰墨俱足珍寶，不獨所選詩超然物外也。每種卷首皆有「金侃仲子」、「老迂」等印。每卷末皆有自註抄書年月，有一種抄二三歲始竣事者，古人心苦節高如此。

秋聲集四卷。

元黄鎮成撰。

圭峰集五卷。

元盧琦撰。

清江碧嶂集一卷。

元杜本撰。

傲軒吟稿一卷。

元胡乘龍撰。

揭曼碩詩集四卷。

元揭傒斯撰。

石田集五卷。

元馬祖常撰。

又，金侃手抄元人詩一函計十三種。凡例見前。

所安遺集一卷。

元陳泰撰。

漢泉漫稿五卷。

元曹伯啓撰。

金囦集一卷。

元元淮撰。

肅雝集一卷。

元鄭氏允端撰。

檜亭稿五卷。

元丁復撰。

黄文獻公集五卷。

元黄溍撰。

南湖詩集二卷。

元貢性之撰。

鹿皮子集四卷。

元陳樵撰。

居竹軒詩集四卷。

元成廷珪①撰。

霞外集十卷。

元馬臻撰。

傅與礪詩集八卷。

元傅若金撰。

道園學古録八卷。

元虞集撰。

① 原目未題著者名，據中國叢書綜録補。

静思先生詩集八卷。元郭鈺撰。

別集類明

翠屏集四卷。舊抄本。明張以寧撰。

覆瓿集八卷。舊抄本。明朱同撰。

青丘全集。刊本。明高啓撰。

家藏集七十七卷。明刊本。明吴寬撰。

擬古樂府上下二卷。刊本。明李東陽撰。

儼山集一百卷續集十卷。明嘉靖刊本，佳。

明陸深撰。

蘭暉堂集四卷。明刊本。

明屠應埈撰。

趙文肅公集。明刊本。

明趙貞吉撰。

孫太初集八卷。刊本。

明孫一元撰。

楊文懿公金坡稿七卷銓部稿一卷晉庵稿一卷鏡川稿五卷桂坊稿四卷東觀稿八卷。明刊本，善。

明楊在陳撰。

群玉樓稿八卷。明刊本，善。

明李默撰。

祐山集十卷。明刊本。毛晉藏。

明馮汝弼撰。

玄晏齋文集三卷奏議二卷。明刊本。

明孫慎行撰。

安我素集四卷。刊本。

明安希范撰。

渼陂集十六卷續集三卷。明刊本。

明王九思撰。

倪小野集八卷。明刊本。

明倪宗正撰。

餐薇子集三十卷。明刊本，佳。

明岳和聲撰。

金粟齋文集十一卷。明刊本。

明金瑶撰。

玉茗堂集十五卷。明刊本。

明湯顯祖撰。

熊經略書牘四卷。明刊本。

明熊廷弼撰。

葛中翰集四卷。刊本。

明葛麟撰。

未學庵集十卷。刊本。

明錢履撰。

吴節愍遺集二卷。刊本。

明吴易撰。

别集類國朝

御製樂善堂全集四十卷。内府刊本。

高宗純皇帝御纂。

四此堂稿十卷。刊本。

國朝魏際瑞撰。

邦士文集十八卷。刊本。

國朝丘維屏撰。

騰笑集八卷。刊本。

國朝朱彝尊撰。

遥擲集□①卷。刊本，善。

國朝馮武撰。

遂初堂集十六卷。刊本。

國朝潘耒撰。

樊榭先生遊仙集二卷。刊本。又一部。

國朝厲鶚撰。

湘中草一卷。刊本。

① 原目卷數缺，清人别集總目作『二十』。

國朝湯傳楹撰。

墨井詩抄四卷。刊本。

國朝吴歷撰。

潛揅堂文集傳三卷。抄本。中有錢竹汀手改三百餘字。

國朝錢大昕撰。

歉夫詩文稿十八卷。刊本。

國朝李夢松撰。

藍户部集二十六卷。刊本。

國朝藍千秋撰。

思適齋集十八卷。刊本。

國朝顧澗蘋撰。

鑑止水齋集二十卷。刊本。

國朝許宗彦撰。

聽漏吟草一册。

國朝顧沅手稿。

真有益齋文集十卷息耕草堂集十六卷。刊本。

國朝黄安濤撰。

漱芳閣集十卷。刊本。

國朝徐士芬撰。

東洲草堂詩二十七卷。刊本。

國朝何紹基撰。

鴻爪集一卷。刊本。

國朝任荃撰。

通隱堂詩存三卷。刊本。

國朝張京度撰。

太僕集一卷。刊本。

國朝吴一嵩撰。

懷清堂書稿三册。手稿。

不著姓名①。

紅荔山房稿一册。手稿。

國朝唐金華撰。廣東新會人。

存悔齋稿一册。抄本。

不著姓名。多集杜詩②。

雜稿八厚册。舊抄本。多點竄，當是前輩手稿。

不著姓名。

總集類

才調集十卷。垂雲堂刊本，精善。王鴻謨舊藏。

蜀韋縠編。

① 中國叢書綜録作「清湯右曾撰」。

② 有簽條，曰：「存悔齋稿，國朝萍鄉劉鳳誥撰。全集有駢文，有詩，有集杜詩。」

唐文粹一百卷。宋寳元二年刊本。宋槧總集之存留於世間者，莫古於此。時刊訛脱陳陳，安得以此懸之國門，使不爲俗本所誤哉？田耕堂、宜稼堂均藏。

宋姚鉉撰。

西漢文鑑二十一卷東漢文鑑二十卷。宋刊本。古氣渾穆，對之肅然。其文多有張溥所未選者，可寶也。田耕堂、愛日精廬均藏。

題『石壁野人陳鑑編』。

瀛奎律髓四十九卷。刊本，善。

元方回編。

草堂雅集十三卷。舊抄本。

元顧瑛編。

兩漢策要十二卷。據趙文敏手寫本付刊，精善。

不著編輯姓名。卷首有元大定乙巳①王大鈞序。

---

① 按，大定爲金世宗年號，乙巳爲大定二十五年（一一八五），書目作「元」，誤。

元詩體要十四卷。刊本。

明宋緒編。

漢魏詩紀十卷。明刊本，善。

明馮惟訥編。

詩學大成二十五卷。明刊本。

明李攀龍編。

集古文英八卷。明刊本，善。

明顧祖武編。

二蘇文抄共四十八卷。明刊本。

明茅坤編。

吴都文粹續集五十六卷補遺一卷。舊抄本。原目有。

明錢穀編。

武康四先生集十四卷。明刊本，善。

明楊鶴編。

國雅二十卷。明刊本，善。

明顧起綸編。

苑詩類選三十卷。明刊本，善。

明包節編。

四明文獻二册。明人抄本。

明鄭真輯。

今古文抄八卷。明刊本。

明徐鳴鶴編。

宋詩選四册。明人抄本。

不著編輯者名氏。

删訂唐詩解二十四卷。刊本。

明唐汝詢編。

五唐人詩集五册。汲古閣刊本。

□□□□編①。

御定全金詩七十四卷。刊本。

康熙五十年奉敕編。

金文雅十六卷。刊本。

國朝莊仲方編。

文穀五卷。手抄本。有『馮舒』、『空居閣』諸印。

國朝馮舒編。

新安二布衣詩八卷。舊抄本。二布衣者，吴非熊、程孟陽也。

國朝王士禛編。

本事詩十二卷。刊本，善。

國朝徐釚編。

唐詩英華二十四卷。刊本。

① 中國叢書綜録作『明毛晉輯』。

國朝顧有孝編。

詩風集十六卷。刊本。

國朝徐崧編。

詩文評類

四溟詩話四卷。刊本，善。

明謝榛撰。

一瓢齋詩話一卷。刊本。

國朝薛雪撰。

詞曲類

蘆川詞上下二卷。明人影宋抄本。每頁板心有『功甫』二字，何義門跋以爲錢功甫所藏之本，不知黄蕘圃所見宋板板心已有『功甫』二字，則非錢功甫明甚。或張元幹一字功甫耶？此書蕘圃以宋本校過。卷末手跋至七八次，亦可謂好古之篤矣。又抄本，與前部共一函，均黄丕烈藏。

宋張元幹撰。

澹齋詞二卷。刊本。

國朝毛周撰。

持靜齋藏書記要

持靜齋藏書記要卷之上

同治丁卯秋末，友芝浙游。還及吴門，禹生中丞命爲檢理持靜齋藏書，三百有若干匣，散記其撰述人、代、卷帙、刊鈔。踰兩月，粗一周，未及次序。明年春，開書局，董校旁午。夏秋間，暫還金陵。略以四部别之，旋輟去。己巳開歲，局事少減，乃舉官本簡明目録，悉齋中所有，注當條下。庫目未收，或成書在後者，約略時代，條記於上下端，用助朝夕檢覽。東南文籍，夙稱美備，鎮、揚、杭三閣又得副天府儲藏。軍興以來，散亡殆盡。吾中丞鋭意時艱，力振頹弊，而敷政餘閑，即典册不去手。計十年蒐集，除複重，可十萬卷。其中宋元善刻及舊鈔大部小編、單祕無行本者，且居十之三四。於虖富哉！猶自以爲未備，不欲泛濫編録。因舉傳本希見，指述大略，爲記要二卷存之，以諗好古之士。

二月庚午，獨山莫友芝。

宋刊本 金刊附

毛詩要義三十八卷，宋魏了翁撰。其居靖州時，取九經注疏摘爲要義之一也。依箋編二十卷，中又分子卷十有七，首譜序一卷，凡爲三十八卷。每頁十八行，行十八字。每卷各以一、二、三分條爲目，卑一格書。有一條二目者，其第二目標之眉上。又有當條所掇未盡之義，亦於眉上書之。鶴山諸經要義皆舉當時善本，綱提件析，條理分明，爲治經家不可少之書。今四庫所收，僅周易、儀禮是全帙，尚書、春秋左傳皆不完。後儀徵阮氏元撫越，乃得尚書闕卷及闕首二卷之禮記進之。而毛詩一種，自直齋、公武不著録，阮氏力求不得見者，乃巋然獨存於東南兵燹之餘，首尾完整，神明焕然，誠無上祕笈也。據卷中諸印知經藏者：曹寅、吴可驥及長白昌齡、桐鄉沈炳垣，後歸郁松年，推爲宜稼堂諸宋本之冠，今歸持静齋。

儀禮注十七卷，漢鄭康成撰。每卷末分計經、注字數，宋本經史常有此例。每頁板心上端並有『淳熙四年刊』五篆字。嘗見乾道本漢書，隸書刊年於板心中段之下，此亦其例。

漢書一百二十卷，漢班固撰，唐顔師古注。宋景祐刊本，不足七十卷，據景祐本影鈔者七卷，餘以元人覆本補足之。歷藏陳繼儒、曹溶、黄丕烈、張蓉鏡、郁松年諸家。其原刊鈔補之卷及大德、元統修補之頁，丕烈悉記其目，裝卷端。影補數卷，猶出自倦圃前，頗爲精善。黄丕烈有此書完本，爲倪瓚凝香閣物者，後歸汪士鐘。此其次也。

資治通鑑綱目五十九卷，宋朱子撰。乾道壬辰四月刊。綿紙精印，半頁八行，行十七字，目雙行，亦十七字。季振宜、郁松年經藏。有明弘治初題識，已謂此書難得善本，似此首尾精完無傀配，尤難得，矧更歷三百七十年，猶精完，無少損缺，真鴻寶也。

東都事略一百三十卷，宋王偁撰進。宋眉州刊本。半頁十二行，行二十四字。目録卷尾有楷書二行木記，云『眉山程舍人宅刊行，已申上司，不許覆板』。初印，極精好，薄綿紙，四端甚寬。此書康、雍間有覆本，亦可，對此便無足觀。有薛紹彭、劉涇二印，首有陳鱣録讀書敏求記及鱣圖像印。又經藏上海郁氏宜稼堂。偁，眉州人，故其鄉里首爲刊板。此本紙墨之善，與綱目巨編，皆海内所希見，史部之甲乙也。

輿地廣記殘本二十一卷，宋歐陽忞撰。其書三十八卷，此宋刊，起卷十八至末，而闕前十七卷。蓋顧氏小讀書堆舊藏。黄丕烈仿刊此書，序謂『淳祐重修本，藏亡友顧抱冲家，不可復見』者，殆即此也。

東南進取輿地通鑑三十卷，宋節孝先生趙善譽撰。宋刊本。是書今四庫未收。各家書目，惟傳是樓有之，云二十卷。考宋志『史鈔類』：趙善譽讀史輿地考六十三卷，一名輿地通鑑。直齋書録有南北攻守類考，亦六十三卷，云：『監進奏①院趙善譽撰進。以三國、六朝攻守之變，鑒古事以考今地。每事爲之圖。』按直齋説，知即此書而異其題耳。其書既分圖三國至南北朝東南攻守事，圖後又附以地理考及本事始末，蓋爲南渡後圖金而作，是當日極有心人、極有用書也。惜存卷才及半而弱，序全而目不具。於三十卷後有割補痕，以冒爲不闕欺售者。然較傳是樓本已增十卷，且總圖、總論具在，其每事分圖，亦及於晉，於讀史方輿致用處，亦已見其大端。因其法推究之，資於宏濟不少。斷帙僅在，而舉世莫傳，亦史部無上之祕笈矣。半頁十三行，行十九字。宋克、冒鸞、黄丕烈、汪士鐘、郁松年皆經藏。自序云：『善譽聞，險要視乎地，攻與守屬諸人。古今

① 進奏，原目誤乙，據直齋書録解題改。

之地，未始殊絶，而或得或失者，人事之不侔也。自三國以迄於陳，南北攻守之變備矣，其事可類而覽也，□其地不可不考而圖也。覽古之事，以考今之地，□爲有用之學哉！難之者曰：「古尋陽，本治江北，而今在江南，自温嶠始徙也。古當塗，本以塗山爲邑，而今在姑熟，晉成帝遷之也。是郡邑之不常，未易以今究也。古駱谷道，自盩厔①南通漢中，今塞矣，唐武德間所開，非必漢、魏之舊也。古巢河，水北流，合於肥河，今湮矣，吴、魏舟師之所由，不可見矣。是川陸之不常，未易以今論也。若此之類，不勝殫舉，則此書欲以有用，無乃幾於無用也？」吁，杜征南預，以晉之郡國而釋春秋之地名，顔祕監師古，以唐之州縣而注秦、漢之疆域，其曰未詳者，不害爲闕疑，而二書遂瞭然於千載。而以古今之難窮爲諉，而不盡其心哉？故因通鑑編年，參之正史，以類南北②之武事。即地理之書，考之今日，以究攻守之所在。既載其事以論之，又爲圖於前，以便稽覽。雖曰昔人遺迹，不無湮滅，而古今地志，亦或疏略，然尋文□圖，可考者十常八九。其所未究則闕之，以俟博□，於史學不爲無補也。唐太宗有言曰：「以古爲鑒，可知興替。」而光武系隆炎漢，廓清六合，實有感於披輿圖之日，則是書之有用，將不止爲觀史之助焉。趙善譽謹序。」

鹽鐵論十卷，漢桓寬撰。宋刊本。每半頁十行，行十八字。末卷尾有『淳熙改元錦谿張監税宅善本』二行楷書木記。首有己巳孟春河漢馮武題識，云『以贈平原文虎道兄』。

---

① 原目『厔』下有一墨釘，據宋元舊本書經眼録删。

② 原目『南北』下衍『朝』字，據宋元舊本書經眼録删。

武，班之猶子也。文虎，不知何人。己巳，應係康熙二十八年。

圖解校正地理新書十五卷，宋官撰。金刊本。宋初，因唐呂才陰陽書中地理八篇，增輯爲乾坤寶典。景祐初，命修正舛盩，別成三十五篇，賜名地理新書。皇祐三年，復詔王洙等勾管删修，勒成三十二篇。事具洙進書序。略曰：『自呂才成書，名以地理，而專記冢墓，頗殽以室舍，吉凶同條，非著書之法。今首以城邑、營壘、寺署、郵傳……則左陰右陽，刑禍福德所相也。辨之以四方，敍之以五行，商之以五姓，憲之以九星，媲之以八卦，參之以八變，爲地事，凡二十篇；終以冢穴、埏道、門陌、頃畝，則開三閉九、山壟水泉所相也，任之以八將，齊之以六對，董之以三鑑，傃之以六道，爲葬事，凡十篇。若乃岡原利害，則繪之以易民用，爲地圖一篇。種次有彙，則總之以便看讀，爲目一篇。勒成三十二篇。闓之以經義，辨鑿空也；質之以史傳，信休咎也；廣之以異聞，求成敗也。巫史所傳，則存其可據者，不專新見也。辭質而易曉，便於俗也……』文繁，不具録。金世宗大定甲辰宋淳熙十一年，平陽畢履道校正，爲之圖解。章宗明昌壬子當宋紹熙三年，古戴鄙夫張謙更爲精校以行。此本即其時刻也。四庫未收，各家書目亦未著録，亦術數家古笈僅存者矣。汪士鐘、黄丕烈皆經藏。半頁十七行，行三十字，其雙行細注，皆刻劃分明。

米海嶽畫史一卷，宋米芾撰。首有葉氏藏書印，蓋菉竹堂故物。末朱書『康熙癸巳蔣生子範所贈』。咸豐四年顧武保識其前，謂是册宋槧初印，『購』、『貞』、『殷』、『徵』等字避諱。朱字一行，何義門手筆。子範，長洲蔣棟字，義門弟子也。

寶古堂重修考古圖十卷，宋呂大臨撰。刊印極精善。中有『文淵閣印』，蓋明内府物也。定爲宋刊宋印。

世綵堂韓昌黎集註四十卷外集十卷遺文一卷附集傳一卷，唐韓愈撰。宋廖瑩中輯註刊板。初印，紙墨精絶。項氏萬卷堂舊藏，又經藏汪士鐘、郁松年。每卷尾有『世綵堂廖氏刊梓家塾①』篆書兩行木記，每頁心下端有『世綵堂』字。明萬曆中，長洲徐時泰翻刻此書，悉以『東雅』易頁心『世綵』字，卷尾木記皆易之，世謂『東雅堂本』，舊印亦精工可觀。而以此本視之，直奄奄無生氣，尚未到唐臨晉帖也。海内集部佳本，斷當推此第一。

三蘇文粹七十卷，殘本，宋人編録宋蘇洵及二子軾、轍之文，失其姓名。或以爲陳亮，蓋緣亮有歐陽文粹而附會耳。四庫據明刊本，未見宋刊，存其目於明人總集中。此本僅後半，始三十四卷，至七十，其前半闕。實宋刊也。

① 原書牌記作『世綵廖氏刻梓家塾』。

元刊本

尚書蔡氏傳輯録纂註六卷書序纂註一卷，元董鼎撰。其子真卿以延祐戊午十月刊於閩坊，其卷首綱領，末頁有『建安余氏勤有堂刊』篆文二行木記。全書皆朱筆句讀，註及輯纂並朱墨筆抹其綱要；本書考證未備，或增引，書之卷端，不知何人筆也。每半頁十行，行大字二十，小二十四。每卷末有『秀水朱氏潛采堂圖書』，又有『項蘭谷史籍』章、『檇李姚我士史籍』章、『紒山埜逸』三印。曝書亭舊藏。

春秋胡氏傳纂疏三十卷，元汪克寛撰。有至元戊寅汪澤民、至正辛巳虞集兩序。凡例後自記成書始末，爲至正六年丙戌。後有楷字二行木記，云『建安劉叔簡刊於日新堂』。吳國英跋云『至正戊子正月鐫諸梓』。克寛至明猶存，與修元史，此著則先已刊行。半頁十行，行二十一字，傳亦大書，卑一格。

元新刊禮部韻略五卷首貢舉條式一卷，金王文郁撰。併舊韻二百六部爲一百六部，即陰氏群玉所本，而所併一韻之間，必以魚尾隔之，使舊部分明可見，則勝於陰韻之叢脞。

是書初刊於金正大己丑。此本五卷末有『大德丙午重刊新本』、『平水中和軒王宅印』二行書木記，則元重刊本也。卷首載貢舉三試程式，一曰『御名廟諱迴避』、二曰『考試程式』、三曰『試期』、四曰『章表迴避字樣』，可見當時制度，可與史志『選舉科目』條互證。又有『壬子新增分毫點畫正誤字』五頁，則刊成後六年所增，四庫未收。

五代史記七十五卷，宋歐陽修撰，徐無黨注。刊本。半頁十行，行十八字，注行二十一字。略如今行王、柯兩史記之式，而字尤圓好，不載附刊年月，以書品定之，實元刊也。

通鑑地理通釋十四卷，宋王應麟撰。元至正十一年附玉海刊本。

金陀稡編二十八卷續編三十卷，宋岳珂撰。珂以嘉定戊寅守嘉禾，刊稡編，紹定改元，又刊續編。元時，嘉禾板已無存，至正二十三年，吴門朱元祐重刊於西湖書院，即此本也。岳忠武王文集十卷，珂悉載稡編中，爲卷之十至十九。四庫録忠武遺文，僅一卷，爲明徐階所編，謂十卷本已不傳。檢核是編，固完善無恙也。欣喜記之。齋中又有依鈔此本一部。

通典詳節四十二卷，元人節鈔杜佑書以備科舉之用。目録後有『至元丙戌重新繡梓』二行。未爲善本，聊以元刊附存。

管子二十一卷。刊印不工。王芑孫舊藏，以朱筆校過，以爲元板。九行，行二十字。首題識云：『芸臺先生至杭，停泊胥江，過鷗波舫，出是書相贈。同年黄蕘圃見之，定是元板，市中不可多得。因重裝之。鐵夫記。』

政和新修經史證類本草三十卷，宋唐慎微撰，曹忠孝奉敕校。元刊明印。曝書亭舊藏。

書法鉤玄四卷，元蘇子啓撰。四庫存目。此明趙宧光寒山精舍所藏元刊本。卷中批抹多用草篆。四卷末記一行，云『萬曆壬子仲春二日胡蜨寢閣』，皆凡夫手迹也。一卷首有印曰『梁鴻墓下』。凡夫寒山①，當去鴻墓不遠，聞昔有梁方伯溎吴，訪求鴻墓不得，正可依寒山舊址一更尋之。

玉海二百卷附詞學指南四卷，宋王應麟撰。元至元四年刊，至正十一年補正漏誤六萬字。趙體書，極工緻，首尾一律。綿紙精印。本失首册，精鈔配入。當湖胡惠孚、滬上郁松年皆經藏。半頁十行，行二十字。明時此板歸南監，正德、嘉靖遞有修補，不足觀已。

小學紺珠十卷，宋王應麟撰。元刊明印本。

① 凡夫寒山，持静齋書目卷三作『凡夫居寒山』。

韻府群玉二十卷，元陰時夫、中夫兄弟同編。延祐甲寅刊本。

群書事林廣記前集卷之一後集卷之二，宋西潁陳元靚編。考倪燦明史藝文志稿補宋有陳元靚事林廣記十卷，注云『一作十二卷』。蓋即其殘帙。疑宋元舊刊也，姑附之元本中。四庫未收。

集千家註杜詩二十卷附録一卷，唐杜甫撰。元高楚芳删南宋書肆所編千家註，散附以劉會孟評語刻之。印本尚可，亦元末明初也。

臨川集一百卷，宋王安石撰。危素未入明所刊，亦有明時修板。

東萊吕太史文集十五卷外集五卷，宋吕祖謙撰。元刊本。按，四庫本尚有别集十六卷、附録三卷、拾遺三卷，合四十卷。此本尚佚其半。

劉静修先生集二十二卷，元劉因撰。元刊本。細行密字，頗精雅。四庫録此集三十卷，乃别據一元刊也。

明刊本 近刊佚書附

經部

東坡易傳九卷，宋蘇軾撰。明焦竑刊。

周易新講義十卷，宋龔原撰。字深甫，遂昌人。少與陸佃同師王安石，官至寶文閣待制。安石自以易解未善，故紹聖後原講義與耿南仲註並行場屋。見晁公武讀書志。四庫未收。日本天瀑山人以活字印入佚存叢書，自題『文化五年』，當今嘉慶十三年。

泰軒易傳六卷，宋清源李中正字伯謙撰。後有嘉定庚辰廣川董浩跋，云：『泰軒先生以易鳴吾邦，凡卦爻之義，皆於六書中求之。』是書久佚，經義考不載，四庫未收。唯日本足利學藏有其國文明中影本，歲庚申天瀑山人以活字印行，當今嘉慶五年。

洗心齋讀易述十七卷，明潘士藻撰。萬曆丙午刊。

周易會通十二卷，明汪邦柱、江柟同輯。萬曆丁巳刊。四庫提要『汪』作『王』，入存目。後凡四庫存目之書，但注云存目。

易憲二卷，明沈泓撰。明刊本。存目。又一舊鈔本。

東坡書傳十三卷，宋蘇軾撰。明焦竑刊。

書[①]纂言四卷，元吴澄撰。明嘉靖己酉顧應祥刊於滇中。秀水朱氏曝書亭舊藏。通志堂刊是書，即據此本。首有題識，云：『是書購之海鹽鄭氏，簡端所書，猶是端簡公手迹也。會通志堂刊經苑，以此畀之，既而索還，存之笥。壬申歲歸田，檢櫝中藏本，半已散失，幸此書僅存。又七年，曝書於亭南，因識。竹垞七十一翁。』

詩集傳八卷，宋朱子撰。明司禮監官刊附音釋本。字大豁目。

毛詩正變指南圖六卷，宋人撰。明陳重光訂刊。存目。

六家詩名物疏五十四卷，明馮應京撰。萬曆乙巳刊。

詩經類考三十卷，明沈萬鈳輯。明刊本。存目。

考工記注二卷，唐杜牧撰。道光間仁和胡珽琳琅祕室活字印本。未收[②]。

---

① 原目『書』下衍『經』字，據持静齋書目、四庫全書總目删。

② 未收，據下文左求條，當作『四庫未收』。後凡提要所無，但注云「未收」。』

周禮全經釋原十四卷，明柯尚遷撰。隆慶四年刊。

儀禮注疏十七卷，漢鄭氏注，唐賈公彦疏。明盧陵陳鳳梧刊本。按，明至正德時，南監諸經疏板尚無儀禮，僅有宋楊復儀禮圖。嘉靖初，鳳梧在山東刊此十行本，乃移入焉。未幾，李元陽按閩，刊十三經，其儀禮即因此本。後北監、毛晉刊經疏，並依閩本。其經文脱逸數處與改賈氏舊疏五十卷爲十七，皆自鳳梧此刊始。惟板式、字畫皆可觀。

禮記集説三十卷，元陳澔撰。明刊本。四庫著録雲莊禮記十卷，今本通行皆然，疑此是原編。

春秋經傳集解三十卷，晉杜預撰。明仿宋岳氏本。岳氏相臺九經，明時多有覆刊，以此經爲最善。

音點春秋左傳句解三十五卷，元朱申撰。明刊。存目。

春秋億六卷，明徐學謨撰。徐氏刊海隅集本。

左求二卷，明錢旃撰。崇禎四年刊。四庫未收。後凡提要所無，但注云『未收』①。

---

① 此條小注内容當與上文考工記注條互换。

春秋臆説四卷，國朝吴啓昆撰。康熙五十九年刊。未收。

六經圖巨册六卷，宋陳森乾道元年編。曰大易象數鉤深圖、尚書軌範撮要圖、毛詩正變指南圖、周禮文物大全圖、禮記制度示掌圖、春秋筆削發微圖，各一卷，彙刊於撫州。明萬曆丙辰郭若維更考定刊之。未收。

四如講稿六卷，宋黄仲元撰。明嘉靖丙午刊。

簡端録十二卷，明邵寶撰。崇禎辛未刊。附書説一卷左觿一卷。

四書集註二十六卷附大學中庸或問二卷，宋朱子撰。明司禮監刊本。

經筵進講四書十册，明張居正撰。今康熙十一年刊本。未收。

附論語新註四卷，今日本豐幹子卿撰。自序署『天明戊申』，當乾隆五十三年。

苑洛志樂二十卷，明韓邦奇撰。嘉靖中刊。

鄭世子樂律全書四十二卷，明朱載堉撰。凡十種，明刊巨册。

説文長箋一百四卷附六書長箋七卷，明趙宧光撰。萬曆戊午刊。存目。

五音類聚四聲篇十五卷，金韓道昭撰。明萬曆中刊。存目。

五音集韻十五卷，金韓道昭撰。明萬曆中刊。

洪武正韻十六卷，明樂韶鳳等奉敕撰。司禮監官刊本。

泰律篇十二卷，明太僕寺卿河西葛中選見堯撰。論字母音呼之學。四庫未收。嘉慶庚午，汪潤之督學雲南，始與楊一清關中奏議、石淙集合刊以行。

以上經部

史部

史記集解合索隱一百三十卷，漢司馬遷撰，宋裴駰集解，唐司馬貞索隱。明正德時依中統本傳刊。

史記三家注本一百三十卷，唐張守節正義，合集解、索隱編之。明嘉靖四年王延喆覆刊宋本。初印，以黄柏染綿紙。凡序、目尾或卷尾有『王氏校刊』木記處悉裁去，以冒宋本。其周本紀第廿七頁，王氏所據宋本失之，以意補綴，失載正義、索隱數條，此正相合。然宋本不可得，得王本如此者，亦宋之次矣。又一部，綿紙完善，印亦中上。又，萬曆二年余有丁校刊南監本。又，萬曆二十四年馮夢禎校刊南監本。

漢書一百二十卷，漢班固撰，唐顏師古注。明嘉靖九年南監祭酒張邦奇等校刊本。綿紙初印，絶精。

後漢書一百二十卷，紀、傳，宋范曄撰，唐章懷太子賢注；志，晉司馬彪撰，梁劉昭注補。明吴勉學刊本。

上正史

資治通鑑綱目五十九卷，宋朱子撰，附商輅撰續編二十七卷。明成化官刊大字本。

資治通鑑綱目七家注五十九卷。明正德癸酉福州刊本。七家者，宋尹起莘發明、劉友益書法，元汪克寬考異、王幼學集覽、徐文昭考證，明陳濟正誤、馮智舒一作劉弘毅質實，本各自爲書，自弘治戊午黄仲昭刊本彙入編中，此本繼之。書法、發明，義例紛紜，尤亂人意，後來傳刻通行，未有能廓清之者。

資治通鑑節要五十卷續編三十卷，明官刊大字本。節要，存目；續編，不收。

歷代通鑑纂要九十二卷，明正德六年李東陽等表進，十四年慎獨齋刊。四庫不收，於通鑑輯覽提要中一及之，以輯覽因是書蕪漏而作也。

上編年

人代紀要三十卷，明顧應祥撰。嘉靖三十七年刊。存目。

古史六十卷，宋蘇轍撰。明萬曆辛亥南監刊本。

通志二百卷，宋鄭樵撰。明官刊大字本。

宋史新編二百卷，明柯維騏撰。嘉靖乙卯刊。存目。

李氏藏書六十八卷續二十七卷，明李贄撰刊。存目。

國語注附補音二十一卷，吴韋昭注，宋宋庠補音。明張一鯤、郭子章同校刊。

戰國策鮑註十卷，宋鮑彪注。明嘉靖壬子刊。

建文書法儗五卷，明朱鷺撰刊。存目。

先撥志始二卷，明文秉蓀撰刊。紀萬曆起至崇禎二年諸大案。存目。

頌天臚筆二十四卷，明金日升撰。紀崇禎時誅璫、起廢諸事。崇禎己巳刊。四庫未收。

明朝小史十八卷，刊本，題『蘆城赤隱吕毖輯著』。紀録始太祖至福王。按，毖校次明宫史，四庫總目以爲蓋明宫監。今蘇城西南靈巖山下小桃源是毖隱居處，有墓碑記其辟穀及禱雨異徵。臨終書偈，有云：『一輪明月空中相，千片桃花影裏身。』又似明之遺老隱於佛道者。疑莫能明也。四庫未收。

上雜史

包孝肅奏議十卷，宋包拯撰。明刊，據宋淳熙元年趙磻老廬州本。

諫垣遺稿二卷，明湯禮撰。嘉靖癸巳刊。未收。

司馬奏疏三卷，明王家楨撰。字軒籙，長垣人。明末爲兵部侍郎，甲申殉難。康熙時刊本。未收。

唐忠臣録三卷，明鄭瑄[①]編唐張巡、許遠事實，附以南霽雲、雷萬春，及後人祠記、題詠。正統十三年刊。未收。

殷太師比干録三卷，明曹安集編比干墓碑碣、題詠。天順二年刊。未收。

楊文敏公年譜四卷，明徐文沔編，譜楊榮事迹。嘉靖壬子刊，藍印。未收。

宋左丞相陸公全書八卷，刊本，明末王應熊編。録宋陸秀夫事迹、遺文，附以讚詠。未收。

忠節録一卷，刊本，録明孫傳庭傳、誌。未收。

唐才子傳十卷，元辛文房撰。今嘉慶癸亥日本人活字印本。猶是元人舊帙，較四庫八卷本爲足。

列卿年表一百九十三卷，明雷禮撰。始洪武，至隆慶。四庫此類存目有禮列卿紀百六十五卷，才及嘉靖，而書題、卷數不同。蓋彼於表後又附事迹行實，此則單表無行實之别

---

① 瑄，原目誤作『暄』，據持静齋書目、明史藝文志改。

一本也。

明郡牧廉平傳十卷，明王昌時輯刊。始洪武方克勤，至萬曆朝朱燮元，百五十二人，載李元陽仁甫知荆州府，首拔張居正爲得人。未收。上傳記

吴中人物志十三卷，明張㫤撰。隆慶庚午刊。存目。

通鑑總類二十卷，宋沈樞編。明刊本。又一部元本者，佳。上史鈔

輿地紀勝二百卷，宋王象之撰。四庫未收。至嘉、道間始得舊鈔傳録，甚不易。咸豐中，南海伍崇曜始刊此本，中缺二十七卷，無從補完。

明一統志九十卷，明李賢等奉敕撰。慎獨齋刊本。

嘉靖太倉州志十卷，明嘉靖丁未周士佐、周鳳岐重修。刊本。未收。

萬曆杭州府志一百卷，明萬曆七年郡人陳善纂修。刊本。未收。上都會邦縣

水經注四十卷，漢桑欽撰，後魏酈道元注。明嘉靖中刊本。上端書考校語幾滿，甚博贍，未詳其人。

河防一覽十四卷，明潘季馴撰。明刊本。

籌海圖編十三卷，明胡宗憲撰。明刊本。上河渠

兩浙海防考十卷，明范淶撰。萬曆元年刊。四庫未收，而存目中有淶兩浙海防類考續編十卷，則續此編也。上邊防

金陵梵刹志五十三卷，明葛寅亮撰刊。上古迹

續吴録二卷，明沛劉鳳子威撰刊。記明初及於萬曆時。

帝京景物略八卷，明劉侗、于奕正同撰刊。存目。上地理雜記

遊名山記四十八卷圖一卷附録一卷，明人因何鏜古今遊名山記而廣之。刊本，失姓名。存目。上雜記

東西洋考十二卷，明張燮撰。萬曆戊午刊。上外紀

唐六典三十卷，唐玄宗御撰，李林甫等奉敕注。明嘉靖甲辰浙江按察司刊。

舊京詞林志，明周應賓撰。萬曆二十五年刊。存目。上職官

臣軌二卷，唐武后撰，其注未詳撰人。分國體、至忠、守道、公正、匡諫、誠實、慎密、廉潔、良將、利人十章。自鄭樵通志後無著録者，四庫未收。嘉慶初日本人活字印本。

牧津四十四卷，明祁承㸁編。天啓甲子刊。存目。上官箴

通典二百卷，唐杜佑撰。明嘉靖戊戌方獻夫刊。

福建市舶提舉司志一卷，明高閅奇編。嘉靖乙卯刊。未收。

康濟譜二十五卷，明潘猶龍撰。崇禎庚辰刊。未收。

上邦計

活民書拾遺一卷增補一卷，元張光大增，明朱熊補遺。蓋增補宋董煟書。舊刊。未收。

史通二十卷，唐劉知幾撰。明嘉靖乙未陸深刊於蜀中本。顧廣圻藏。初印精善。

小學史斷二卷，宋南宫靖一撰。明刊本。存目。

學史①十三卷，明邵寶撰。崇禎辛未刊附簡端録本。

上史評

以上史部

子部

鹽鐵論註十二卷，漢桓寬撰，明張之象註。嘉靖癸丑刊。存目。

① 學史，原目誤乙，據持静齋書目、四庫全書總目改。

中説十卷，隋王通撰。明世德堂刊。

中説考七卷，隋王通撰，明崔銑考。未收。

大學衍義補一百六十卷，明丘濬撰。明刊，未有評點之本。

質孔説二卷，國朝康熙間崑山周夢顔撰。琳琅祕室活字本。未收。

蠹言四卷，國朝嘉慶間高密李詒經五星撰。宿遷王氏信芳閣活字本。

上儒家

兵録十四卷，明何汝寅撰。萬曆丙午刊。未收。

上兵家

農書十卷，元王禎撰。明萬曆末刊本。不足。

上農家

管子二十四卷，唐房玄齡注。明萬曆壬午趙用賢刊。

商子五卷。明刊。

韓非子二十卷。明趙用賢刊。

敬由編十卷，明合肥竇子偁爲刑部郎時編。録前代明君賢臣慎獄執法事。案，曰『敬由』者，取書『式敬爾由獄』之意。明萬曆辛亥刊。未收。

上法家

黄帝素問二十四卷，唐王冰注。明嘉靖庚戌顧從德覆刊宋本。佳。

難經集注五卷，明王九思等集吴吕廣、唐楊玄操、宋丁德用、虞庶、楊康侯各家之説。四庫未收。嘉慶癸亥日本人活字印本。

傷寒九十論一卷，宋許叔微撰。四庫録其本事方，而此未收。其書列證論治，剖析甚精。世久無傳，惟張金吾愛日精廬有舊鈔，琳琅祕室以活字印行。

外臺祕要四十卷。明末刊本。

證類大全本草三十卷，宋唐慎微撰。明萬曆戊戌刊。

雞峰普濟方三十卷，宋張鋭撰。久無傳本，故四庫未收。道光戊子汪士鐘得南宋刊本，仿刊以行，猶缺四卷。

生生子赤水玄珠三十卷醫案五卷醫旨緒餘二卷，明孫一奎撰刊。

上醫家

四元玉鑑三卷，元燕山朱世傑漢卿撰。總二十四門，分二百八十八問，具開方、寔方、廉隅之數，用天元一術正負開方之法，又神而明之，算學一大家也。四庫未收。道光間甘泉羅士琳茗香撰細草，晰爲二十二卷刊之。

上算學

太玄經十卷附釋音一卷，漢楊雄撰，晉范望注。明刊本。

五行大義五卷，隋蕭吉撰。徵引祕緯，多亡逸之笈。隋書藝術傳稱，吉博學多聞，精陰陽術算，而不及此書，隋、唐志亦不録，今四庫亦未收。嘉慶己未日本人乃以活字印行，知不足齋即因其本。

上術數占候

靈棋經二卷，題『漢東方朔撰，晉顏幼明、宋何承天、元陳師凱、明劉基四家注解』。明刊本。

上占卜

星學正傳二十一卷，明楊淙撰。首總括圖三卷，又玉井奥訣一卷、玉照神經一卷，末圖說。萬曆壬午自序刊。未收。

上命書相書①

書譜一卷，唐孫過庭撰。明刊。

續書斷二卷，宋朱長文撰。明刊本。長文既爲墨池編，以張懷瓘書自開元以來未有紀録，而唐初諸公亦或闕未立傳，用其例，掇所聞見，自唐興至本朝熙寧間以續之。熙寧七年八月自序。四庫未收。

上書畫

明楊西峰琴譜八卷，明楊表正撰刊。表正有琴譜大全，入存目，此其别本也。

上琴譜

集古印譜五卷印正附說一卷，明秣陵甘暘撰。萬曆丙申序刊。未收。

上譜録

墨子六卷，周墨翟撰。舊十五卷，明茅坤刊本併之。

---

① 上命書相書，原目無，據該書體例補。

呂氏春秋二十六卷，秦呂不韋撰，漢高誘注。明天啓丁卯刊本。

化書六卷，南唐譚峭撰。明天啓張鵬舉刊。

金罍子上篇十二卷下篇十二卷，明陳絳撰。萬曆丙午刊。存目。

賓子紀聞類編四卷，明賓文照撰。萬曆庚辰刊。存目。

上雜學

文學正路三卷，今日本豐幹子卿撰。論讀經及諸子。題『享和辛酉增定』，當嘉慶六年。

演繁露十六卷續演繁露六卷，宋程大昌撰。明萬曆丁巳刊。

丹鉛總録二十七卷，明楊慎撰。嘉靖甲寅，其門人滇中梁佐台①爲福建僉事所刊，蓋即提要所謂『合諸録爲一編，除重複，刊於上杭』之書帕本也，藍印。

兩山墨談十八卷，明陳霆撰。嘉靖乙亥刊。存目。

上雜考

魏公談訓十卷，宋蘇象先述其祖丞相頌遺訓。分二十類，三百餘條。四庫未收。道光十年始刊此本。

① 按，嘉靖刻本卷端署『梁佐應台校刊』。疑應台爲其字，記要『台』上缺『應』字。

曲洧舊[1]聞，宋朱弁撰。刊本。顧廣圻以惠棟校勘過録。

鶴林玉露十六卷，宋羅大經撰。明單刊本。

李竹嬾雜著十一種二十四卷。其六研齋筆記四卷、二筆四卷、三筆四卷，著録於雜家，其紫桃軒雜綴三卷、又綴三卷入存目；於藝術又録竹嬾畫媵、續畫媵、墨君題語各一卷於存目；又有禮白獄記一卷、璽召録一卷、薊旋録一卷，不收。

留青日札三十九卷，明田藝蘅[2]撰。萬曆初刊。存目。

湧幢小品三十二卷，明朱國楨撰刊。存目。

戒庵老人漫筆八卷，明李詡撰。萬曆丁未刊。存目。

上雜説

閑署日鈔二十二卷，明舒榮都輯。以德行、言語、政事、文學四科分編史事。天啓壬戌刊。未收。

説郛一百二十卷，明陶宗儀編。明刊。附續説郛四十卷，陶珽編，刊於國初。入存目。

① 舊，原目誤作「紀」，據持静齋書目、中國古籍善本書目改。

② 蘅，原目誤作「衡」，據持静齋書目、四庫全書總目改。

歷代小史一百五卷，明豐城李栻編刊。存目。

堯山堂外紀一百卷，明蔣一葵撰。萬曆丙午刊。存目。

鹽邑志林六十二卷附聖門志六卷，明樊維城編刊。存目。

少室山房筆叢正集三十二卷續集十六卷，明胡應麟編。萬曆丙午刊。

顧氏文房小説四十種，明顧元慶編刊。存目。

增定古今逸史五十五種，明吴琯編刊。存目。

津逮祕書十五集百四十種，明毛晉編刊。存目。何焯朱筆校過。凡汲古閣所刊，以行本多，皆不録，此以何校録之。

上雜編

古本蒙求三卷，後晉李瀚撰并注。四庫未收。嘉慶丙寅日本活字印本。

册府元龜一千卷，宋王欽若等奉敕撰。明刊本。

錦繡萬花谷前後續三集一百一十卷，宋淳熙時人編，未詳姓名。明刊本。

古今合璧事類備要前後續别外五集三百六十六卷，宋謝維新撰。明嘉靖丙辰錫山秦氏刊。

左氏蒙求一卷，元吴化龍撰。四庫未收。嘉慶辛酉日本人活字印本。

喻林一百二十卷，明徐元泰撰。萬曆己卯刊。

萬姓統譜一百四十六卷附氏族博考十四卷，明凌迪知撰。萬曆己卯刊。

文林綺繡五種五十三卷，明凌迪知萬曆丁丑編刊。宋林越兩漢雋言十卷、迪知左國腴詞八卷、太史華句八卷、文選錦字二十一卷、張之象楚騷綺語六卷。並存目。

三才圖會一百六卷，明王圻撰刊。存目。

經濟類編一百卷，明馮琦撰。萬曆甲辰刊。

同姓名録十二卷補録一卷，明余寅撰。萬曆丁巳刊。

廣博物志五十卷，明董斯張撰。萬曆丁未刊。

廣類函二百卷，明俞安期編。萬曆癸卯刊。存目。

潛確類書一百卷，明陳仁錫撰刊。未收。

古雋考略六卷，明顧充撰刊。存目。

卓氏藻林八卷，明卓明卿撰。萬曆庚辰刊。存目。

五侯鯖十二卷，明彭儼撰刊。存目。

問奇類林三十五卷，明郭良翰編。萬曆己酉刊。未收。

玉照新志六卷，宋王明清撰。明刊本。

水東日記三十八卷，明葉盛撰。明刊本。

偶記十卷，明鄭仲夔撰。朱謀㙔序之。四庫存目有仲夔蘭畹居清言十卷，而不及此。

玄中記一卷，晉郭璞撰。多記異聞，其書久亡，道光丙戌高郵茆泮林輯刊。

幽明録一卷，宋劉義慶撰。四庫未收。琳琅祕室活字本。

茅亭客話十卷，宋黄休復撰。琳琅祕室依宋本活字印。

上小说①

道德會元二卷，元李道純撰。明弘治丁巳刊。未收。

老子翼三卷考異一卷莊子翼八卷闕誤一卷附録一卷，明焦竑撰。萬曆戊子刊。

莊子十卷，無注。明萬曆丁丑兩淮都轉刊於慎德書院。

莊義要删十卷，明孫應鼇撰。據所見説莊若干家删存其要。萬曆庚辰刊於滇中。史志有，四庫未收。

解莊三卷，明陶望齡撰。郭明龍刊。存目。

① 上小說，原本著於偶記條下，據該書體例改著於此。

上道家①

周易參同契發揮三卷，宋俞琰撰。明宣德三年刊本。

以上子部

集部

楚詞集註八卷辨證二卷後語六卷，宋朱子以王逸本重編而爲之註。明正德己卯沈圻重刊於休寧。

蔡中郎集六卷，漢蔡邕撰。明嘉靖戊申刊本。顧廣圻跋云：『天順癸亥歐靜本十卷六十四篇，今爲六卷九十二篇，全屬嘉靖時俞憲、喬世寧所改。』盧抱經鍾山札記云：『歐本首篇是橋太尉碑，此十卷本猶勝六卷者。』

曹子建集十卷，魏曹植撰。明汪士賢刊。

嵇中散集十卷，魏嵇康撰。明刊本。顧沅以明吴匏庵鈔本校。

支道林集二卷，晉支遁撰。近嘉慶乙丑僧寒石重刊明支硎山人本。未收。

① 上道家，原目無，據該書體例補。

鮑參軍集十卷，宋鮑照撰。明刊本。近周錫瓚以宋本校。

謝宣城集五卷，齊謝朓撰。明萬曆己卯宣城重刊。

陰何詩集二卷，梁陰鏗、何遜撰。明錢塘洪氏合刊。四庫收何集，陰集未收。

三台三聖詩集一卷，唐寒山子、豐干、拾得，皆唐貞觀中台州僧也。宋淳熙己酉沙門志南編刊。明永樂丙申重刊。

雜詠二卷，唐李嶠撰。凡百二十首，即晁公武志『單題詩一百二十詠』也。此嘉慶己未日本人活字印本，較全唐詩所收爲足。

張曲江集十二卷，唐張九齡撰。萬曆甲申刊。

分類補註李太白集十三卷，唐李白撰，宋楊齊賢註，元蕭士贇删補。明許自昌刊。

杜律虞注二卷，元虞集註杜甫七言律詩。明楊士奇刊本。存目。

讀①杜詩愚得十八卷，明單復撰。宣德甲寅刊。存目。

王右丞詩七卷孟襄陽詩二卷，唐王維、孟浩然撰，宋劉會孟評點。明刊本。

① 讀，原目缺，據四庫全書總目、中國古籍善本書目補。持静齋書目作『讀杜愚得』。

顏魯公集十五卷補遺一卷年譜一卷附録一卷，唐顏真卿撰。明嘉靖二年錫山安氏刊。

郎君胄①詩集六卷，唐郎士元撰。明正德戊寅刊。未收。

韓昌黎集四十卷外集十卷，明萬曆丙辰游居敬刊於寧國，無注。

韓昌黎詩集註十一卷年譜一卷，國朝顧嗣立撰刊。未收。此本有朱筆、黄筆評點，皆可味。卷中有徐天麟、申涵光、陳邦彦、萊孝諸人印，未知出誰手。

韓昌黎詩集，無註。刊本。顧沅以朱筆録汪琬、墨筆録何焯兩家評點。

校正音釋柳先生集四十三卷別集二卷外集二卷附録一卷，唐柳宗元撰。明刊。以宋童宗説註釋、張敦頤音辨、潘緯音義合編之本。有『隴西世家』印。

濟美堂柳河東集註四十五卷外集二卷龍城録二卷附録二卷集傳一卷後序一卷，亦宋人以韓醇音註合童、張、潘諸家音註編輯之本。明嘉靖中吴郡郭雲鵬刊。世以配東雅堂韓文，然不及遠甚。或謂其本亦出宋之世綵堂，莫能質也。有『虞山景氏家藏』印。

孟東野集十卷，唐孟郊撰。明嘉靖丙辰無錫秦禾刊本。又嘉靖己未商州刊。蔣重光、顧沅

---

① 胄，原目誤作「胃」，持静齋書目作「胄」。按，郎士元字君胄，唐才子傳有傳。因改。

經藏。商州本高照藏。

李衛公集二十卷外集四卷别集十卷，唐李德裕撰。明刊本。

昌谷集五卷，唐李長吉撰。明徐渭、董懋策批註本。

劉復愚集六卷，唐劉蜕撰。按，蜕集名文泉子，本十卷，已散佚。明天啓甲子吴甜編刊此本。四庫據者，崇禎庚辰韓錫所編，云『僅得一卷』，而不及此本。

孫可之集十卷，唐孫樵撰。明正德乙丑王鏊依文淵閣宋本録出付刊。鏊論學古文必宗昌黎，學昌黎當取徑韓門李習之、皇甫持正，及後來能傳韓法之孫可之。先後於内府録出刊行。今傳本亦罕覯。

皮子文藪十卷，唐皮日休撰。明正德庚辰袁邦正仿宋本。

甫里集十九卷，唐陸龜蒙撰。明萬曆癸卯刊。

小畜集三十卷，宋王禹偁撰。此刊本蓋提要所謂『近刊』，其外集七卷，尚未見刊本。

宋景文公集殘本三十三卷，宋宋祁撰。原一百五十卷，此殘本，卷十六至二十、卷二十六至三十二并律詩，卷八十一至八十五表、狀，卷九十六至九十九序、説、述、論，百一、二雜文，百七行狀，百十八至廿五啓狀。頗多永樂大典本未載之篇。嘉慶庚午日本人以活字印行。

傳家集八十二卷，宋司馬光撰。明崇禎刊本。

周元公集三卷，宋周敦頤撰。明初濂溪書院本最佳。又一嘉靖刊本，十七卷，徒增益附録，未大於本。

文忠集一百五十三卷附録五卷，宋歐陽修撰。明萬曆壬子刊。

歐陽文粹二十卷，宋陳亮編。明萬曆丁未刊。有老輩朱筆點抹評。

元豐類稿五十卷附録一卷，宋曾鞏撰。明成化庚寅刊。

臨川集一百卷，宋王安石撰。明嘉靖庚申撫州何氏覆元刊本。

東坡集四十卷，宋蘇軾撰。明嘉靖十三年江西布政司刊七集之一。

尹和靖集十卷，宋尹焞撰。明嘉靖庚寅刊。

吴文肅公集二十卷附録二卷附棣華雜著一卷，宋吴儆撰。四庫本題『竹洲集』，雜著則其兄俯之文。明萬曆甲辰刊。

崔舍人玉堂類稿二十卷西垣類稿二卷玉堂附録一卷，宋崔敦詩撰。字大雅，常熟人。紹興進士，官至中書舍人。類稿皆孝宗時制誥口宣等，宋志亦有此稿，而以爲周必大撰。

或益公集初編亦有此名？若此集中文，則皆益公集所無也。諸家書目惟菉竹堂有之，明中葉後則無聞矣。嘉慶丁卯日本人始以活字印行。四庫未收。

江湖長翁集四十卷，宋陳造撰。明萬曆戊午刊。

方鐵庵文選六卷，宋方大琮撰。其集著録四庫，三十七卷，未見刊本。惟此選萬曆八年刊。

滄浪先生吟卷三卷，宋嚴羽撰。明正德丁丑李堅刊。四庫録者二卷，此蓋并詩話編之。

文文山集十六卷，宋文天祥撰。明嘉靖庚申張元裕重編刊。

魯齋遺集十二卷，宋王柏撰。明崇禎壬申刊。

遺山集四十卷附録一卷，金元好問撰。錫山華氏刊。

雁門集十四卷附録一卷别録一卷，元薩①都拉撰。四庫依汲古本，三卷，此本今嘉慶中其諸孫龍光所注，較爲足本。

南海百詠一卷，元方信孺孚若撰。刊本。未收。

① 薩，原目誤作「薛」，據持静齋書目、四庫全書總目改。

丁鶴年集四卷，元丁鶴年撰。四庫本一卷，藝海珠塵本三卷，亦不足。此琳琅祕室據愛日精廬影鈔元刊本活字印，一卷海巢集，二哀思集，三方外集，四續集。附。蓋據分刻之本。此又其彙刻者。

槎翁文集十八卷，明劉崧撰。士禮居藏明刊本。四庫録其詩八卷，而其文八卷入存目，

陶學士集二十卷，明陶安撰。弘治十二年刊。

誠意伯文集二十卷，明劉基撰。嘉靖丙辰刊。

羅川剪雪詩一卷，明弘治庚戌陝西真寧學官强晟詠雪中故事，刊之。未收。

王文恪集三十六卷，明王鏊撰。董其昌校刊本，絶精善。後附王禹聲鶡音一卷，四庫本題『震澤集』。

方簡肅文集十卷附録一卷，明方良永撰。明刊本。

祝氏集略三十卷，明祝允明撰。明刊，頗佳。四庫本題『懷星堂集』。

穀①庵集選十卷附録二卷，明姚綬撰。英宗時人。附東齋稿一卷，綬孫惟芹撰。嘉靖中

① 穀，原目誤作『轂』，據持静齋書目、中國古籍善本書目改。

刊。未收。

陽明先生集要三編十五卷年譜一卷，明王守仁撰。分理學四卷、經濟七卷、文章四卷。明人摘編刊本。

居夷集三卷，明王守仁撰。乃其謫龍場時詩文。全書中無此目，蓋明時單刊之本，頗善。未收。

莊渠遺書十六卷，明魏校撰。嘉靖癸亥刊。四庫本十二卷。

周恭肅集十六卷，明周用撰。嘉靖中刊。存目。

顧文康公文草十卷詩草六卷續稿五卷三集五卷疏草二卷，明顧鼎臣撰。明刊。四庫收其未齋集二十二卷，入存目，不分詩、文，蓋别一本。

考功集十卷附録一卷，明薛蕙撰。明刊。

遵巖集二十五卷，明王慎中撰。刊本。

唐荆川文集十八卷，明唐順之撰。刊本。

震川文集三十卷别集十卷，明歸有光撰。刊本。

雅宜山人集十卷，明王寵撰。嘉靖丙申刊。存目。

袁禮部詩二卷，明袁衮撰。嘉靖中刊。未收。

松溪集十卷，明程文德撰。隆慶初刊。存目。

張文忠集十九卷，明張孚敬撰。萬曆乙卯刊。存目。

董中峰文集，明董玘撰，唐順之選，王國楨刊。未收。

弇州山人四部稿一百七十四卷續稿二百七卷，明王世貞撰刊。

夏桂洲集十八卷，明夏言撰。明刊。存目。

蠛蠓集五卷，明盧柟撰。刊本。

祐山文集十卷，明馮汝弼撰刊。存目。

馮北海集四十六卷，明馮琦撰。萬曆中刊。未收。

來禽館集二十九卷，明邢侗撰。萬曆戊午刊。存目。

金粟齋文集十一卷，明金瑶撰。萬曆丙辰刊。存目。

願學集八卷，明鄒元標撰。萬曆己未刊。

墨井詩抄二卷三巴集一卷畫跋一卷，明①吴歷撰刊。未收。

循滄集二卷，明姚希孟撰。文震孟序刊。未收。

突星閣詩鈔五卷，明王戩孟穀撰刊。未收。

七録齋文集六卷詩集三卷，明張溥撰刊。未收。

浪齋新舊詩一卷，明徐波撰。未收。

考槃集六卷，明趙宧光之妻陸卿子詩。明刊本。未收。

絡緯吟十二卷，明吴范允臨之室徐媛小淑氏撰。萬曆癸卯刊。未收。

趙忠毅公集二十四卷，明趙南星撰。崇禎戊寅刊。未收。

孫文正公續集二卷，明孫承宗撰。刊本。未收。

倪鴻寶應本十七卷，明倪元璐撰。四庫録其集，亦十七卷，及續編等二十三卷，而無此名。此殆其初刊本。

---

① 持静齋書目卷五著録此書，著者署「國朝吴歷」。清史稿卷五〇四有傳，記其卒於康熙五十七年，年八十七。記要作「明」，誤。

陳忠裕全集三十卷，明陳子龍撰。王昶校刊。未收。

賜誠堂文集十六卷，明管紹寧撰。刊本。未收。

葛瞿庵遺集四卷，明丹陽葛麟蒼公撰。崇禎壬午舉人，順治二年死難。活字本。未收。

吴節愍公遺集二卷，明吴易撰。字日生。道光癸巳刊。未收。

張別山遺稿一卷，明張同敞遺詩。道光癸卯漢皋青霞閣刊。未收。

宫詞紀事二卷，題『東吴鶴樵錢位坤撰』。上卷北都五十首，下卷南都五十首。刊本。序稱『乙酉嘉平』，則我大清順治二年也。

文館詞林殘本四卷，唐許敬宗等奉敕編。原一千卷，今存卷六百六十二詔征伐下、六百六十四詔撫邊一、六百六十八詔赦宥四、六百九十五令下移都等十一事。嘉慶初日本人活字印本。曾以校曹子建集，可補數篇。

文苑英華一千卷，宋李昉等奉敕編。明刊。

元文類七十卷目録三卷，元蘇天爵編。明萬曆中刊。

古賦辨體八卷外集二卷，元祝堯編。明成化丙戌刊。

唐詩品彙九十卷拾遺十卷，明高棅編刊。

元詩體要十四卷，明宋緒編刊。

新安文獻志一百卷，明程敏政編刊。

文翰類選大成一百六十三卷，明李伯璵、馮原同編。成化壬辰刊。存目。

半山集一卷，明廬江丁繼仁於所居銅山結亭曰『半山』，集名人賦詠以成此卷。弘治元年刊。未收。

春秋詞命三卷，明王鏊輯。正德丙子刊。存目。

文編六十四卷，明唐順之編。天啓時刊。

三蘇文範十八卷，明楊慎選編宋蘇洵及二子之文。刊本。存目。

古今詩删三十四卷，明李攀龍編刊。

名世文宗十六卷，明王世貞編，陳繼儒註、刊。未收。

中原文獻集二十四卷，明焦竑編刊。存目。

古樂苑五十二卷，明梅鼎祚輯刊。

古文品外録二十四卷，明陳繼儒編刊。存目。

兩漢書疏十三卷，明豐城李琯輯刊。未收。

漢魏六朝百三名家集一百十八卷，明張溥編。原刊本。

東漢文二十卷，明張采受先編刊。未收。

簫臺公餘詞一卷，宋姚述堯撰。刊本。未收。

以上集部

持静齋藏書記要卷之下

鈔本

經部

周易要義十卷，宋魏了翁撰。其九經要義之一也，第一卷分上中下，二卷至七分上下，又有八子卷。世無刊本。

周易本義通釋十卷附輯録雲峰易義一卷，元胡炳文撰。是書四庫本十二卷，卷數不同，然其書僅存上、下經，其十翼則明時裔孫珙、玠雜拾他書引雲峰説所補，歧異或由於此。今惟行通志堂本。得舊鈔，亦資校勘。曝書亭舊藏本。

讀易考原一卷，元蕭漢中撰。依閣鈔本。

周易圖説一卷，元錢義方撰。依閣鈔本。

卦變考略一卷，明董守諭撰。依閣鈔本。

周易旁註四册，明朱升撰。舊鈔本。四庫存目收其圖説二卷，謂其書原本十卷，冠以圖説二篇，逸其註而僅存圖説。此本一册爲圖説，餘三册爲註，蓋猶是全書。

半農易説稿本一卷，國朝惠士奇撰。四庫本六卷，此其未成手稿也。首有「紅豆書屋」印。

尚書集傳纂疏一卷書序纂疏一卷，元陳櫟撰。明祁氏澹生堂舊鈔本。

詩序二卷。依閣鈔本。

詩總聞二十卷，宋王質撰。明祁氏澹生堂舊鈔本。末有淳熙癸卯吴興陳日强刊成跋，蓋依宋式過録，可校正聚珍本。

研溪先生詩説稿本一卷，國朝惠周惕撰。四庫本三卷。此卷與半農易説一卷同册，蓋其所録未定稿也。

内外服制通釋七卷，宋車垓撰。依閣鈔本。其書本九卷，嘗見舊鈔，具後二卷細目，特有録無書耳。

月令解十二卷，宋張慮撰。依閣鈔本。

禮經類編三十卷，明李經綸撰。舊鈔本。四庫存目「經」作「記」。

家禮儀節八卷，明丘濬撰。鈔本。存目。

春秋五禮例宗七卷，宋張大亨撰。依閣鈔本。凡世無刊本，藏書家皆據閣本鈔存。今東南三閣，僅文瀾舊儲得杭人丁丙掇拾，存十二三，殘脱無緒。揚、鎮兩閣，竟燹毁無一紙。凡曩昔傳鈔，彌加珍祕，此類是也。又一本，似舊鈔，有曹溶印並題識，乃襲提要中永樂大典載此書已佚軍禮之説。在國初時，尚未知檢大典以校古書，其爲舊鈔或鈔閣本，不可知，其題識則僞作也。

春秋比事十七卷，宋沈棐①撰。依元刻舊鈔。周春藏本。

春秋分紀九十卷，宋程公説撰。於説春秋家最爲淹貫，世無刊本。此張金吾月霄所藏舊鈔，載其愛日精廬藏書志中者。

① 棐，原目誤作「裴」，據持静齋書目、四庫全書總目改。

春秋講義四卷，宋戴溪撰。依閣鈔永樂大典本。卷各分上下，寔八卷。

春秋長曆四卷，國初陳厚耀撰。舊鈔本。

九經辨字瀆①蒙十二卷，國初沈炳震撰。依閣鈔本。是書四庫依鈔本著録，未見刊本。

讀四書叢説四卷，元許謙撰。鈔本。

四書留書六卷，明章世純撰。鈔本。

皇祐新樂圖記三卷，宋阮逸、胡瑗奉敕撰。舊鈔大字本。卷末有『皇祐五年十月初三日奉聖旨開板印造』兩行，乃依影宋舊鈔傳摹者。後有嘉熙己亥伯玉跋，元天曆四年吴壽氏跋，明萬曆三十九年常清道人跋，皆記借録原委。

樂書二百卷，宋陳暘撰。鈔本。是書宋慶元刊，後有元至正、明鄭世子、張溥三刊，然傳本不多。此依元本過録。

琴譜六卷，元熊朋來撰。依閣鈔本。

韶舞九成樂補一卷，元余載撰。依閣鈔永樂大典本。

① 瀆，原目誤作『讀』，據持静齋書目、四庫全書總目改。

鐘律通考六卷，明倪復撰。鈔本。

説文解字篆韻譜五卷，南唐徐鍇撰。舊鈔本。是書世無佳刻，舊鈔亦資校勘。

佩觿三卷，宋郭忠恕撰。舊鈔本。是書自康熙時張士俊刊本外，又有仿宋，非一。此本秀水朱氏潛采堂舊藏，當即士俊所據之本。

俗書刊誤十二卷，明焦竑撰。依閣鈔本。

經子難字二卷，明楊慎訂釋。舊鈔本。存目。

切韻指掌圖二卷附檢例一卷，宋司馬光撰。依閣鈔本。

九經補韻①一卷，宋楊伯嵒撰。鈔本。

柴氏古今通韻八卷，國朝柴紹炳撰。舊鈔本。存目。

以上經部

① 補韻，原目誤乙，據持静齋書目、四庫全書總目改。

史部

五代史記纂誤三卷，宋吴縝撰。依閣鈔永樂大典本。

皇王大紀八十卷，宋胡宏撰。依明萬曆閩刊鈔本。

續資治通鑑長編一百八卷，宋李燾撰。舊鈔本。是書四庫本五百二十卷，乃依永樂大典鈔輯其先後所進諸本合編之。此則其乾道四年所進建隆元年至治平四年閏三月五朝事迹之本也。藏家鈔傳，皆僅此本。四庫本，嘉慶己卯昭文張氏以活字印行，齋中亦有之。

宋十朝綱要二十五卷，宋眉山李㞦編。始太祖，至高宗。每朝首列年號、皇后、公主及宰相、參知政事、樞密使、樞密副使、使相、三司使、學士、舍人院、御史中丞人名，及進士何人、榜人數，及外改廢置州府，及誕節、神御殿名，然後按年紀事。四庫未收。

明穆宗實録七十卷。舊鈔本。四庫不收。

皇明大政記三十六卷，明雷禮撰。舊鈔本。起洪武，至正德六年。四庫存目者，二十五卷。

國榷二十卷，國初談遷撰。明史及千頃堂書目載此書百卷。此僅崇禎一朝，附以福藩耳。四庫不收。

通鑑紀事本末補殘鈔本四册，題『國子監學正王延年撰』。首册又點易其銜爲翰林院侍讀，蓋其後所晉官，其成書時尚學正也。一册始於魏大三晉，四册止於鄧后臨朝，凡廿九事。如桑孔興利、兩漢崇學等，亦足補袁書之遺。而瑣細標目者，多或袁書已載而别目複見。陳鱣藏。

通鑑紀事本末補後編五十卷，國朝張星曜撰。字紫臣，仁和人。以袁氏本末未有專紀崇信釋、老之亂國亡家以爲篇者，乃雜引正史所載，附以稗官雜記及諸儒明辨之語，條分類集，以爲此書。其紀歷代佛氏之亂，曰歷代君臣奉佛之禍，四卷；曰佛教事理之謬，十卷；曰佛徒縱惡之禍，五卷；曰儒釋異同之辨，五卷；曰儒學雜禪之非，十卷；曰歷代聖賢君臣闢佛之正，七卷。紀歷代老氏之亂，曰歷代君臣求仙奉道之禍，三卷；曰道教事理之謬，二卷；曰道士縱惡之禍，一卷；曰儒老異同佛老異同之辨，二卷；曰歷代君臣聖賢闢老之正，一卷。古之闢異端者多矣，未有如此之專心致志者，得此總彙，亦易爲明晰。自序題『康熙庚午』，此其手稿也。唯其書不專紀事，多録辨論之語，亦與書題不合。若芟其繁蕪，爲雜家子書之一種，則大善矣。

建炎筆録三卷，宋趙鼎撰。舊鈔本。記自建炎三年正月車駕在維揚起，訖於紹興七年十二月十二朝辭上殿，本末粲然。四庫未收。

辨誣筆録一卷，宋趙鼎撰。舊鈔本。辨謝祖信，論其嘗受張邦昌僞命；辨王次翁，論其乾没都督府錢；辨資善堂汲引親黨數事，皆秦檜忌惡所誣，足與史傳相發明。四庫未收。

北行日録八卷。舊鈔本。以宋人北狩行録、竊憤録、竊憤續録三種合編之者，明汪梅也。

北狩録，蔡絛撰；竊憤録，不著撰人。並存目。

建炎復辟記，宋人撰，失其名。舊鈔本。存目。

太平治迹統類前集三十卷，宋彭百川撰。依閣鈔本。

襄陽守城録一卷，宋趙萬年編。舊鈔。存目。

辛巳泣蘄録，宋趙與衮撰。舊鈔。存目。

焚椒録一卷，遼王鼎撰。錢曾藏。明人舊鈔本。有錢牧齋跋。存目。

金國南遷録一卷，金張師顏撰。舊鈔。存目。

廷樞①紀聞二十册，存十二册，題『臣于謙私編』。始正統七年，至十四年。秀水陸維垣舊藏，稱其條分縷晰，謹嚴有法，蓋當時實録。後顧沅經藏。四庫未收。

三朝聖諭録三卷，明楊士奇撰。舊鈔。存目。

姜氏祕史四册，明姜清撰。惠棟藏舊鈔本。存目僅一卷。

革除遺事節本六卷，明黄佐撰。正德庚辰序。舊鈔。存目。

宣靖備史四卷，明陳霆聲伯撰。嘉靖癸卯自序。鈔本。未收。

酌中志二十三卷，明宫監劉若愚撰。所記始萬曆愼册立，至崇禎誅逆賢諸事，亦偶及於邊防，餘皆宫闈瑣事。其第十八卷載監中經籍板目，及印釋、道兩藏紙墨工料，亦資考核。四庫未收。又，寫本明宫史五卷，亦題若愚撰。蓋即酌中志不足之本而易其名。其内板經書紀略爲末卷，而志在十八可知矣。四庫『政書』亦録明宫史五卷，而題『蘆山赤隱吕毖校次』，蓋即若愚書而毖校之耳。豈五卷本即毖所摘録耶？

酌中志餘一厚册，鈔本。不題編人。其自識云：『編酌中志既竣，篋中有昌、啓、禎三朝

① 廷樞，原目誤乙，據持静齋書目、中國古籍善本書目改。

紀載之堪與兹志發明者，曰東林點將録、王紹徽。曰東林朋黨録、曰東林同志録、曰東林籍貫、曰盜柄東林夥、曰天鑒録、上五種未詳撰人。曰夥壞封疆録、昭陽魏應嘉。曰欽定逆案、曰天啓宫詞、虞山陳悰。曰擬故宫詞，毘陵唐宇昭。凡十種合編之，而題以志餘。』然則編者亦劉若愚也。其前七種俱見四庫『傳記①類』存目，而志餘不收。

三朝野記七卷，題『江上遺民李遜之輯』。記昌、啓、禎三朝事。舊鈔本。四庫不收。

四朝野乘十三卷，未詳撰人。鈔本。闕前五卷，僅卷六至十三之啓禎紀聞録八卷。四庫不收。

啓禎紀聞録八卷，鈔本。蓋國初吴人撰。疑即前書。不收。

談往一册，題『花村看行②侍者偶録』。其七篇爲説鈴，已刻，即四庫存目之一卷。此本七篇已校説鈴本加詳，其三十四篇俱未刻者。其末言『西湖居止』，蓋杭州人。舊鈔本。

明初群雄事略八册，國朝錢謙益撰。記明太祖開創削平、揭竿同起諸人事，猶其在明時

① 傳記，原目誤乙，據四庫全書總目改。
② 看行，原目誤乙，據四庫全書總目改。

編也。舊鈔本。四庫不收。

甲申野史彙鈔四十一卷，國朝全祖望輯。舊鈔本。其子目則毛霦平叛記二卷，無名氏圍城日記十卷，顧苓金陵野鈔十四卷，難臣紀略一卷，錢名世四藩本末四卷，陳盟閣臣事略一卷，楊陸榮殷頑録六卷，吴應箕剥復録六卷，吴嶽清流摘鏡六卷。四庫不收，惟平叛記入存目。

上雜史

左史諫草一卷，宋吕午撰。依閣鈔本。

商文毅疏稿略一卷，明商輅撰。依閣鈔本。

關中奏題稿十卷，明楊一清撰。舊鈔。四庫本題『關中奏議』。

周忠愍奏疏二卷，明周起元撰。依閣鈔本。

李相國論事集六卷，唐蔣偕編。依閣鈔本。

紹陶録二卷，宋王質編。舊鈔本。

象臺首末五卷，宋胡知柔撰。依閣鈔本。

上奏疏

上傳記名人

宋陳少陽先生盡忠録八卷，明正德乙亥鄞陳沂①魯南編。載宋陳東上書，而先以像、狀、傳，附以詔敕、哀挽、題跋，末卷爲雜詠、遺稿。楊一清爲之序。四庫録少陽集十卷，其半爲附録，而未收此。

上傳記總録

廉吏傳二卷，宋費樞撰。舊鈔本。

草莽私乘一卷，明陶宗儀撰。鈔本。存目。

吴乘竊筆一卷，未詳撰人。記宋至明萬曆三十人。鈔本。未收。

南忠記一册，舊鈔本。紀明末殉難諸人。自序題『庚寅孟夏逸史氏錢肅潤』，則我朝順治七年也。未收。

上傳記别録

安禄山事迹三卷，唐姚汝能撰。鈔本。存目。

五國故事二卷，宋初人撰，失其名。鈔本。

九國志十二卷，宋路振撰，張唐英補。久無傳本，嘉慶間儀徵阮氏得曲阜孔氏舊鈔殘帙，凡列傳百三十六篇，編爲十二卷進呈。此嚴杰書福樓所依鈔也。

① 沂，原目誤作『次』。按，陈沂字魯南，明史有傳。因改。

黑韃事略一卷，宋彭大雅撰。依明茶夢道人姚咨録本過鈔。未收。

後梁春秋二卷，明姚士粦撰。舊鈔。存目。

上載記

越史略三卷，不著名氏，蓋安南國人撰。依閣鈔本。

東國史略六卷，不著名氏，蓋朝鮮人撰。舊鈔本。每卷各分上下。四庫本題『朝鮮史略』。

上載記附録

歷代宫殿名一卷，宋李昉撰。直齋書録載之，四庫未收。舊鈔精本。

上地理宫殿名

元和郡縣圖志四十卷，唐李吉甫撰。舊鈔。密行，失其圖。

元豐九域志十卷，宋王存撰。依宋本鈔。曹寅舊藏。

方輿勝覽七十卷，宋祝穆撰。鈔本。

上總志

吴郡圖經續記三卷，宋朱長文撰。黄丕烈藏舊鈔善本。顧廣圻以演繁露易之者也。

乾道臨安志三卷，宋周淙撰。吴翌鳳鈔本。

海鹽澉水志八卷，宋常棠撰。依閣鈔本。

淳祐玉峰志三卷續志一卷，宋陽羡凌萬頃、陳留邊實同撰，實又續之。條理簡核，爲考崑山文獻最古之書。士禮居依明祝允明寫本過録。四庫未收。

咸淳毗陵志三十卷，宋四明史能之因宋慈未成之稿續撰。汪士鐘藏舊鈔本。四庫未收。

齊乘六卷，元于欽撰。依元本舊鈔。畢瀧藏，黄丕烈校。

至大金陵志十五卷，元張鉉撰。依閣鈔本。

滇略六卷，明謝肇淛撰。舊鈔本。四庫本十卷。

上都會郡縣

黔書二卷，國朝田雯撰。鈔本。四庫附其古歡堂集下。

東南防守利便三卷，題『宋右迪功郎江南東路安撫使司準備差遣臣陳克、左宣教郎添差通判建康軍府提舉圩田臣吳若同進』。首有吕祉①進此書繳狀。寫本。存目。

鄭開陽雜著十一卷，明鄭若曾撰。依閣鈔本。

温處海防圖略一卷，明蔡逢時撰。存目二卷。

秦邊紀略五卷，國初人撰，失其姓名。舊鈔本。存目四卷。

上邊防

赤松山志一卷，宋倪守約撰。依閣鈔本。

汴京遺迹志二十四卷，明李濂撰。

上古迹

---

①祉，原目誤作『址』，據四庫全書總目改。

上雜記

石湖志略一卷文略一卷，明盧襄撰。存目。

歷代山陵考一卷附記事一卷，明王在晉撰。存目。

柳邊志紀略二卷，題『山陰耕夫楊大瓢著』。乃出塞記遼、金遺迹。國初康熙間人。未收。

益部談資三卷，明何宇度撰。

雲山日記四卷，元郭天錫撰。依知不足齋本鈔。天錫退思集不傳，唯此記從真迹録出。未收。

附遊記

神明境二卷，題『玉蟾館主人摘録』。乃節鈔水經注中奇境。鈔人未詳。徐子晉藏。

上外紀

真臘風土記一卷，元周達觀撰。

宋宰輔編年録二十卷，宋徐自明撰。

作邑自箴十卷，宋李元弼持國撰。政和丁酉待次廣陵，自序謂『剽聞鄉老先生論爲政之要，得一百三十餘説，從而著成規矩，述以勸戒。又幾百有餘事，置之几案，可以矜式。』明人影宋鈔本。錢穀又以宋本覆校，末卷末頁有『淳熙己亥浙西提刑司刊』二行，又有康熙丙寅陸貽典題字。是書宋志失載，直齋書録有之，明及國初人書目猶著録，四庫未收。

西漢會要七十卷，宋徐天麟撰。依閣鈔本。又一寫本西[①]漢貫制叢録，亦七十卷，題『宋紹熙十五年袁上職官應詳撰進』。核之，即天麟書，蓋作僞以欺售者。附訂於此。

五代會要三十卷，宋王溥撰。舊鈔本。第一卷揭銜云『推忠協謀佐理功臣、光禄大夫守司空、兼門下侍郎、同中書門下平章事、監修國史、上柱國、太原郡開國公、食邑一千户食實封四百户臣某』。每卷首皆出本卷細目，猶是此書元式。

大唐開元禮一百五十卷，唐蕭嵩等奉敕撰。

太常因革禮一百卷，宋歐陽修等奉敕編。歐公志老泉墓，所謂『太常修撰建隆以來禮書，乃以霸州文安主簿食其禄同修者』也。傳鈔本。原闕五十一至六十七，凡十七卷。四庫未收。

大金德運圖説一卷，金貞祐二年尚書省集議之案牘。依閣鈔本。

① 西，持静齋書目卷二作『兩』。

素王紀事一册，明傅汝楫校。記文廟典章。舊鈔，未收。上政書典禮

河東鹽法考一卷陝西靈州鹽法考一卷廣東鹽法考一卷，舊鈔。不詳撰人，蓋明人記鹽政備史稿之書，當不止此。未收。上政書邦記

遂初堂書目一卷，宋尤袤撰。

國史經籍志六卷，明焦竑撰。存目。

絳雲樓書目一册，國朝錢謙益撰。毛晉藏鈔本，録陳景雲校勘。不收。

汲古閣家塾藏板目録一卷，無編人。

千頃堂書目三十二卷，國朝黄虞稷撰。又一部。

述古堂藏書目題詞一册，國朝錢曾手稿，蓋即其讀書敏求記未編類之初本也。有可補趙、阮兩刻之遺者十許條。

毘陵經籍志四卷，國朝盧文弨編。

鑑止水齋書目一册，國朝許宗彦撰。

集古録十卷，宋歐陽修撰。舊鈔本。何義門所校，甚精。

寳刻類編八卷，宋人撰，失其名。依閣鈔永樂大典本。

碑藪一卷，明陳鑑撰。依明嘉靖壬戌鈔本過録。未收。

求古録一卷，國朝顧炎武撰。

天下碑刻目録一册，國朝林侗撰。四庫收侗來齋金石考三卷，當即此編。

瘞鶴銘考一卷，國朝汪士鋐撰。存目。

括蒼金石志十二卷，國朝道光中嘉興李遇孫輯。

扶風縣石刻記二卷興平縣金石志一卷，國朝黄樹穀輯。近錢塘人。

上目録金石

三國雜事二卷，宋唐庚撰。

經幄管見四卷，宋曹彦約撰。依閣鈔永樂大典本。

類編皇朝大事記講義二十四卷，舊鈔本。宋吕中撰。四庫本二十三卷。

舊聞①證誤四卷，宋李心傳撰。依閣鈔本。

宋紀受終考三卷，明程敏政撰。專辨燭影斧聲事。存目。

歷代正閏考十二卷，明沈德符撰。舊鈔本。未收。

① 聞，原目誤作「文」，據持静齋書目、四庫全書總目改。

以上史部

子部

子思子一卷，宋汪晫①編。依閣鈔本。

麗澤論説集録十卷，宋呂祖謙之姪喬年編集祖謙之語。舊鈔本。

毋欺録一卷，國朝崑山朱用純柏廬撰。未收。

幼學日記三册，國朝嚴我斯編。類記嘉言，間亦附以己説。未收。

上儒家

握機經輯注圖説二卷，題『海昌程②道生可生編』。舊鈔本。

三略直解三卷，明劉寅撰。依閣鈔本。

兵要望江南詞一卷，題『唐李靖撰』。分三十六占法，依明天啓二年蘇茂柏校本過鈔。四

① 晫，原目誤作『倬』，據持静齋書目、四庫全書總目改。

② 程，原目誤作『陳』，據持静齋書目、中國古籍善本書目改。

庫提要有兵要望江南歌一卷，謂：『崇文總目題武安軍左押衙易静撰。』晁氏志亦載之，云静蓋唐人。當即一書，此妄改李靖耳。

陣紀四卷，明何良臣撰。

救命書一卷，明吕坤撰。守城事宜也。

廣救命書一卷，明崇禎戊寅仙遊唐顯悦撰。未收。

車營圖制一卷車營百八叩一卷，明孫承宗撰。不收。

水師輯要二卷，國朝陳良弼撰。未收。

上兵家①

多稼集二卷，國朝道光間奚名未詳。子明撰。上卷曰種田新法，下卷曰農政發明。丁未冬嵇文煒序。

上農家

鄧析子一卷，周鄧析撰。依閣鈔本。

上法家

素問六氣玄珠密語十卷，唐王冰撰。舊鈔本。按，是書道藏本十七卷，四庫存其目於『術數家』。晁公武志録此書十卷，與此本合，蓋猶宋人舊編。其十七卷本，特以全書三十

① 上兵家，原目無，據該書體例補。

論多增卷帙耳。其書推演五運六氣，蓋以專明素問氣運爲治病之要之説，後來劉温舒素問入式論奥亦發明斯旨。

本事方十卷補遺三卷，宋許叔微撰。四庫本題『類證①普濟本事方』，其補遺，國朝乾隆初毛德宏據他醫書引叔微説編之。考叔微有傷寒九十論，並列治方，德宏所採拾，不必是本事所有，故庫本無之。

衛濟寶書二卷，宋東軒居士撰。依閣鈔永樂大典本。

太醫局程文格九卷，皆南宋考試醫學之文。依閣鈔永樂大典本。提要未詳編人，云『世亦別無傳本』。而此鈔每卷題『宋何大任編』，不知所據。

産育寶慶集方二卷，宋人撰，失其名。依閣鈔永樂大典本。

集驗背疽方一卷，宋李迅撰。依閣鈔永樂大典本。

濟生方八卷，宋嚴用和撰。依閣鈔永樂大典本。

産寶諸方一卷，宋人撰，失名氏。依閣鈔永樂大典本。

① 類證，原目誤乙，據持静齋書目、四庫全書總目改。

推求師意二卷，明戴原禮撰。嘉靖甲午汪機序。

温疫論二卷補遺一卷，明吴有性撰。依閣鈔本。

廣温疫論五卷，國朝康熙間上元戴天章麟郊撰。四庫未收。

本草綱目拾遺十卷，明末①錢塘趙學敏恕軒撰。舊鈔本。拾李時珍之遺，首又有正誤一卷，自序題『庚寅仲春』。考，時珍子建元進綱目在萬曆廿四年丙申，此後庚寅即我朝順治七年也。序述所著利濟十二種，謂其弟楷鋭意岐、黄，著有百草鏡八卷、救生海百卷。十二種者，曰醫林集腋、曰祝由録驗、曰囊露、曰串雅、曰升降祕要、曰奇製元解、曰奇藥備考、曰綱目拾遺、曰本草話、曰藥名小録，其十一種皆不傳，傳僅此耳。四庫未收。

人身説概二卷，明末西士鄧玉函撰。未收。

人身圖説二卷，明末西士羅雅谷撰。未收。又一部題『鄧玉函撰』。

上醫家

曆體略三卷，明王英明撰。舊鈔本。

① 趙學敏本草綱目拾遺自序署乾隆乙酉（三十年）八月，則其人生活在清乾隆間無疑。記要誤作『明末』。

天學疑問一卷，國朝梅文鼎撰。未收。

籌算一卷，明末西士羅雅谷撰。未收。

少廣補遺一卷，國朝陳世仁撰。

續增新法比例四十卷，國朝泰州陳厚耀泗源撰。缺者十八卷。卷一之六、卷十三、卷十八、①卷三十一、三十二、卷三十四之三十九。何元錫夢華館藏舊鈔本。

上天文算法

皇極經世索隱二卷，宋張行成撰。依閣鈔永樂大典本。

大衍索隱三卷，宋丁易東撰。依閣鈔永樂大典本。

上術數

讖子五行志五卷，唐濮陽夏撰。言天文占驗事，新唐志、崇文總目、遂初堂書目皆著録，四庫未收。此本明人舊鈔。曹溶倦圃所藏。又一鈔本，李兆洛藏。

乾坤變異録一厚册，題『唐司天監李淳風纂集』。遂古堂藏明鈔本。有惠棟印、黄丕烈題識。直齋書録云『乾坤變異録一卷，不著名氏。雜占變異，凡十一②篇』，即此書。則題淳

① 持静齋書目卷三於此多『卷二十、卷二十二』。

② 一，直齋書録解題卷十二作『七』；文獻通考經籍考卷四十六所引亦作『七』。

風者，妄也。四庫不收。

乾象通鑑一百卷，宋河間免解進士李季奉旨撰進。高宗賜序。其書自天地列宿變異，雜引古占最備。玉海載：建炎四年，季進此書。先付太史局，命依經改定譌舛。紹興元年，詔與舊書參用。其次序體例，按之玉海所載楊維德等撰景祐乾象新書，大概相同，蓋即據爲增損，亦開元占經之次也。其書雖以建炎時進，而成書蓋在北宋時，故多見古書，如黄帝、甘石、巫咸諸占皆具，有可補占經之漏者。其首別有古變異一卷，多與書中所引複見，殆別一書，誤裝入耳。自玉海外，各家書目不著録，惟見讀書敏求記。四庫未收。此本孫馮翼依孫星衍吴門所收舊鈔録藏祠堂者，前有星衍題記。後歸上海郁氏宜稼堂。道光乙巳，楊振藩爲檢史志校過，以朱筆增損。將刊行，未果。唐、宋人引書，取大意不失，振藩增損，亦不盡可憑也。附李季進乾象通鑑疏：臣季言，天垂象以示吉凶，聖人觀天文以察時變，其來尚矣。雖示現不常，所遇有數。然有吉可致，其凶可禳，修德修刑，經史所載，有已試之驗，歷代宗之。設官分職，厥有攸司，秦、漢之後，散於亂罹。書既不備，法亦罕聞。間有異人，研書奥學，前知禍福，自爲避就。世既禁而不習，書亦秘而不示。行於司天者，止在繩墨之中，而不能推其妙；藏於册府者，雖隱深微之旨，而未嘗見於習。學不全，法不盡，將訪吉凶禍福，是猶索塗於瞽而問樂於聾，或幸得之一二而止耳。臣，書生也，早遇異人，密傳奥旨，研精窮思二十餘年。方禁網嚴切，不敢示人。而天象時變，臣已逆知於十五年前矣。嘗以微言咨於故丞相李邦彦、前北帥王安中。初不以爲然，中略推其驗，後大信之，而事已不及矣。臣謂，此術微妙，人不能知，知於已然，事實無濟。於是據經集諸家之善，考古備已驗之變，復以景祐新書、海上秘法參列而次第之，著爲成書，凡一百卷，目之曰乾象通鑑。開帙對目，而天之所示，時之所變，無一不在。將不勞推測，而吉凶禍福之兆，昭然可覩。然後修德於己，禳變於天，可以保世祚、安邦家、守太平，實有補於聖朝。臣是以不遠千里，冒犬豕鋒鏑之死，前赴行在，而獻之畎畝之中。適際陛下龍飛，恭默思治，復令推之史册，將鑒往以知來。於萬機之餘，特賜睿覽，凡見上象，宜審閲之，以圖修禳之方，避就之地。臣老歸山林，雖屏迹不出，將復見太平之日矣，不勝幸甚！建炎元年六月，臣季昧死謹進。

六壬中黄五變經法二卷，未詳撰人。舊鈔本。存目。

天鏡一册，明周文郁撰。言行軍占驗。自序署『崇禎癸未』。鈔本。不收。

靈城精義二卷，題『南唐何溥撰，明劉基注』。依閣本鈔。

催官篇二卷，宋賴文俊撰。依閣本鈔。

發微論一卷，宋蔡元定撰。依閣本鈔。

玉照定真①經一卷，題『晉郭璞撰』。依閣鈔永樂大典本。

星命溯源五卷，未詳撰人。依閣鈔本。

三命指迷賦一卷，題『宋岳珂補注』。依閣鈔永樂大典本。

星命總括三卷，遼耶律純撰。依閣鈔永樂大典本。

演禽通纂二卷，不著撰人。依閣本鈔。

玉管照神②局三卷，題『南唐宋齊丘撰』。依閣鈔永樂大典本。

遁甲奇門要略一卷，不詳撰人。舊鈔本。存目。

墨藪二卷附法帖釋文刊誤一卷，唐韋續撰，法帖釋文刊誤，宋陳與義撰。依閣鈔本。

金壺記三卷，宋僧適之撰。鈔本。存目。

古今集論字學新書七卷，元劉惟志編。士禮居舊藏徐氏鐵硯齋鈔本。四庫存目僅有惟志字學新書摘鈔一卷，謂其『簡略殊甚，殆先有新書而摘鈔之』，則未見此本。亦元人

① 定真，原目誤乙，據持静齋書目、四庫全書總目改。

② 照神，原目誤乙，據持静齋書目、四庫全書總目改。

書待傳之一也。冊尾有此書摘鈔目録，後附正德癸酉衡州知府通海喬瑛刊序，殆是序摘鈔刊本。

吉金所見録十六卷，國朝初尚齡録歷代布錢彙編之。嘉慶己卯序鈔本。

文房四譜五卷，宋蘇易簡撰。舊鈔本。又一鈔本，差工。

品茶要録一卷，宋黄儒撰。依閣鈔本。

膳夫經手録一卷，唐楊煜撰。抄本。煜官巢縣令，是書成於大中十年，唐、宋志、通志略、崇文總目並著録。所述茶品，分産地，别優劣，甚詳備。又有顧嗣立刊入閭邱辨囿本，但題『膳夫經』。四庫未收。

雞冠花譜一作『雲鳳英譜』一卷，題『秋色主人撰』。康熙己卯仲秋自序。鈔本。

淮南天文訓補注二卷，國朝錢塘撰。乾隆末人。

金樓子六卷，梁元帝撰。依閣鈔永樂大典本。

樂庵語録五卷，宋李衡撰。鈔本。四庫著録者，題『樂庵遺書四卷』。

家訓筆録一卷，宋趙鼎撰。鈔本。未收。

經鉏堂雜志八卷，宋倪思撰。舊鈔。存目。

東洲几上語一卷枕上語一卷，宋施清臣撰。鈔本。存目。

資暇集三卷，唐李匡乂撰。依閣鈔本。

經外雜鈔三卷，宋魏了翁撰。舊鈔本。

朝野類要五卷，宋趙昇撰。鈔本。

授書隨筆十七卷，國朝黄宗羲撰。舊鈔本。四庫未收。

王氏談録一卷，宋王欽臣撰。依閣鈔本。

仇池筆記二卷，宋蘇軾撰。依閣鈔本。

巖下放言三卷，宋葉夢得撰。舊鈔本。

紫微①雜説一卷，宋吕本中撰。依閣鈔本。

辨言一卷，宋員興宗撰。依閣鈔本。

東園叢説二卷，題『宋李如篪撰』。鈔本。四庫本三卷。

藏一話腴四卷，宋陳郁撰。依閣鈔本。

佩韋齋輯聞四卷，宋俞德鄰撰。草鈔，善。

① 微，原目誤作『薇』，據持静齋書目、四庫全書總目改。

書齋夜話四卷，宋俞琰撰。依閣鈔本。

閑居録一卷，元吾丘衍撰。依閣鈔本。

餘冬序録十三册，明何孟春撰。鈔本。四庫存目六十五卷。

說略一卷，明黄尊素撰。項氏古香書屋舊寫本。未收。

棗林外索二卷，國朝談遷撰。鈔本。雜記古語古事。遷有棗林雜俎，多記明代逸事，見四庫存目，蓋别一書。未收。

閑閑堂會心録十六卷，明倪涷撰。涷，文正公元潞之父也。此其稿本。四庫未收。

東坡先生物類相感志十八卷，宋釋贊寧撰。海寧陳鱣據知不足齋藏明嘉靖己亥姚氏寫本過鈔。其卷首結銜云『兩府僧統法戒都監選練明義宗文大師贊寧編次』。舊以書題『東坡』，或混爲蘇軾。四庫提要以爲僞，而僅存其目。然其書疏證詳明，有條不紊，晁氏讀書志、馬氏通考皆載之。晁志謂『贊寧，吴人。以博物稱。柳如京、徐騎省與之游』，則遠在東坡前。陳鱣曰：『安知贊寧不一號東坡乎？』其說甚是。眉公祕笈止刻其半，此爲足本。晁氏、馬氏所記皆十卷，而此十八者，蓋後人分析也。

雲煙過眼録一册，宋周密撰。元人舊鈔。有玉磬山房、衡山兩印。

類説五十卷，中子卷十三卷。鈔本。未著撰人，疑即宋曾慥書也。四庫本六十卷，分前後二集。

仕學規範四十卷，宋張鎡編。汪士鐘舊藏影宋鈔本。半頁十二行，行二十五字。向見張廷濟所藏宋本，正如此。

古今同姓名①録二卷，梁元帝撰。鈔本。陳鱣校過。

大唐類要一百六十卷，即唐虞世南北堂書鈔，後人改題者。然未經陳禹謨删竄，雖多誤字，猶虞氏原書也。陳氏刊此書時，於文義難通處即行删去，或别引他書羼入。凡唐以前亡逸之書，猶藉考其零章碎句以存吉光片羽者，抹殺不知凡幾。如百三十九『車總載』篇及末三卷『穴』、『泥』、『沙』、『石』四篇，皆隨條大書，不立題分注者，陳刻既改成一例，而删棄至十六七。其他攙亂顛錯，不可枚舉。所謂『刻一書而其書轉亡』者也。故考證家求虞氏書，皆不取陳本，而以舊鈔原本爲貴。原本自國初來即有仍題『書鈔』、改題『類要』二本，題『書鈔』者，見錢曾敏求記，謂『蒐訪十餘年，始得原書』。

① 姓名，原目誤乙，據持静齋書目、四庫全書總目改。

題『類要』者，見曝書亭集，有跋謂『原書罕覯』。今更日久，幾成斷種。皆極言得之之難。道光間，嚴可均曾校刊未就，亂後更無從訪求。此本顧沅藝海樓所鈔，蓋據竹垞所見本。其本聞尚在上海郁氏宜稼堂也。

龍筋鳳髓判二卷，唐張鷟撰。舊鈔。

蒙求集注二巨册，舊鈔。

職官分紀五十卷，宋孫逢吉撰。龔氏玉玲瓏閣鈔本。汪士鐘舊藏。

春秋左傳摘奇十二卷，宋胡元質撰。秀野草堂舊藏影宋鈔本。又經藏何元錫夢華館。四庫未收。

群書會元截江網三十五卷，宋理宗時書肆本，未詳編人。依閣鈔本。

小字録一卷，宋陳思撰。依閣鈔本。

姬侍類偶二卷，宋周守忠撰。吴翌鳳藏鈔本。存目。

大[①]學增修聲律資用太平總類殘本七卷，舊鈔。起十八卷，至二十四卷止。存威斷、師

① 大，持静齋書目卷三作『太』。

古、符命、福禄、功德、休美、治道、政事[①]八門，每門子目中又分事括、譬喻、反説、體字、賦偶、賦隔等題。其每卷首頁格右並有『嘉靖十五年某人寫』一行。引事至通鑑而止。據書題，與南宋人太學新編畫一元龜及增修聲律萬卷英華等相類，蓋宋末人編也。各家書目不録。四庫未收。

群書麗句十卷，明楊慎撰。分十四類。舊鈔本。未收。

古人别號録一卷，明楊慎撰。鈔本。升庵集有名賓異號録補序一首，以無書而補，未知即此否。未收。

香霧雲鬟録一册，題『滬城無無庵主筆記』。蓋近人鈔輯。

孫内翰北里志一卷，唐翰林學士孫棨撰。舊鈔本。未收。

牛羊日曆一卷，唐劉軻撰。顧嗣立秀野草堂藏舊鈔本。未收。

南唐近事一卷，宋鄭文寶撰。舊鈔本。

醴泉筆録二卷，宋江休復撰。鈔本。四庫録休復嘉祐雜志，而不及此。

① 政事，原目作墨釘，據持静齋書目卷三補。

續世説十二卷，宋孔平仲撰。取宋、齊、梁、陳、隋、唐歷代事迹，依劉義慶世説之目而分隸之。目録後有『臨安府陳道人刊行』八字二行木記。蓋依紹興丁丑秦果所序沅州修刊李氏板影鈔。半頁十行，行十八字。四庫未收。

續墨客揮犀十卷，宋彭乘撰。四庫録其墨客揮犀，謂其續編已逸。此本爲紅豆山房所藏鈔，甚精善。陳氏直齋書録二編並著，共二十卷，而不及撰人。商維濬稗海乃題彭乘，蓋以書中自稱名爲據。

南窗記談一卷，宋人撰，未詳名氏。秀野草堂藏舊鈔本。與牛羊日曆同册。

投轄録一卷，宋王明清撰。依閣鈔本。

北窗炙輠録一卷，宋施德操撰。吴翌鳳枚庵藏鈔本。

樂郊私語一卷，元姚桐壽撰。鈔本。

稗官記五卷，明正統間馬愈撰。鈔本。未收。

隆平紀事二卷，明末松陵史册義維撰。鈔本。紀元末明初蘇、湖間事。未收。

識小録四卷，鈔本，題『活埋庵道人徐樹丕筆記』。乃明末人雜説。未收。

玉堂薈記一卷，國初楊士聰撰。曹楝亭藏舊鈔本。存目。

人海記二卷，國朝查愼行歸田後録其在京師時見聞編之。舊鈔本。未收。

漢武帝内傳一卷外傳一卷，題『班固撰』。陳鱣藏鈔本。

括異志十卷，宋張師正撰。曹寅藏舊鈔本。

清異録二卷，宋陶穀撰。此明嘉靖間鈔本，雖不精，然海鹽陳氏刻者，多妄行刊削，此猶存其本真。士禮居舊藏。

御注道德經四卷，唐玄宗御撰。鈔本。蓋依道藏。四庫未收。

道德真經注疏八卷，題『吴郡徵士顧歡述』。依道藏本過録。按，歡，齊時人。隋志載其老子義綱一卷、義疏一卷；又，唐志有道德經義疏四卷、義疏治綱一卷，書名、卷數既與此不合。不應齊時人而先引陶隱居、成玄英。惟晁氏志及玉海有岷山道士張君相三十家道德經集解，其列名二十九，蓋君相自爲一家並數之，頗與是書相契，則爲君相所集無疑。研經室外集載此書，改題『君相撰』，是也。所載六朝、唐人遺説，今多無傳，賴此存其崖略，亦道家古笈僅存者矣。其兼引唐玄宗御疏，蓋又後人羼入，而所稱『陳曰』、『榮曰』者，殆杜光庭所云任真子陳榮也。四庫未收。

天隱子一卷，題『唐司馬承禎撰』。鈔本。四庫以附玄真子下，云佚姓名。

悟真篇删僞集①三卷，宋張伯端撰，元薛道光、陳致虚刊誤。舊鈔本。

席上腐談二卷，宋俞琰撰。鈔本。

鳴鶴餘音一厚册，舊鈔本。元人編道家論道詩詞。四庫入『總集存目』。

冲用編一厚册，鈔本。録九天生神玉章經等至黄庭内外景經，凡十二篇。未詳編人。

正一天壇玉格譜敘源流一厚册，未詳編人。述天師傳授符録之事，敘入本朝襲封者，至九代。其書則所世守之典册也。鈔本。

以上子部

集部

陶貞白先生集二卷，梁陶弘景撰，明黄省曾編。舊鈔。未收。

劉庶子詩集一卷，梁劉孝威撰。舊鈔。未收。

① 該書名，持静齋書目卷三作『悟真刊僞集』。

張散騎詩集一卷，陳張正見撰。舊鈔。未收。

王子深集二卷，北周王褒撰。何焯藏舊鈔本。未收。

唐太宗文皇帝集一卷，明館閣書目有文皇詩六十九首，即此本。舊鈔。未收。

陳伯玉集十卷，唐陳子昂撰。鈔本。

張燕公集二十五卷，唐張説撰。舊鈔。

劉隨州集二册，唐劉長卿撰。薛一瓢手寫定本。有黄蕘圃跋。

昆陵集二十卷，唐獨孤及撰。舊鈔。

劉賓客外集十卷，唐劉禹錫撰。藝海樓精鈔本。

沈下賢集十二卷，唐沈亞之撰。鈔本。顧沅手校。

文泉子集一卷，唐劉蜕撰。依閣鈔本。

桂苑筆耕集二十卷，唐高麗崔[1]致遠撰。致遠爲高駢淮南從事，見唐志。是集唐、宋志皆

① 崔，原目誤作「雀」，據新唐書藝文志、宋史藝文志改。唐志作「崔致遠四六一卷，又桂苑筆耕二十卷」，宋志作「崔致遠筆耕集二十卷」。後同。

著録，後遂逸不傳。集中討黄巢一檄最爲傑出，他亦嫻雅可觀。卷端題『淮南入本國兼送詔書等使、前都統、巡官、承務郎、侍御史、内供奉、賜紫金魚袋，臣崔致遠進所著雜詩賦及表奏集二十八卷』，則其既歸本國所編上。據其奏狀，則年十二入中國，又六年取進士。居中山，有詩、賦等三卷；調溧水尉，有中山覆簣集五卷；從事高駢軍幕，有桂苑集二十卷，末署中和六年。考中和止四年，蓋其歸國後尚未聞五年三月已改元光啓也。其人自唐、宋志外，唯張敦頤六朝事迹述其乾符中尉溧水，爲詩吊雙女墳事，迄今道光以前，皆未有言及者，故全唐詩、文並未收採。既乃有傳高麗活字本入中國者，此本蓋依以過録，而失鈔洪秩周、徐有榘二序。近乃從別本得之。其印行者有榘，傳本者秩周也。有榘稱其字海夫，號孤雲。仕幕僚，後中和四年充國信史東歸。仍仕本國翰林學士、兵部侍郎、武城太守。且盛推爲彼國人文鼻祖。此集在其國亦罕見，今雖有番禺刊行，此帙固自昔所祕珍也。

曹祠部集二卷，唐曹鄴撰。附曹唐詩一卷。依閣鈔本。

詠史詩二卷，唐胡曾撰。明人大字精鈔。與千字文同册。

一鳴集十卷，唐司空圖撰。舊鈔。乾隆丙午趙懷玉以知不足齋校宋本校過。

張蠙詩集一卷，唐人。明鈔。

林寬詩集一卷，唐人。明鈔。

文化集一卷，唐許棠撰。明鈔。

釣磯文集十卷，唐徐寅撰。四庫録徐正字詩賦僅二卷，謂所著有探龍、釣磯二集，共五卷，已散佚不傳。研經室外集載，所進有釣磯文集，乃賦五卷，爲賦五十首，四庫所録八首皆在，而全唐文未採者，多二十一首。惟張氏愛日精廬藏此集十卷，亦多出賦二十一首。其卷溢半者，蓋並詩編之。此本即從張本出也。

徐騎省集三十卷，宋徐鉉撰。藝海樓藏舊鈔本。

河東集十五卷附録一卷，宋柳開撰。舊鈔本。

咸平集三十卷，宋田錫撰。依閣鈔本。

穆參軍集三卷，宋穆修撰。舊鈔本。

晏元獻遺文一卷，宋晏殊撰。依閣鈔本。

春卿遺稿一卷，宋蔣堂撰。依閣鈔本。

東觀集十卷，宋魏野撰。季振宜藏舊鈔本。

徂徠集二十卷，宋石介撰。藝海樓藏鈔本。

古靈集二十五卷附録一卷，宋陳襄撰。鈔本。

金氏文集二卷，宋金君卿撰。依閣鈔永樂大典本。

西溪集十卷，宋沈遘撰。沈氏三先生文集之一也。鈔本。

鄖溪集三十卷，宋鄭獬撰。依閣鈔永樂大典本。

馮安岳集十二卷，宋馮山撰。依閣鈔本。

曾文昭公曲阜集二卷遺録二卷補録一卷，宋曾肇撰。前二卷奏，後三卷文、詩。舊鈔本。

青山集三十卷，宋郭祥正撰。鈔本。

長興集十九卷，宋沈括撰。沈氏三先生文集之二也。括集本三十二卷，原闕前十二卷及第三十一之一卷，故僅存十九。鈔本。

雲巢編十卷，宋沈遼撰。沈氏三先生文集之三也。鈔本。

景迂生集二十卷，宋晁説之撰。依閣鈔本。

雞肋集七十卷，宋晁補之撰。依宋本鈔。張敦仁舊藏。

晁具茨詩集一册，宋晁冲之撰。鈔本。未收。

龍雲先生文集二十四卷，宋劉弇撰。鈔本。四庫本三十二卷。
姑溪居士前集五十卷後集二十卷，宋李之儀撰。鈔本。
樂静集三十卷，宋李昭玘撰。舊鈔本。
日涉園集十卷，宋李彭撰。依閣鈔永樂大典本。
東堂集十卷，宋毛滂撰。依閣鈔永樂大典本。
劉給諫文集五卷，宋劉安上撰。鈔本。
洪龜父集二卷，宋洪朋撰。依閣鈔永樂大典本。
西渡集二卷補遺一卷，宋洪炎撰。依閣鈔本。
老圃集二卷，宋洪芻撰。依閣鈔永樂大典本。
浮溪文粹十五卷附録一卷，宋汪藻之文，宋人選輯者。鈔本。
石林居士建康集八卷，宋葉夢得撰。李兆洛校。舊鈔本。
苕溪集五十四卷，宋劉一止撰。舊鈔本。
三餘集四卷，宋黄彦平撰。依閣鈔本。
龜溪集十二卷，宋沈與求撰。鈔本。

鄱陽集四卷，宋洪皓撰。依閣鈔永樂大典本。

盧溪集五十卷，宋王庭珪撰。鈔本。

北海集四十六卷附録三卷，宋綦崇禮撰。依閣鈔永樂大典本。

鴻慶居士集四十二卷，宋孫覿撰。禦兒吕氏講習堂藏舊鈔本。

雪溪集五卷，宋王銍撰。鈔本。

五峰集五卷，宋胡宏撰。鈔本。

北山集十三卷，宋鄭剛中撰。鈔本。四庫三十卷。

縉雲先生集四卷附録一卷，宋馮時行撰。依明嘉靖癸巳刊本鈔。

默堂集二十二卷，宋陳淵撰。舊鈔。

知稼翁集十二卷，宋黄公度撰。鈔本。四庫著録者二卷，謂是殘闕之本。此其足本也。

漢濱集十六卷，宋王之望撰。依閣鈔本。

歸愚集十卷，宋葛立方撰。鈔本。

鄭忠肅奏議遺集二卷，宋鄭興裔撰。依閣鈔本。

拙齋文集二十卷，宋林之奇撰。鈔本。

艾軒集九卷，宋林光朝撰。舊鈔。

東萊文集四十卷，宋吕祖謙撰。其弟祖儉、姪喬年同編，附以麗澤論説十卷。舊鈔本。

格齋四六一厚册，宋王子俊撰。鈔本。四庫著録，亦僅一卷。

倪石陵書一卷，宋倪朴撰。依閣鈔本。

定庵類稿四卷，宋衛博撰。依閣鈔永樂大典本。

雙峰舒先生文集九卷，宋淳熙進士舒邦佐撰。舊鈔本。四庫未收。

劉文簡公文集十二卷，宋劉爚撰。鈔本。四庫本題『雲莊集』。

石屏續集四卷，宋戴復古撰。鈔本。四庫收其集六卷，而未收續集。

北溪大全集五十卷，宋陳淳撰。舊鈔本。

竹齋詩集四卷，宋裘萬頃撰。鈔本。

信天巢遺稿一卷附林湖遺稿一卷江村遺稿一卷疏寮小集一卷，宋高翥撰。附高鵬飛、高選，及其先世質齋、遁翁。高似孫之詩。鈔本。又一鈔本，無信天巢。

龍洲道人集十五卷，宋劉過撰。舊鈔本。

鶴山集一百十卷，宋魏了翁撰。鈔本。是集雖有明錫山安國重刊本，然極罕覯，鈔本亦不易得。

平齋文集三十二卷，宋洪咨夔撰。鈔本。

方是閑居士小稿二卷，宋劉學箕撰。鈔本。

翠微[1]南征録十一卷，宋華岳撰。依閣鈔本。

履齋遺集四卷，宋吴潛撰。鈔本。

清正存稿六卷附録一卷，宋徐鹿卿撰。影鈔明萬曆本。

後村先生大全集一百九十六卷，宋劉克莊撰。依天一閣本傳鈔。四庫録後村集五十卷，蓋是其前集。後村凡有前、後、續、新四集，合二百卷，見墓誌銘。隱居通議曰：後村卒，其家盡薈萃其平生所著，别刊爲大全集。天一閣本蓋即從宋刊傳録。凡詩、文、詩話、内外制、長短句，合一百九十三卷，其後三卷，則洪天錫撰行狀、林希逸撰墓誌銘、又撰謚議，各爲一卷也。此後村集最足之本。宋以後未有傳刊，鈔本亦不易覯。

徐文惠公存稿四卷，宋徐經孫撰。四庫本題『矩山存稿五卷』。此依明萬曆本録。

① 微，原目誤作『薇』，據持静齋書目、四庫全書總目改。

蒙川遺稿四卷，宋劉黼撰。依閣鈔本。

雪磯叢稿五卷，宋樂雷發撰。鈔本。

葦航①漫游稿四卷，宋胡仲弓撰。依閣鈔永樂大典本。

西臺慟哭記注一卷，宋謝翱撰，明張丁注。舊鈔。

黄四如先生文稿五卷，宋黄仲元撰。鈔本。

佩韋齋文集二十卷，宋俞德鄰撰。四庫録此集十六卷，此二十卷，與千頃堂所載合，其十七以下四卷，則輯聞也。鈔本。

西湖百詠二卷，宋董嗣杲撰。鈔本。

富山嬾稿十九卷，宋方夔撰。夔從孫方宗大編。其嬾稿，本三十卷，此鈔本蓋闕十一卷。四庫載者，夔富山遺稿十卷，僅詩。

吾汶稿十卷，宋王炎午撰。舊鈔。又一部。

九華詩集一卷，宋陳巖撰。鈔本。

---

① 航，原目誤作「杭」，據持静齋書目、四庫全書總目改。

寧極齋稿一卷附慎獨叟遺稿一卷，宋陳深及其子植撰。鈔本。

釣磯詩集四卷，宋末丘葵吉甫撰。鈔本。四庫未收。葵，福建同安人。宋亡避居海嶼，不求人知。於易、書、詩、春秋、周禮皆有解説。

滏水集二十卷附録一卷，金趙秉文撰。鈔本。

藏春集六卷，元劉秉忠撰。鈔本。

月屋樵吟二卷，元黄庚撰。僅詩無文。四庫本題『月屋漫稿』，亦僅詩一卷。此舊鈔本，顧沅所藏，謂其漫稿，詩、文合編。

剩語二卷，元艾性夫撰。依閣鈔永樂大典本。

養蒙集十卷，元張伯淳撰。依閣鈔本。

竹素山房詩集三卷，元吾丘衍撰。依閣鈔本。

小亨集三卷，元楊弘道撰。四庫本六卷，從永樂大典出。此殆别一本。

白雲集四卷，元許謙撰。鈔本。

玉井樵唱正續一册，元尹廷高撰。鈔本。四庫本三卷。

清容居士集五十卷，元袁桷撰。劉喜海藏舊鈔本。

周此山詩集八卷，元周權撰。四庫本四卷。此舊鈔，頗精善，而卷數倍之。

蒲室集十五卷，元釋大訢撰。曹氏倦圃藏舊鈔本。

梅花字字香前集一卷後集一卷，元郭豫亨撰。鈔本。

勤齋集八卷，元蕭𣂏撰。依閣鈔本。

揭文安文集十卷，元揭傒斯撰。鈔本。四庫本十四卷。

所安遺集一卷，元陳泰撰。依明成化本鈔。

至正集二十三卷，元許有壬撰。四庫本八十一卷。此鈔本僅其上一段，然未有刊本。

吴禮部集二十卷附録一卷，元吴師道撰。鈔本。

鄱陽李仲公集三十卷，元李存撰。鈔本。四庫本題『俟庵集』。

滋溪文稿三十卷，元蘇天爵撰。鈔本。

周翰林近光集三卷補遺一卷，元周伯琦撰。

栲栳[①]山人詩集三卷，元岑安卿撰。鈔本。此鈔多遺落，不如近刊之善。

---

① 栲栳，原目誤乙，據持静齋書目、四庫全書總目改。

友石山人遺稿一卷，元王翰撰。舊鈔。

龜巢集十册，元謝應芳撰。寫者不標卷數，而略分三十四段。四庫本則十七卷。

山窗餘稿一卷，元甘復撰。依閣鈔本。

九靈山房詩稿四卷文稿十卷補編一卷，元戴良撰。舊鈔。四庫録此集三十二卷。

玉山璞稿一卷，元顧瑛撰。舊鈔。

樂志園詩集八卷補遺一卷，元吕誠撰。鈔本。四庫題『來鶴亭詩』，卷數同。

張光弼詩集二卷，元張昱撰。鈔本。四庫本四卷，題『可閑老人集』。

益齋先生亂稿十卷，元高麗李齊賢仲愚撰。至正七①年卒，葬牛峰縣。未收。

危太樸雲林集詩二卷附文不分卷，密行百許頁，明危素撰。鈔本。四庫本詩二卷，題『雲林集』，文四卷，題『説學齋稿』。

花谿集三卷，明吴興沈夢麟撰。舊鈔本。未收。

白雲稿五卷，明朱右撰。鈔本。

---

① 七，持静齋書目作『二十七』。

劉彦昺集九卷，明劉炳撰。吴翌鳳藏本猶題爲元人，依四庫改。舊鈔。

丹崖集八卷附録一卷，明唐肅撰。依洪武八年刊本鈔。

蚓竅集十卷，明管時敏撰。舊鈔。

樗庵類稿二卷，明鄭潛撰。依閣鈔永樂大典本。

梁園寓稿九卷，明王翰撰。依閣鈔本。

侯助教詩文集七卷，明侯□□撰。鈔本。永樂九年楊覲序。未收。

曹月川集一卷，明曹端撰。鈔本。

鄭君舉詩集一卷，明人，失其名。鈔本。

峰溪集五卷外集一卷，明孫璽撰。存目。附録一卷。

甫田別集四卷，明文徵明撰。四庫録其集三十五卷，而此未收。

陶庵稿二卷續稿一卷遺稿一卷札記二卷，明崑山歸子慕季思撰。有光子也。詩學陶，以澹永勝，文亦具有家法。札記則其語録也。舊鈔本。四庫未收。

節必居稿一册，明長洲劉曙公旦詩。鈔本。未收。

申忠愍詩集六卷，明申佳胤撰。依閣鈔本。

劉文烈公集一册，明劉理順撰。鈔本。未收。

穀園集三卷，明末虞山楊彝子常撰。非明初餘姚楊彝也。鈔本。未收。

與古人書二卷，明張自烈撰。設爲書札，與古人議論古事。鈔本。未收。

沈君庸集二卷，明吴江沈自徵撰。崇禎時人。鈔本。未收。

大愚老人遺集一册，明江陰黄毓祺介子撰。未收。

一老莽遺稿四卷文稿一厚册，明諸生徐柯貫時撰。陳鱣鈔本。又有康熙中刊本，未收。

高氏三宴詩集三卷附香山九老詩一卷。三宴詩，唐高正臣編。九老詩，則白居易等所作。從宋刊本録出。

五百家播芳大全文粹一百十卷，宋魏齊賢、葉芬[①]同編。依閣鈔本。

唐僧弘秀集十卷，宋李龏[②]編。舊鈔。

吴都文粹九卷，宋鄭虎臣編。舊鈔。

---

① 芬，四庫全書總目作「棻」。

② 龏，原目誤作「龔」，據持静齋書目、四庫全書總目改。

金蘭集三卷附録一卷，明徐達左編。有至正二十二年楊基序，二十五年道衍序，則編於元時。鈔本。存目。

滄海遺珠集八卷，明人編，失姓名。録明人郱經①、方行，至沈周、徐誌、劉譜②，凡若干人之詩。四庫載滄海遺珠四卷，乃録謫戍雲南二十人之作，亦首郱經、方行，而無沈周等三人，則非一書也。鈔本。

吴都文粹續集五十六卷補遺一卷，明錢穀手稿。

師子林紀勝二卷附拙政園題詠一卷，明釋道恂撰，題詠，文徵明撰。鈔本，善。紀勝存目。

嶠雅一册，明鄺露湛若撰。僅七古、五排、五律、七律四體，殆非足本。全祖望藏。

臥遊詩選三十厚册，未詳編人。録古人詠山川、古迹之詩，分省編之，至明季止，則明末國初人也。北直始於河間府，則尚失其首册。鈔本。册上有『華素安齋菊吟氏記』及『臥雲外史』二印。

① 中國國家圖書館藏該書抄本作『朱經，字仲誼，杭人，號玩齋』。
② 中國國家圖書館藏該書抄本作『劉溥，字原博，號草窗，姑蘇人。惠民醫局大使』。

全唐詩逸三卷，國初乾隆末日本上河毛世寧編。以寄知不足齋。鈔本。

日下題襟集六卷，國朝嚴可均鐵橋、陸□□①筱飲、潘□□秋庫與朝鮮使臣李基聖、金在行、洪大容、李烜、金善行、洪檍等六人贈答詩札。乾隆丁亥十二月朱文藻序之。鈔本。

珊瑚鉤詩話三卷，宋張表臣撰。舊鈔本。

石林詩話一卷，宋葉夢得撰。舊鈔本。

詩家鼎臠二卷，宋戴復古撰。舊鈔本。

荆溪林下偶談四卷，宋吴子良撰。依閣鈔本。

草堂詩話二卷，宋蔡②夢弼撰。依閣鈔本。

文説一卷，元陳繹曾撰。依閣鈔永樂大典本。

修辭鑑衡二卷，元王構編。依閣鈔本。

---

① 原目著者名缺，清人室名别稱字號索引有陸飛號筱飲，疑即此人。

② 蔡，原目脱，據持静齋書目、四庫全書總目補。

金石例十卷，元潘昂霄撰。一舊鈔巾箱本，甚精，陳邦彦藏。一雅雨堂刊金石三例底本。

作義要訣一卷，元倪士毅撰。依閣鈔本。

墓銘舉例四卷，明王行撰。雅雨堂金石三例底本。附國朝黄宗羲金石要例一卷。

頤山詩話二卷，明安磐撰。依閣鈔本。

詩話補遺三卷，明楊慎撰。舊鈔本。

始可與言八卷，未詳撰人。引古語、歌謡、樂府、唐詩而論之。序云『無髮居士題』。鈔本。未收。

山谷詞一卷，宋黄庭堅撰。舊鈔本。

石林詞一卷，宋葉夢得撰。舊鈔本。

省齋詩餘一卷，宋廖行之天民撰。汲古閣藏舊鈔本。曝書亭書目亦有本□□未收。

養拙堂詞一卷，宋管鑑撰。汲古閣藏舊鈔本。未收。

眉匠詞一卷，國朝朱彝尊撰。詞皆已入集，此手稿也。

以上集部

書名索引

A

B

D

G

H

K

L

M

Q

R

X